DIARIO PARA PADRES ESTOICOS

OTROS TÍTULOS DE RYAN HOLIDAY

Diario para estoicos

Agenda del diario para estoicos

La quietud es la clave

El ego es el enemigo

*Growth Hacker Marketing:
el futuro del social media y la pubicidad*

*Confía en mí, estoy mintiendo:
confesiones de un manipulador de los medios*

*El obstáculo es el camino:
el arte inmemorial de convertir las pruebas en triunfo*

DIARIO PARA PADRES ESTOICOS

366 MEDITACIONES SOBRE CRIANZA, AMOR Y EDUCACIÓN DE LOS HIJOS

RYAN HOLIDAY

REVERTÉ MANAGEMENT
Barcelona/México

Descuentos y ediciones especiales

Los títulos de Reverté Management (REM) se pueden conseguir con importantes descuentos cuando se compran en grandes cantidades para regalos de empresas y promociones de ventas. También se pueden hacer ediciones especiales con logotipos corporativos, cubiertas personalizadas o con fajas y sobrecubiertas añadidas.

Para obtener más detalles e información sobre descuentos tanto en formato impreso como electrónico, póngase en contacto con revertemanagement@reverte.com o llame al teléfono (+34) 93 419 33 36.

The Daily Dad
Diario para padres estoicos

Copyright © Ryan Holiday, 2023

All rights reserved including the right of reproduction in whole or in part in any form.

This edition published by arrangement with Portfolio, an imprint of Penguin Publishing Group, a division of Penguin Random House LLC

Esta edición:
© Editorial Reverté, S. A., 2024
Loreto 13-15, Local B. 08029 Barcelona – España
revertemanagement.com

Edición en papel
ISBN: 978-84-17963-88-0 (tapa dura)
ISBN: 978-84-17963-90-3 (rústica)

Edición ebook
ISBN: 978-84-291-9778-5 (ePub)
ISBN: 978-84-291-9779-2 (PDF)

Editores: Ariela Rodríguez/Ramón Reverté
Coordinación editorial y maquetación: Patricia Reverté
Traducción: Genís Monrabà Bueno
Revisión de textos: Mariló Caballer Gil

Estimado lector, con la compra de ediciones autorizadas de este libro estás promoviendo la creatividad y favoreciendo el desarrollo cultural, la diversidad de ideas y la difusión del conocimiento. Al no reproducir, escanear ni distribuir ninguna parte de esta obra por ningún medio sin permiso estás respetando la protección del copyright y actuando como salvaguarda de las creaciones literarias y artísticas, así como de sus autores, permitiendo que Reverté Management continúe publicando libros para todos los lectores. En el caso que necesites fotocopiar o escanear algún fragmento de este libro, dirígete a CEDRO (Centro Español de Derechos Reprográficos, http://www.cedro.org). Gracias por tu colaboración.

Impreso en España – *Printed in Spain*
Depósito legal: 19087-2023 (tapa dura)
Depósito legal: 19088-2023 (rústica)
Impresión y encuadernación: Liberdúplex
Barcelona – España

#110

Primero descubre qué quieres ser,
y luego haz lo que tengas que hacer.

EPICTETO

CONTENIDOS

INTRODUCCIÓN   ix

ENERO   2
PREDICA CON EL EJEMPLO
(EL ÚNICO MÉTODO QUE FUNCIONA)

FEBRERO   36
AMOR INCONDICIONAL
(ES LO ÚNICO QUE REALMENTE QUIEREN)

MARZO   68
PON A TU FAMILIA EN PRIMER LUGAR
(TRABAJO, FAMILIA Y OCIO: ELIJE DOS)

ABRIL   102
DOMINA TUS EMOCIONES
(LECCIONES DE PACIENCIA Y AUTOCONTROL)

MAYO   136
EL CARÁCTER ES EL DESTINO
(LECCIONES SOBRE EL BIEN Y EL MAL)

JUNIO 170
NO TE ABANDONES
(LECCIONES DE AUTOCUIDADO)

JULIO 204
CÓMO AYUDARLOS A SER QUIENES SON
(LECCIONES SOBRE FORMACIÓN Y AUTOCONOCIMIENTO)

AGOSTO 238
CONFÍA EN ELLOS
(EL MEJOR REGALO QUE PUEDES HACERLES)

SEPTIEMBRE 272
CULTIVA LA LECTURA
(LECCIONES SOBRE CURIOSIDAD Y APRENDIZAJE)

OCTUBRE 306
LUCHA Y EMERGE
(CÓMO CULTIVAR LA RESILIENCIA)

NOVIEMBRE 340
SÉ AGRADECIDO Y EMPÁTICO
(LECCIONES SOBRE GRATITUD Y CONEXIÓN)

DICIEMBRE 374
EL TIEMPO PASA VOLANDO
(PODRÍAS DEJAR DE ESTAR VIVO EN CUALQUIER MOMENTO)

INTRODUCCIÓN

Muchas personas tienen hijos. Pero no todas desempeñan su papel como padres.

Se puede pensar que tener un hijo es lo que te convierte en madre o padre, pero todos sabemos que no es así. Hay mucha gente que lleva a los hijos a la escuela, les compra ropa, los alimenta y les preparan una habitación cómoda donde dormir… pero en realidad no actúan como padres. Más bien actúan como tutores legales, cumpliendo con los requisitos necesarios para pasar el día… o los primeros dieciocho años.

Pero eso no es ejercer la paternidad. *Eso solo es cumplir mínimos.*

Y es triste que muchas personas no lleguen ni a cumplirlos. Es como si creyeran que sus obligaciones terminan en la concepción, el nacimiento o el día en que firman los papeles de divorcio.

Procrear es una cuestión biológica. En cambio, la crianza es una cuestión psicológica. Se trata de una decisión, de un compromiso: el de cambiar realmente quién eres y descubrir cuáles deben ser tus prioridades para ayudar a tus hijos. Es decir, es un compromiso de sacrificio y esfuerzo, de tomar decisiones difíciles; el compromiso de *amar* y no simplemente el de *tener que*.

Ser padre es la elección de hacer que tus hijos sean, si no el centro de tu vida, sí la prioridad de tu vida, aceptando el hecho de que traer a estas personitas al mundo ha cambiado radicalmente quién eres, qué valoras y cuáles son tus obligaciones.

Una persona con hijos hace todo lo necesario para que los servicios de protección de menores no tengan que acudir a su casa... o para garantizar una buena convivencia con los vecinos. Un padre se compromete con una serie de valores atemporales que, aunque parezcan tópicos, a la hora de la verdad no es fácil aplicarlos, por lo que llama la atención que alguien viva acorde con ellos. Ya sabes, *poner a tu familia en primer lugar, amar incondicionalmente, estar presente, echar una mano a tus hijos cuando lo necesitan, predicar con el ejemplo, no dar nada por sentado, vivir con gratitud.*

Seamos claros: esta es una elección moderna. No es una exageración afirmar que hace apenas unas generaciones, mantener con *vida* a los hijos era lo único que se exigía. Tiempo atrás, un niño al principio era una carga que en el futuro se convertiría en un activo: un par de manos más para trabajar la tierra u otro empleado para el negocio familiar que aportaría un salario para ayudar a llegar a fin de mes.

A principios del siglo veinte, la crianza estaba sumida en la incertidumbre, amenazada constantemente por la mortalidad infantil y las enfermedades. El que todos tus hijos llegaran a alcanzar la edad adulta era un auténtico milagro. ¿Tenías la responsabilidad de cuidarlos desde el punto de vista emocional? ¿De amarlos incondicionalmente? Nada de eso, ¿quién tenía el tiempo o la capacidad para ello?

Cuentan una anécdota sobre Winston Churchill, que no era ni mucho menos el padre perfecto, pero había sido educado por una diligente pareja de aristócratas producto de la Inglaterra victoriana. Una noche, durante las vacaciones escolares, mientras hablaba con su hijo Randolph a altas horas de la madrugada, a Churchill le vino un pensamiento a la cabeza: «¿Sabes, querido hijo? —dijo con aire nostálgico—. Creo que durante estas vacaciones he hablado más contigo de lo que mi padre habló conmigo durante toda su vida». No era una exageración. Desgraciadamente, era algo mucho más común de lo que a uno le gustaría pensar y, durante muchos años, fue la tónica general. Incluso, es posible que te resulte familiar.

¡Qué triste! Y no solo para los niños, sino también para los padres.

Durante generaciones, los progenitores —especialmente, los padres— tenían vetado uno de los cometidos más reconfortantes y hermosos del mundo: formar parte de la vida de sus hijos. Es decir, quererlos no solo en general, sino activamente, a diario. La otra cara de la cultura patriarcal, que adjudica a la mujer todas las responsabilidades domésticas, ha sido la aceptación de la escasa participación de los hombres en las tareas de la casa y con sus hijos. ¿Amar y ser amado? ¿Entender y ser entendido? Nadie se preocupó por enseñárselo. Nadie se lo exigía.

De nuevo, piensa en lo diferente que podría haber sido la historia si más padres hubieran *ejercido como tales*. ¿Qué habría pasado si cualquier tirano hubiera recibido otra educación? ¿Si cualquier empresario avaricioso hubiera experimentado el amor? ¿Si cualquier don nadie hubiera recibido el apoyo necesario para desarrollar todo su potencial? ¿Si alguien le hubiera dicho a cualquier persona poderosa que estaba orgulloso de ella?

Aunque no podemos cambiar ese traumático pasado, sin duda podemos escribir un futuro mejor.

Y esta es la filosofía que sustenta este libro.

A pesar de los errores de las generaciones pasadas, criar a un hijo es una de esas hermosas experiencias que nos conecta, en una cadena sin interrupciones, desde hace miles y miles de años. Uno de los pasajes más bellos de la obra de Lucrecio, el poeta romano, recoge la alegría de un padre que se agacha a la espera de que sus hijos salten a sus brazos. Una de las pruebas más antiguas de la presencia humana en América son las huellas de un progenitor; probablemente, una madre, caminando por lo que ahora es el Parque Nacional White Sands, llevando a cuestas durante distintos tramos a su niño pequeño.

Nuestra vida, nuestra salvaje y caótica existencia diaria —esa que nos llena de alegrías, dificultades, amor y trabajo— es atemporal. El mundo antiguo es radicalmente opuesto al nuestro. Esas huellas humanas de Nuevo México se entremezclan con las de perezosos gigantes, camellos antiguos y una especie extinta de mamut. Sin embargo, en cierta medida, esa experiencia también la has vivido tú mismo en multitud de ocasiones, en el parque, regresando al coche después de cenar o en la playa durante las vacaciones.

Los padres siempre se han preocupado por el bienestar de sus hijos. Siempre han jugado con ellos o han planificado su futuro. Siempre han querido apoyarlos, animarlos y han intentado ser un modelo a seguir. Siempre han dudado o se han preguntado si están haciendo lo suficiente, si han elegido la escuela adecuada, si el deporte que practican es seguro o si tienen un buen futuro. En realidad, estás haciendo lo mismo que hacían tus antepasados, y lo mismo que harán las generaciones futuras.

Formamos parte de algo atemporal y eterno, algo insignificante y fundamental al mismo tiempo. Y esto debería apelar a nuestra humildad y servirnos de inspiración. Debería darnos un propósito... y algo de perspectiva.

Y también consejos prácticos. La crianza de los hijos es un tema que han abordado todas las tradiciones filosóficas o religiosas. Platón nos enseña a controlar nuestro temperamento ante nuestros hijos. Marco Aurelio, a cultivar el respeto en casa. Séneca, a no malcriar a nuestros hijos. La reina Isabel II, a apoyarlos. Florence Nightingale, a darles fuentes de inspiración. Sandra Day O'Connor, a motivar su curiosidad. Jerry Seinfeld, a valorar el tiempo que pasamos con ellos. Toni Morrison, a conciliar nuestro trabajo con la vida familiar. Muhammad Ali, a respetar la vida de nuestros hijos. Podemos encontrar lecciones de madres que sobrevivieron al Holocausto, de padres que lideraron el movimiento por los derechos civiles, de hijos que se convirtieron en héroes de guerra y de hijas que ganaron un Premio Nobel... Tanto de los estoicos como de los budistas, de los modernos como de los antiguos... podemos aprender de todos ellos.

Al igual que en mi anterior libro, *Diario para estoicos*, este te propone acceder a estas lecciones, paso a paso, día a día. Te recomiendo que empieces por la página que tenga la fecha en la que este libro llega a tus manos. (No esperes hasta enero. ¡Empieza ahora mismo!). De todos modos, empieces por donde empieces, el valor de este libro reside en que hagas una lectura diaria, en que te comprometas de forma sistemática; porque, aunque sus páginas sigan siendo las mismas, tus hijos cambiarán, el mundo cambiará y tú, evidentemente, también lo harás.

Mi libro *Diario para estoicos* ha cumplido ya la segunda mitad de su primera década. Con más de un millón de ejemplares vendidos en cuarenta idiomas, hay personas que lo han leído cada día durante años. Aunque el libro apenas ha sufrido modificaciones desde que lo entregué al editor a finales de 2015, sigue interesando y resultando útil a personas de todo el mundo. Hay una observación estoica que señala que nunca nos bañamos dos veces en el mismo río, porque tanto nosotros como el río estamos en un estado de permanente cambio.

La metáfora también puede aplicarse a la crianza, y *Diario para padres estoicos* se ha ido gestando alrededor de esta idea. No es un libro para futuros progenitores o quienes tengan hijos ya adultos; es un libro para *cualquier persona en cualquier etapa* de su viaje. La lectura diaria será distinta para una madre soltera con gemelos como para otra persona que experimente el síndrome del nido vacío, y esa misma lectura también será diferente para la misma persona si la retoma al año siguiente. Ahora, detengámonos un instante en la idea de «retomarlo», porque es un tema fundamental en la filosofía de este libro, al igual que los métodos de crianza actuales.

La crianza, como la búsqueda de la sabiduría, es un proyecto para toda la vida. Nadie espera que logres dominarla de la noche a la mañana. En realidad, ese es uno de los defectos clásicos de los libros que tratan el tema de la crianza. ¿Se supone que tienes que leer un libro, ya sea durante la vorágine que precede a un nacimiento, los meses que estás privado de sueño o alguna crisis tardía, y *ya está*? No es así cómo funciona. A todas horas, los hijos o la vida te llevan a situaciones que nunca te habías imaginado —y que ningún libro ha previsto—. Así que, aunque no existe una receta mágica para dominar la crianza de los hijos, sí que hay un proceso, un viaje que debes emprender. Y ese es el propósito de este libro. No es un libro de un solo uso, sino una suerte de ritual matutino o vespertino, un examen continuo.

Siempre nos quedaremos con la miel en los labios. Perderemos los estribos, el rumbo, o priorizaremos otros asuntos. Es más, en ocasiones arrojaremos piedras sobre nuestro propio tejado o sobre el de las personas que amamos. ¿Y entonces qué? Pues, del mismo modo que debemos retomar las páginas de este libro, debemos retomar el camino donde lo dejamos. Tenemos que aceptar nuestras imperfecciones, hacer todo lo posible por aprender de nuestros errores y no volver a tropezar dos veces con la misma piedra.

Levántate. Vuelve a comprometerte y hazlo mejor la próxima vez.

Evidentemente, este viaje (*Diario para padres estoicos*, como libro y como concepto) no solo va dirigido a los hombres. Nuestro boletín electrónico, gratuito en dailydad.com, lo reciben miles de mujeres cada mañana. Lleva este título porque resulta que soy padre —de dos niños—, y solo a eso responde tal título.

Tanto si tus hijos son mayores como si aún no han nacido o si eres padrastro, madrastra, padre o madre adoptivo, homosexual o heterosexual, este libro pretende iniciarte en el viaje para convertirte en el mejor padre que puedes llegar a ser, en ese ejemplo que tus hijos se merecen... que el mundo necesita. No se trata de un viaje corto —desde el nacimiento hasta la mayoría de edad—, como a veces se define. No, la crianza empieza mucho antes, y nunca termina. Incluso cuando nos hayamos ido de este mundo, nuestros hijos llevarán consigo las lecciones —buenas y malas— que de palabra y obra les hayamos enseñado.

Criar a un hijo —o, como escuché una vez que un padre corregía a un entrevistador, *criar a adultos*; al fin y al cabo, ese es el objetivo— es el cometido más difícil que se te presentará en esta vida, aunque también es el más gratificante e importante.

De eso trata este libro —y de la sabiduría adquirida por las generaciones pasadas—.

Tienes un hijo. Encarnas a todos los padres y las madres del pasado y del futuro.

Estamos *juntos* en esto.

Ahora, *juntos*, vamos a sacar lo mejor de ti.

DIARIO PARA PADRES ESTOICOS

ENERO

PREDICA CON EL EJEMPLO

(EL ÚNICO MÉTODO QUE FUNCIONA)

1 de enero
Un pequeñajo te sigue

En 1939, nueve años antes de que contrataran a John Wooden como entrenador para el equipo de baloncesto masculino de la Universidad de California-Los Ángeles, un amigo suyo le mandó una fotografía con un poema para celebrar el nacimiento de su primer hijo. La imagen plasmaba a un hombre en la playa cuyo hijo, que iba corriendo detrás de él, jugaba a replicar sus pasos en la arena. Wooden colgó la imagen en su casa para poder contemplarla cada día. El poema, que memorizó y le gustaba regalar de vez en cuando, decía así:

> Quiero ser un hombre prudente;
> un pequeñajo me sigue.
> No quiero perder el rumbo,
> por temor a que siga mi mismo camino.
> Su mirada me sigue continuamente.
> Intenta hacer todo lo que yo hago.
> Dice que quiere ser como yo
> ese pequeñajo que me sigue…

No es necesario que, como hizo Wooden, memorices estas palabras, es mejor que interiorices el mensaje que trasmiten. Tus hijos siguen tus pasos. Se percatan de todo lo que haces. Si tú pierdes el rumbo, ellos también lo harán.

2 de enero
Nunca dejes que te vean actuar así

> Solo me considero filósofo en el sentido de ser capaz de dar ejemplo.
>
> Friedrich Nietzsche

En *Sobre la ira*, el famoso ensayo de Séneca, se cuenta la historia de un muchacho que, a una edad muy temprana, fue a vivir a casa de Platón para estudiar con el célebre filósofo. Cuando regresó a su casa para visitar a sus padres, el muchacho presenció que su padre perdía los estribos y gritaba a alguien. Sorprendido por ese violento arrebato, y con la inocencia que solo puede albergar un niño, el muchacho dijo: «En casa de Platón jamás he visto a nadie actuar así».

Nuestros hijos considerarán normal la forma en que nos comportamos delante de ellos; especialmente, en casa o en privado. Si somos groseros o desagradables con nuestro cónyuge, asumirán que es la forma adecuada de tratar a las personas que aman. Si somos impacientes y demasiado controladores, creerán que el mundo es un lugar aterrador que hay que temer. Y, si nos comportamos de forma poco ética o cínica, ellos, en consecuencia, también empezarán a engañar y a mentir.

3 de enero
Sus defectos son los tuyos

> No te preocupes de que los niños nunca te escuchen, preocúpate porque siempre te están observando.
>
> Robert Fulghum

Tus hijos pueden volverte loco, sacarte de tus casillas. Pueden preguntarte la misma tontería un millón de veces o imitarte hasta el absurdo.

«Supongo que lo quiero tanto porque sus defectos son mis errores —escribió el novelista John Steinbeck sobre su hijo—. Sé de dónde vienen sus angustias y sus miedos».

Nuestros hijos tienen nuestras virtudes y nuestros defectos. Eso es lo que hace que esa locura de ser padres se convierta en una oportunidad tan maravillosa. Porque estamos aquí para ayudarlos a convertirse en la mejor versión de sí mismos. Y una forma de lograrlo es intentar que se parezcan a nosotros en nuestras virtudes. Pero hay otra que consiste en evitar que se parezcan demasiado a nosotros en nuestros defectos.

Puede ser rematadamente difícil encontrar ese equilibrio si no somos honestos y razonables, si dejamos que nuestro ego se interponga en nuestro camino. No podemos permitir que eso ocurra. ¡Esta es nuestra oportunidad, nuestro momento! Tenemos que echarles una mano. Ayudarles a superar esas debilidades que quizás nosotros nunca lleguemos a superar. Tenemos la oportunidad de ofrecerles aquello que nunca recibimos.

En realidad, es una oportunidad para comprendernos mejor.

4 de enero
Enséñales a mantener la calma

En 1952, destituyeron al padre de Margaret Thatcher porque otro partido político había obtenido la mayoría de los votos en las elecciones. Estaba profundamente molesto. Herido. Y podría haber permitido que esas emociones determinaran su forma de actuar. Sin embargo, no lo hizo.

En vez de ello, el padre de Thatcher hizo una declaración cargada de moderación y dignidad: «Nueve años atrás, me enfundé estas vestiduras de honor y, ahora, confío en entregarlas inmaculadas». Más adelante añadió: «Aunque he perdido, he caído de pie. Siempre estuve orgulloso de mi trabajo y ahora, al dejarlo, también lo estoy».

Podemos decir que con esas palabras estaba enseñando a su hija cómo perder con elegancia. Pero hizo algo más que eso. Le estaba enseñando que aquello que nos define no son las circunstancias externas, sino cómo respondemos ante ellas. Le estaba mostrando cómo afrontar las adversidades, como mantener la serenidad y el autocontrol en cualquier circunstancia. Todas ellas serían lecciones que Thatcher utilizó a lo largo de su tumultuosa vida como funcionaria pública, primera ministra y madre.

Tus hijos también las necesitarán. Enséñaselas. Enséñales con el ejemplo, no solo con palabras. Muéstrales que, cuando te han dañado y estás dolido, lo que más importa es tu código de conducta personal. Porque así es. Porque así tiene que ser.

5 de enero
¿Qué quieres ser?

Bruce Springsteen, en su espectáculo *Springsteen on Broadway*, explicó una elección que se presenta a todos los padres:

> En la vida de nuestros hijos podemos ser fantasmas o antecesores. O bien los condenamos a cargar con nuestros errores y los perseguimos, o bien los ayudamos a deshacerse de esas viejas cargas y los liberamos de las cadenas de nuestros comportamientos erróneos. Como antecesores, caminamos a su lado y los ayudamos a encontrar su propio camino y su propósito.

¿Serás un fantasma o un antecesor para tus hijos? ¿Los perseguirás o los guiarás por el buen camino? ¿Serás su condena o su inspiración?

Evidentemente, todos tenemos muy claro cuál de los dos papeles *queremos* desempeñar, igual que Bruce. Pero hay un problema: nuestros demonios, nuestros problemas y los fantasmas de nuestros propios padres se interponen en el camino.

Por eso vamos a terapia o leemos buenos libros. Por eso nos quedamos hasta altas horas de la madrugada para hablar con nuestra pareja sobre lo difícil que es esto de ser padres, para exorcizar nuestros demonios sacándolos a la luz. Por eso, cuando abrazamos a nuestros hijos, nos prometemos en silencio hacerlo mejor, esforzarnos más y no repetir los mismos errores que nuestros antecesores cometieron con nosotros.

No va a ser algo fácil. La perfección no existe. Sin embargo, no dejaremos de intentarlo. Actuaremos como un antecesor, alguien que les guíe y les inspire. No vamos a perseguir a esos futuros seres como un fantasma.

6 de enero
Cuelga fotografías de tus hijos en la pared

No sabía qué le depararía el futuro. Ni tampoco a qué desafíos tendrían que enfrentarse él y su país. Pero, en 2019, Volodynyr Zelenskyy pronunció un discurso de investidura de veinte minutos ante el pueblo ucraniano que anticipaba cómo respondería.

A pesar de ser una de las grandes estrellas de su país, de haber triunfado en el mundo del espectáculo y, después, ocupar el cargo más alto, Zelenskyy pidió que no lo ensalzaran ni lo pusieran como modelo. «No quiero mi retrato en la pared de vuestras oficinas, porque un presidente no es ni un icono, ni un ídolo o un modelo», dijo. «En lugar de eso, colgad las fotografías de vuestros hijos y miradlas cuando tengáis que tomar una decisión».

Luego, en febrero de 2022, en un acto ilegal de brutal avaricia, Rusia invadió Ucrania. Zelenskyy no se echó atrás y plantó cara al enemigo, rehusando cualquier opción de abandonar el país. ¿Qué le motivaba para hacer eso? Su propio consejo. Se quedó por sus dos hijos, uno de dieciocho y otro de diez. El ejército ucraniano y los civiles combatientes tenían la misma motivación: se quedaron a luchar a su lado contra todas las adversidades, para que sus hijos tuvieran la oportunidad de vivir en libertad y con orgullo, sabiendo que sus padres estaban dispuestos a sacrificarlo todo por ellos.

Este ejemplo debería hacernos algo más humildes e inspirarnos a todos. Pero, como dijo Zelenskyy, no es necesario exhibir las fotografías de nuestros héroes en la pared. En lugar de eso, podemos colgar fotografías de nuestros hijos y esforzarnos para que se sientan orgullosos. Esto debería servirnos de referente y darnos fuerzas cuando tengamos que tomar decisiones difíciles que afecten a su futuro, su seguridad y su libertad.

Son nuestros hijos quienes nos incitan a obrar de la manera correcta... porque siempre están vigilándonos.

7 de enero
Ellos aprenden en casa

> Se repite constantemente que la educación empieza en casa, pero a menudo se olvida que la moralidad también empieza en casa.
>
> Louis L'Amour

Les dices que se porten bien. Que sean honestos. Que respeten las normas. Que se preocupen por los demás. Que lo primero es la seguridad.

Estas palabras salen de tu boca, pero ¿predicas con el ejemplo?

No puedes decirles a tus hijos que se preocupen por los demás y luego no respetar las señales de tráfico porque llegas tarde. No puedes decirles que es importante ser honestos y, más tarde, mentir para librarte de una multa. ¿Qué es más importante ahorrarte una multa o ser fiel a tus principios? En cada situación —especialmente, cuando tus hijos están presentes— debes hacerte esta pregunta: ¿Merece la pena dar una lección equivocada y socavar los valores que intentas inculcar?

Esos niños que van en el asiento trasero absorben todos los ejemplos que les muestras y asimilan las lecciones que les moldearán hacia su mejor o peor versión: desde su forma de conducir hasta la persona que llegarán a ser. Te están observando mientras transitas por el mundo. Ahora, *en todo momento*. Observan cómo te saltas las señales de tráfico o rompes una promesa. Escuchan todas tus las mentiras. Y enseguida se dan cuenta cuando tus acciones no se corresponden con tus palabras.

Los niños aprenden en casa. En el coche. Aprenden de mamá y papá. Tú eres su ejemplo, así que *compórtate* como tal.

8 de enero
¿Cómo expones tus valores?

El 1 de abril de 1933, los nazis, poco antes de alzarse con el poder en Alemania, boicotearon todos los negocios judíos. Fue la primera persecución de las muchas que luego sufrirían. Pero muchos padres y madres que habían hablado a sus hijos sobre actuar correctamente, simplemente siguieron la corriente.

No todos, por supuesto. Por ejemplo, la abuela de Dietrich Bonhoeffer que, a la sazón, tenía noventa y nueve años. Ese día salió a comprar y no quiso ser partícipe de aquel boicot. Ignoró o esquivó a las tropas nazis apostadas enfrente de las tiendas judías y realizó la compra donde ella quiso. En la familia Bonhoffer, la imagen de su abuela «escabulléndose de los gorilas nazis», se entendió como «una manifestación de los valores que intentaba inculcar».

Ese comportamiento no pasó desapercibido para Dietrich, que diez años más tarde perdió la vida conspirando para asesinar a Hitler. Aunque era pastor, y tuvo muchas oportunidades de escapar del país para vivir en paz en Londres o Estados Unidos, prefirió quedarse en Alemania. El ejemplo de su abuela le había concienciado. Le enseñó a *vivir* siguiendo sus principios.

Espero que a ti y a tus hijos os suceda lo mismo, sean cuales sean los retos futuros, grandes o pequeños.

9 de enero
Protege el gran invento de la niñez

Neil Postmanm, escritor, educador y crítico cultural, en *La desaparición de la niñez* señala que «la niñez es un construcción teórica social». La expresión genética no distingue entre quién es un niño y quién no lo es. Los niños, tal como nosotros los entendemos, existen desde hace menos de cuatrocientos años. «La idea o el concepto de la niñez es uno de los grandes inventos del Renacimiento», escribe, porque permitió a los niños desarrollarse, aprender, tener un espacio seguro para jugar, explorar y descubrirse a sí mismos.

Como cualquier invento, la niñez también puede desaparecer. ¿Cómo? Con *la desaparición de la edad adulta*. La infancia, tanto como estructura social como condición psicológica, funciona cuando elementos como la madurez, la responsabilidad, la alfabetización y el pensamiento crítico definen a los adultos. Pero cuando aprendizajes como la escritura o la lectura disminuyen, la frontera entre un niño y un adulto se reduce, se difumina, y más tarde desaparece.

Como padres, tenemos el deber de proteger esta gran invención. Tenemos que incrementar la distancia entre la infancia y la edad adulta. Deja que se comporten como niños… pero, al mismo tiempo, asegúrate de que tú te comportas como un adulto. Actúa como un líder. Sé responsable. Conviértete en un ejemplo, en un modelo al que quieran aspirar. Deja que te vean con un libro que aún no pueden comprender. Deja que escuchen conversaciones de adultos que no pueden entender. Deja que te vean trabajar, sudar y producir.

Enséñales qué significa ser adulto: no solo tendrán algo que admirar, sino también algo a lo que aspirar.

10 de enero
Tu vida es la lección que deben aprender

> Dar ejemplo no es la principal manera de influir sobre los demás. Es la única manera.
>
> ALBERT SCHWEITZER

Los alumnos de Sócrates decían de su maestro que, a pesar de toda su sabiduría, Platón y Aristóteles, y todos los sabios que aprendían de él «sacaban más provecho de su carácter que de sus palabras». Lo mismo ocurrió con Zenón y Cleantes, los dos primeros estoicos. «Cleantes no podría haber imitado a Zenón si tan solo se hubiera limitado a escuchar sus conferencias: participó en su vida, indagó sus propósitos secretos y lo observó para ver si vivía de acuerdo con sus propias normas», escribió Séneca.

¿Existe una mejor descripción —o un listón más alto que establecer— para un padre? Si quieres enseñar a tus hijos, no puedes confiar solo en las palabras. No lo conseguirás con sermones. Lo lograrás mostrándoles que vives de acuerdo con las normas que estableces y que los valores que intentas transmitirles son importantes.

11 de enero
Nosotros podemos ser ese regalo

Marco Aurelio era muy joven cuando murió su padre. Pero, entonces, aquel joven afligido por la tragedia recibió un regalo. Un regalo que todos los niños que lo han recibido saben que es una de las cosas más importantes del mundo: un padrastro cariñoso.

Ernest Renan escribió que, por encima de todos sus maestros y tutores, «Marco Aurelio sentía una veneración única por su padrastro, Antonino». Durante toda su vida, Marco Aurelio se esforzó por ser un buen discípulo de su padre adoptivo. Según Renan, mientras Antonino vivió, Marco Aurelio lo consideró como «el más bello modelo de una vida ejemplar».

¿Qué aprendió Marco Aurelio de Antonino? Aprendió la importancia de la empatía, el trabajo duro, la persistencia, el altruismo, la autonomía y la confianza en uno mismo. Aprendió a mantener la mente abierta y a escuchar a cualquiera que tuviera algo que aportar; a asumir la responsabilidad y los errores, y hacer que los demás se sintieran bien; a ceder la palabra a los expertos y seguir sus consejos; a distinguir entre cuándo debía insistir y cuándo tenía que dar el brazo a torcer; a mostrarse indiferente ante los honores superficiales y a *tratar a las personas como se merecen*.

Es una larga lista, ¿verdad? Estas lecciones impactaron tan profundamente a Marco que las recordó hasta bien entrada la edad adulta y las anotó para tenerlas como referencia en lo que acabarían siendo sus *Meditaciones*. Estas lecciones fueron tan trascendentes para él porque Antonino las encarnaba en sus acciones, no porque las hubiera escrito en una tablilla o un pergamino sin más.

La mejor manera de aprender es teniendo un modelo al que seguir. La mejor manera de evaluar nuestro progreso es yendo acompañados de esa persona a la que nos gustaría llegar a ser algún día.

12 de enero
Compórtate como es debido. No hace falta que lo expliques

Es muy probable que Tim Duncan sea el mejor ala-pívot de la historia de la NBA. Cinco anillos, tres premios al mejor jugador de las Finales, quince apariciones en el All-Star, quince nominaciones al mejor quinteto defensivo de la NBA y el mejor tiro al tablero que el baloncesto haya visto jamás. Y todo ello, con un sacrificio y un aplomo casi inigualables.

Y *casi* es la palabra clave, por supuesto, porque en este viaje hasta el triunfo Duncan aprovechó la ayuda de su predecesor y compañero de equipo David Robinson. ¿Cómo se relacionaban estas dos superestrellas? ¿Cómo podía ser uno el mentor del otro? En su discurso de ingreso al Salón de la Fama, Duncan compartió su experiencia:

> La gente siempre me pregunta: «¿Qué te dijo? ¿Qué te enseñó?». No recuerdo ningún consejo ni ninguna charla en especial. Pero lo que hizo fue ser un profesional consumado, un padre increíble, una persona increíble. Me enseñó cómo ser un buen compañero de equipo, una gran persona para la sociedad, todas esas cosas. Nunca se sentó a mi lado para explicarme cómo hacerlo, él predicaba con el ejemplo.

Es mejor aplicar tu propia filosofía que hablar sobre ella. Como decían los estoicos, es una pérdida de tiempo especular o discutir sobre cómo actúa un buen hombre, un buen atleta o compañero de equipo. Nuestra labor, decían, consiste en dar ejemplo. Así sucede en el deporte, en la vida y también en nuestra labor como padres. Es verdad, podemos predicar todo lo que queramos. Podemos tener grandes conversaciones, pero lo que realmente importa es qué hacemos, quién somos y cómo actuamos.

13 de enero
Así se ejerce una influencia que perdura

> Si quieres estar en los recuerdos del mañana de tus hijos, tienes que estar en el presente de su vida cotidiana.
>
> BARBARA JOHNSON

Tanto si lo sabes como si no, tanto si los conociste como si nunca llegaste a conocerlos, tus abuelos han ejercido una influencia determinante en tu vida. Lo hicieron a través de los valores que inculcaron a sus hijos, tus padres. Y, ahora, tú estás transmitiendo muchas de esas lecciones a tus propios hijos.

Eso significa que una sola persona ha influido en tres generaciones distintas. Si te lo planteas así, no es exagerado decir que nuestros abuelos cambiaron el mundo. Y lo hicieron de la forma más sencilla: con cuatro palabras, con su forma de ir trabajar cada día, con los libros que leían por la noche y con los modales que mostraban durante la cena. Lo hicieron con las conversaciones que tuvieron con sus hijos cuando estos cometieron algún error. O con su forma de tratar a los vecinos, de podar las malas hierbas o de arreglar la entrada de su casa.

Hay muchas cosas que podemos hacer para cambiar el mundo. Y deberíamos intentar hacerlas todas. Pero tenemos que ser conscientes —y no podemos olvidarlo nunca— de la enorme influencia que podemos ejercer en el mundo desde aquí mismo, desde nuestro hogar. A través de nuestros hijos, de los suyos y de los hijos de sus hijos, dejamos un profundo legado multigeneracional.

Y esa es una gran responsabilidad. No la descuides.

14 de enero
¿Dónde aprenden a juzgar?

> Tengo un hijo de dos años. ¿Sabes qué odia? Las siestas. Fin de la lista.
>
> Denis Leary

A menudo nos preguntamos dónde aprenden nuestros hijos a juzgar o, peor aún, dónde aprenden a criticar o pensar mal de uno u otro grupo. Solo hay una respuesta: lo aprenden de nosotros.

De un comentario en voz baja sobre lo despilfarrador que es tu hermano, o de una broma sobre el peso de un famoso. De una queja sobre cómo aparca tu vecino en la calzada. O de una conversación con tu pareja sobre lo que le pasa al *otro*, a *ellos*.

En realidad, no querías sentar cátedra. *Realmente*, era un comentario sin importancia. Pero tus hijos lo escucharon. Y solo pueden leer tus labios, no tu mente.

Queremos que nuestros hijos tengan una mente abierta, que den a los demás el beneficio de la duda. Pero ¿muestras a los tuyos cómo se hace eso en el día a día? Por supuesto, no siempre eres intolerante. Sin embargo, ¿siempre eres educado? Si nunca harías un comentario mezquino a la cara de alguien, ¿por qué lo haces a sus espaldas, cuando tus hijos pueden oírte?

El mundo necesita menos juicios de valor, menos acoso, menos opiniones, y punto. ¿Puedes empezar a comportarte así en casa? ¿Puedes enseñar a tus hijos cómo se hace en lugar de dejar que la corriente de rumores siga su curso y se lleve por delante su bondad?

15 de enero
¿Quieres que tus hijos te respeten?

> Te ganarás el respeto de todos si te ganas el respeto de ti mismo.
>
> Musonio Rufo

Todos los padres queremos que nuestros hijos nos escuchen. Queremos que se tomen en serio nuestros consejos. Queremos que nos admiren. Y, sobre todo, queremos que nos respeten.

Si quieres que tus hijos te respeten, sé *digno* de respeto.

Piénsalo por un momento: ¿Por qué deberían respetar esos consejos que tú no sigues? ¿Por qué deberían admirarte si no muestras interés por alcanzar tu máximo potencial? ¿Por qué deberían admirarte si tú mismo sufres problemas de autoestima y asumes sin rechistar las mentiras del síndrome del impostor?

Soluciona tus problemas. Sé ese padre que sabes que puedes ser, saca *lo mejor de ti mismo*. Todo lo demás llegará solo. ¿Y si no es así? Al menos serás lo bastante fuerte para afrontar lo que vaya llegando.

16 de enero
No decepciones a tus hijos

> El espíritu del guerrero... reside en la voluntad y la determinación [de los espartanos] de defender a sus hijos, su tierra natal y los valores de su cultura.
>
> STEVEN PRESSFIELD

Si no conoces la historia de los trescientos espartanos en las Termópilas, esto es lo que sucedió: Leónidas, el rey de la antigua Grecia, dirigió a unos siete mil hombres, trescientos de los cuales eran espartanos, a una batalla contra el ejército invasor persa de Jerjes I, que contaba con más de trescientos mil soldados. Los espartanos resistieron en el frente durante dos días, pero al tercero fueron finalmente arrollados. Leónidas había ordenado a los trescientos espartanos que resistieran y lucharan, sacrificándose él y sus hombres para permitir que Grecia sobreviviera y luchara un día más.

¿Cómo eligió Leónidas a los trescientos guerreros que se llevaría a las Termópilas para luchar contra un enemigo abrumador? Según Plutarco, todos ellos eran «padres con hijos vivos». Aunque parezca algo incongruente y pensemos que habría sido mejor lo contrario, que a los padres se les permitiera no participar en una misión potencialmente suicida, las cosas en Esparta no funcionaban así. Leónidas eligió a esos guerreros porque *unos padres nunca se atreverían a defraudar a sus hijos*. Esos padres iban a luchar con todas sus fuerzas no solo para salvaguardar sus propiedades, sino para proteger la reputación de sus apellidos, que sería lo único que les quedaría a sus hijos si caían en el combate. Abandonar a sus camaradas o actuar con cobardía suponía avergonzar a sus familias y era otra forma de defraudar a quienes más los admiraban.

Nuestros hijos son quienes deben admirarnos. Son aquellos a quienes nunca deberíamos defraudar. No solo debemos luchar por ellos, sino que deberíamos hacerlo para salvaguardar la admiración y el respeto natural que nos profesan.

17 de enero
No seas hipócrita

La única cosa peor que un mentiroso es un mentiroso hipócrita.

TENNESSEE WILLIAMS

Años atrás, le preguntaron a William H. Macy, ganador de un Emmy, cuál era el mejor consejo que le habían dado. «Nunca mientas», respondió. «Sí, es el camino más fácil. Las mentiras son muy caras y nunca valen lo que cuestan».

Pero, como señalaron los autores de *Inaceptable: Privilege, Deceit & the Making of the College Admissions Scandal*, precisamente mientras Macy concedía esa entrevista, él y su esposa, Felicity Huffman, habían falsificado los resultados de la selectividad de su hija —por cierto, sin que ella lo supiera y, además, estaban planeando hacer lo mismo con su hija menor—. Aunque lo peor de todo es que su hija quería ir a una escuela de teatro en la que ni siquiera se exigían puntuaciones altas para entrar.

Sí, era la forma más fácil de conseguirlo pero, ni por asomo valía lo que costaba. La esposa de Macy acabó en la cárcel por su papel en la trama fraudulenta. Su hija quedo destrozada. No solo estaba avergonzada por el escándalo, sino que también fue testigo de la hipocresía de sus padres, que se llenaban la boca diciendo lo buenas personas que eran y luego hicieron algo atroz, ¡porque, en realidad, no creían en ella!

Ningún niño se merece algo así. Como mínimo, se merecen unos padres que estén a la altura de lo que dicen. Dales eso tus hijos. No seas hipócrita.

18 de enero
Enséñales a ser exigentes

Los niños son caprichosos. No les gusta esto. No les gusta aquello. Necesitan que los demás sean exactamente como ellos quieren. Pero eso no era a lo que se refería la madre de John Lewis cuando repetía a sus hijos su lema: «Sed exigentes», les decía.

Lo que ella quería decir, escribiría David Halberstam en su influyente libro sobre el movimiento por los derechos civiles, *The Children*, es: «Ten cuidado, sé responsable de ti mismo y estate siempre preparado». Eran unas normas que intentó inculcar a sus hijos para que las siguieran no solo en la infancia, sino durante toda su vida. En la década de 1990, cuando su hijo John ya había pasado la cincuentena y se había convertido en el congresista John Lewis, ella seguía recordándole lo mismo. Por eso, cuando John se enfrentó con Newt Gingrich en una serie de disputas políticas, Willie Mae Lewis llamó a su hijo y le dijo: «Quiero que seas exigente en este asunto». Es decir, que «debía ser cuidadoso en sus críticas a Gingrich. Cualquier ataque tenía que basarse en hechos probados».

No seas caprichoso o consentido. Sé exigente. Infórmate de los hechos. Haz tu trabajo. No dejes que nadie te excuse de tus responsabilidades. Compórtate bien.

Son unos consejos maravillosos para nuestros hijos pero, como siempre, es mucho más importante que nos vean *predicar con el ejemplo*. Enséñales la diferencia entre ser caprichoso y ser exigente, entre ser objetivo o parcial, entre ser transigente o *renunciar a tus principios*.

Muéstrales qué significa ser responsables. Enséñales a ser precavidos y estar siempre preparados, porque algún día tú no estarás a su lado y ellos tendrán que enseñar estas *exigentes* lecciones a sus propios hijos.

19 de enero
¿Dónde has visto hacer eso?

Sin una regla con la cual medirte no podrás enderezar lo torcido.

Séneca

Tu hija se enfada, empieza a gritar o da un portazo. Tu hijo se prepara un bocadillo y deja la cocina hecha un desastre para que la limpie otra persona. Oyes que le hablan mal al camarero. Ves que han publicado algo ofensivo en las redes sociales.

Antes de perder la cabeza, antes de condenar sus acciones, habla con ellos cara a cara. Abiertamente, hazles una pregunta que el culturista Mark Bell dice que siempre plantea a sus hijos adolescentes: «¿Cuándo *me* has visto actuar así?».

Es una buena pregunta. Porque es posible que, sin darte cuenta, hayas estado promocionando comportamientos que en otros encuentras insoportables. Y, aunque eso no sea una excusa para justificar el mal comportamiento, es útil saber si tácitamente les hemos transmitido actitudes incorrectas. Si no lo has hecho, entonces ellos todavía tienen *menos* excusas para comportarse así.

20 de enero
Compórtate como quieres que ellos se comporten

Quieres que tus hijos e hijas sean fuertes y honestos. Quieres que trabajen duro, que ayuden a los demás, que sean respetuosos con sus padres y con la gente que se cruzan por la calle. Quieres que sean limpios y ordenados, que sepan afrontar cualquier problema.

Claro que quieres. Todo el mundo quiere esas cosas. La pregunta es: ¿cómo podemos educar a nuestros hijos para sean buenas personas? Lo primero que tienes que hacer es mirarte al espejo.

El escritor de bestsellers y padre de dos hijos Austin Kleon reflexionó sobre qué suponía esta parte tan difícil de la educación: Tienes que ser el tipo de persona que quieres que sean tus hijos. Tienes que hacer las cosas que quieres que hagan. «Siempre hablo de esto con otros padres», dijo. «Quieren que sus hijos hagan cosas que ellos no hacen». Quieres que tus hijos lean regularmente, pues asegúrate de que te vean leer. Quieres que exploren diferentes aficiones e intereses, pues asegúrate de que te vean tocando un instrumento o dibujando en un cuaderno. Quieres que se esfuercen y encuentren un trabajo que les interese, pues asegúrate de que te vean trabajando en tu estudio. Quieres que traten a los demás con respeto y amabilidad, pues asegúrate de que te vean tratando a los demás con respeto.

Quién eres moldea lo que ellos serán. Así que compórtate como quieres que ellos se comporten. Haz lo que quieres que hagan. Es difícil, pero es la única manera.

21 de enero
¿Qué aprenden de tu forma de comportarte?

Eso es lo que hacemos todos... Dar ejemplo. Y nuestra conducta tiene una gran influencia en nuestros jóvenes. Y nuestros jóvenes, sin duda, son nuestro futuro.

JOHN WOODEN

Bruce Springsteen aprendió de su padre lo que era la vergüenza, el orgullo roto y la lucha contra esos demonios a los que nunca vences del todo. En muchas de sus canciones se percibe el dolor que le causó lidiar con eso.

Aunque Springsteen tal vez no tuvo la mejor infancia, tuvo la increíble suerte de tener una madre que le dio un ejemplo muy diferente. En sus memorias, *Born to Run*, cuenta cómo se sentía cuando visitaba a su madre en su trabajo de secretaria jurídica. «Estoy orgulloso porque ella está orgullosa», escribe, recordando lo que sintió al verla en su oficina, lejos de casa, trabajando. En ella, Bruce se sentía reflejado, y eso le motivaba para ser mejor. «Somos unos vecinos respetables en este pueblo, cada uno tirando de su propio carro, haciendo lo que debemos hacer. Aquí tenemos un lugar, una razón para levantarnos cada día y merecer una vida estable y cómoda». Imagina cómo se sintió cuando vio a su madre en el trabajo.

¿Qué aprenden tus hijos de tu comportamiento? ¿Les estás enseñando a estar enojados, amargados y perdidos, como hizo el padre de Bruce? ¿O les estás enseñado a ser valientes y trabajadores para que encuentren su camino, como hizo su madre? ¿Tu ejemplo los lleva a ser mejores o peores?

22 de enero
Ellos siempre están escuchando

> Los niños nunca han sido muy buenos escuchando a sus mayores, pero nunca han dejado de imitarlos.
>
> JAMES BALDWIN

¿Alguna vez has oído a tus hijos decir algo que te ha dejado sin palabras? ¿Uno de esos comentarios que te arrancan una mueca sin darte cuenta? Como en esa escena de *Historias de Navidad,* donde Ralphie sostiene un tapacubos lleno de tuercas mientras su padre intenta cambiar una rueda en medio de la nieve y, entonces, el viejo Parker golpea el tapacubos, las tuercas salen volando y Ralphie dice: «¡Cojines!». Aunque la voz en off de Ralphie enseguida explica que no ha dicho eso, sino: «¡Cojones!».

Por eso, el viejo Parker se queda con la boca y los ojos bien abiertos. ¿Dónde *ha aprendido eso?* ¿Dónde ha oído *eso?*

Pero, claro, lo sabe perfectamente. Ralphie se lo ha oído decir a él, que es famoso por la «retahíla de obscenidades» que puede soltar por la boca cuando pierde la cabeza. Su hijo, simplemente, está siguiendo los pasos de su padre.

La cuestión es la siguiente: Los niños siempre observan, tienen los ojos, los oídos y el corazón abiertos. Lo absorben todo. ¿Qué van a oír? ¿Qué van a absorber de ti? Esta es la cuestión.

23 de enero
Tienes que estar a la altura

Hay algunas reglas básicas para crianza que todo el mundo conoce e intenta inculcar a sus hijos: el trabajo duro, la deportividad, el esfuerzo, la educación, el respeto y los límites. Tú ya las conoces, son las reglas básicas que cualquier progenitor sabe de antemano.

Pero existen otras muchas que consideramos que son esenciales para madurar. Algunas se han convertido en tópicos, otras son simples perogrulladas, pero se han convertido en eso porque las hemos repetido día y noche, generación tras generación. Aunque se nos suele olvidar el preguntarnos si realmente nosotros seguimos esas normas, si acatamos esas leyes que pretendemos imponer. En una ocasión, el multimillonario Charles Koch explicó la lección más importante que había aprendido sobre la educación: *no puedes sermonear a tus hijos sobre algo que tú no cumples.*

No puedes decirles que traten con respeto a los demás si luego te comportas como un miserable mientras hablas por teléfono con alguien de atención al cliente. No puedes decirles que es importante encontrar tus pasiones y luchar por ellas si durante toda su infancia has preferido un trabajo bien pagado pero que te hace sentir desgraciado. No puedes decirles que la familia es importante si tus acciones no lo demuestran.

No sermonees a tus hijos. Tienes que estar a la altura de las lecciones que quieres que aprendan.

24 de enero
Cuando consigues que te escuchen

El magnate del ferrocarril E. H. Harriman era un hombre rico, un gran empresario. Proporcionaba a sus hijos todo aquello que querían o necesitaban. No obstante —a diferencia de los padres ricos— acompañaba todos esos lujos con severas máximas y estrictos consejos. Quería que sus hijos llegaran lejos, que marcaran la diferencia. Repetía con orgullo: «Una gran fortuna supone una gran responsabilidad. El dinero trabaja para el país».

Todos damos consejos a nuestros hijos, tal y como nos los dieron nuestros padres. Transmitimos pequeños pedazos de sabiduría que hemos recopilado durante nuestra vida. Esperamos que nos escuchen. En realidad, lo deseamos.

Pero *lo mejor* es cuando nuestros deseos se cumplen.

Cuando en 1901 presentaron a la hija de Harriman en sociedad —a diferencia de sus amigos—, ella se sintió horrorizada ante las fiestas que la gente organizaba. Eran fiestas donde se derrochaba el dinero simplemente para complacer la vanidad de uno mismo. Por eso aprovechó los recursos que tenía a mano para fundar lo que se convertiría en la Junior League, una organización sin ánimo de lucro —que todavía sobrevive— para ayudar a personas con pocos recursos. No solo puso su dinero a trabajar para el país, sino para todo el mundo. Y al hacerlo pudo mejorar la vida de muchas personas.

Como padres, no debemos olvidar que cosechamos aquello que hemos sembrado. Un comentario sin importancia, un libro que recomendemos, un documental que veamos juntos, nuestro ejemplo, etc. ¿Qué ocurre cuándo conseguimos que nos escuchen, cuando nos han escuchado de verdad? Pueden suceder cosas maravillosas.

25 de enero
Cómo alejarlos del mal camino

> Debemos ser aquello que deseamos que sean nuestros hijos. Ellos formarán su carácter a partir del nuestro.
>
> John S. C. Abbott

Hay cosas que no queremos que hagan nuestros hijos. Por eso marcamos algunas normas, les imponemos algunos castigos o les vigilamos de cerca. Y, hasta cierto punto, son tareas agotadoras. Sin embargo, a menudo descuidamos la herramienta con más poder de disuasión que tenemos a nuestro alcance: nuestras propias acciones.

Plutarco decía:

> Los padres ante todo deben… ser un ejemplo manifiesto para sus hijos; para que estos, mirándose en la vida de sus padres como en un espejo, se alejen de las palabras y los actos indignos. Porque aquellos que caen en las mismas faltas que reprenden a sus hijos cuando se han equivocado, no se dan cuenta de que se están acusando a sí mismos en nombre de sus hijos.

Si no quieres que hagan algo, si quieres que se alejen de una mala influencia o una mala elección, deja que tus acciones les sirvan de guía. Deja que tu vida los estimule y los disuada. De este modo, en cualquier momento, puedes servirles de inspiración.

26 de enero
Enséñales cómo es un buen matrimonio

Franklin Delano Roosevelt y Eleanor Roosevelt preservaron literalmente el futuro de sus hijos luchando por la paz mundial. Sin embargo, resulta fácil reprobarles que *sus cinco hijos se casaran hasta en diecinueve ocasiones.*

Cualquiera puede sospechar que el mayor responsable de esto fue Franklin: rompió el corazón de su mujer con sus constantes infidelidades y, además, era bastante arrogante e intransigente. Su madre lo había mimado demasiado. Pero Eleanor tampoco era un gran ejemplo a seguir: siempre estaba ocupada, reprimía sus frustraciones y sus enfados; a menudo, fingía que todo iba fenomenal, cuando, por supuesto, no era así. Por otro lado, aunque en aquella época fuera más habitual, ambos eran primos lejanos.

¿Habían aprendido sus hijos qué era un buen matrimonio? Desde la primera fila, habían sido espectadores de un complicado matrimonio entre dos personas que normalmente lo anteponían casi todo a su felicidad —o a sus deberes— como cónyuges… y como padres.

Lo esencial de esta historia no es juzgar el matrimonio Roosevelt o aconsejarte que nunca te divorcies. Es recordarte algo: tus hijos aprenden sobre qué es lo más importante para ti, incluidas las relaciones. ¿Qué les enseñas con las tuyas? ¿Qué ven ellos que tú no ves? Enseñadles cómo funciona un buen matrimonio, cómo funciona una relación sana e igualitaria, porque vuestro ejemplo será el primero y el más duradero.

27 de enero
Cualquier lugar es bueno para ejercer de padre

Cuando pensamos en un maestro o una maestra, lo imaginamos en el aula. Cuando pensamos en un líder, lo imaginamos en un despacho majestuoso o al frente de sus tropas. Pero lo cierto es que tanto un maestro como una maestra o un líder pueden ejercer su trabajo desde cualquier lugar y de muchas formas distintas.

Como dijo Plutarco de Sócrates:

> Sócrates no utilizaba pupitres para sus alumnos, ni se sentaba en una silla de profesor, ni establecía horarios para dar conferencias o pasear con sus alumnos. No, él practicaba la filosofía mientras bromeaba —si se presentaba la ocasión—, cuando bebía con sus amigos, participaba en campañas militares o merodeaba por el mercado con algunos de sus estudiantes. Fue el primero en demostrar que nuestras vidas están abiertas a la filosofía en todo momento y en todos los aspectos, mientras experimentamos todas las emociones y en todas y cada una de las actividades.

Lo mismo que sucede con la educación, el liderazgo y la filosofía, también ocurre con la crianza de tus hijos. Puedes ejercer de padre en cualquier lugar. Puedes hacerlo cada minuto de cada día. Puedes seguir el mismo método que Sócrates: enseñar a través del ejemplo, adaptándote a cada situación.

28 de enero
Permite que te vean trabajar

> Un padre que da el ejemplo de amar su trabajo puede ayudar más a sus hijos que regalándoles una mansión.
>
> PAUL GRAHAM

Buscamos ese «equilibrio entre la vida y el trabajo» del que tanto se habla hoy en día. Aspiramos a tener éxito y alcanzar nuestros objetivos en cada ámbito de nuestra vida, a menos que uno vaya en detrimento de otro. En cambio, intentamos que el trabajo no interfiera en nuestro hogar, que no interfiera en el tiempo que pasamos con nuestros hijos.

¿Dónde está el problema? Bueno, ¿dónde se supone que nuestros hijos han de aprender la importancia de la ética de trabajo? ¿Cómo sabrán qué es un padre trabajador si nunca lo han visto? ¿Cómo sabrán qué significa trabajar bien?

Este también es tu cometido: ser su ejemplo. Hay una vieja máxima latina que dice: *A bove maiori discit arare minor*. Es decir: «Del buey viejo aprende a arar el joven». Y eso es así porque los enyugan juntos. De ese modo, los jóvenes no solo verán cómo trabajan los mayores, sino que estarán atados a ellos para *aprender cómo se trabaja*.

Evidentemente, los límites son importantes. Nadie quiere que su vida laboral interfiera en su vida familiar o la anule. Pero asegúrate de que la búsqueda de este equilibrio no priva accidentalmente a tus hijos de un ejemplo importante que les servirá durante toda su vida.

29 de enero
Primero, haz los deberes en tu casa

Una vez, un crítico griego propuso que Esparta se convirtiera en una democracia. Licurgo, el gran legislador, le respondió con una ocurrencia: «Antes, implanta tú la democracia en tu casa».

Es muy sencillo opinar sobre lo que hacen los demás. Sin embargo, no es tan divertido ceñirte a tus propios principios. ¿No estás de acuerdo con el crecimiento de la deuda nacional? Pues bien… ¿pero tu economía goza de buena salud? ¿Detestas a esos jugadores que firman un contrato y luego exigen que los traspasen dejando en la estacada aquellos equipos que apostaron por ellos? Está bien… ¿pero acaso tú no estás siempre atento a cualquier nueva oportunidad laboral? Te parece inmoral que las celebridades no se tomen en serio sus matrimonios… pero ¿cómo está el tuyo? ¿Crees que los políticos siempre mienten?… pero ¿cuál es tu nivel de veracidad?

La cuestión es esta: el lugar dónde has de aplicar tus opiniones sobre cómo debería funcionar el mundo es, ante todo, en ese micromundo sobre el que realmente tienes cierto control; es decir, en tu casa. Si quieres cambiar el mundo, empieza por hacer los deberes en tu propia casa. Tienes mucho trabajo por delante, muchas cosas que arreglar, que mejorar. Empieza por ahí.

Enséñales a tus hijos que el cambio es posible. Muéstrales por qué tus opiniones son importantes y qué pueden hacer para que las suyas también lo sean. Permíteles ser testigos de lo que supone predicar con el ejemplo. Ayúdales a sacar provecho de centrarse en lo práctico y no en lo teórico, en lo real y no en lo hipotético.

Ahora es el momento.

30 de enero
Ellos hacen la mayor parte del trabajo

Cuando el cómico Pete Holmes se enteró de que Mitch Hurwitz, el creador de *Arrested Development*, tenía dos hijas veinteañeras, lo felicitó: «¡Lo lograste!», le dijo, reconociendo que su amigo había superado con éxito el desafío de criar a dos hijas hasta la edad adulta.

Sin embargo, Hurwitz rechazó el cumplido: «¿Sabes qué? Ellas han hecho la mayor parte del trabajo». ¡Y tenía toda la razón! Como sabes, aunque ser padre es increíblemente importante, no somos tan importantes como nos creemos.

Hacemos todo lo posible por dar un buen ejemplo, pero ellos hacen la mayor parte del trabajo.

Por muy dura que sea nuestra tarea, ellos lo tienen mucho más difícil. ¿Te acuerdas de cuando tenías diez años? ¿O quince? ¿O veinte? No recuerdas como era ser un niño, ¿verdad? Seguramente, porque literalmente estabas muy ocupado desarrollando tu cerebro. Sí, es increíble ver en lo que se han convertido y lo que han hecho.

Simplemente recuerda que ellos se llevan los méritos —y tú, las culpas—.

31 de enero
Siempre has de seguir enseñándoles

Nell Painter era una mujer adulta, hecha y derecha. Tenía más de setenta años. Incluso cuando ya era una eminencia mundial, su madre seguía enseñándole cosas.

¿Cómo a su edad se atrevió dejar una prometedora carrera académica y matricularse en la escuela de bellas artes? Bueno, su madre escribió su primer libro a los sesenta y cinco años. Probablemente, eso tuvo algo que ver.

«Tardé años en darme cuenta de la valentía y la firmeza que mi madre había necesitado para emprender un cambio tan radical, pues era más fuerte de lo que yo había pensado durante su vida», dijo. «Sabía que se esforzaba para expresarse con honestidad y sencillez. Eso no era nada fácil para una mujer, para una mujer negra, una mujer negra de clase obrera». De todos modos, su madre lo había conseguido. Por eso, a Nell, cuando llegó a la edad madura, no le pareció extraño probar algo distinto. No le importaba si parecía rara o estar fuera de lugar. No tenía miedo de emprender un trayecto difícil. Su libro *Old in Art School: A Memoir of Starting Over* es un testimonio de lo que su madre le había enseñado tanto implícita como explícitamente.

De esta historia podemos sacar dos conclusiones: primera, nunca debemos dejar de enseñar a nuestros hijos; y, segunda, aunque lo que estemos haciendo ahora parezca no tener ninguna influencia en ellos en este momento, puede enseñarles algo en el futuro.

Sigue haciendo lo que tienes que hacer. Encarna aquello que quieres que tus hijos sean. Sigue creciendo. Sigue siendo un ejemplo a seguir. Sigue enseñándoles implícita y explícitamente.

FEBRERO

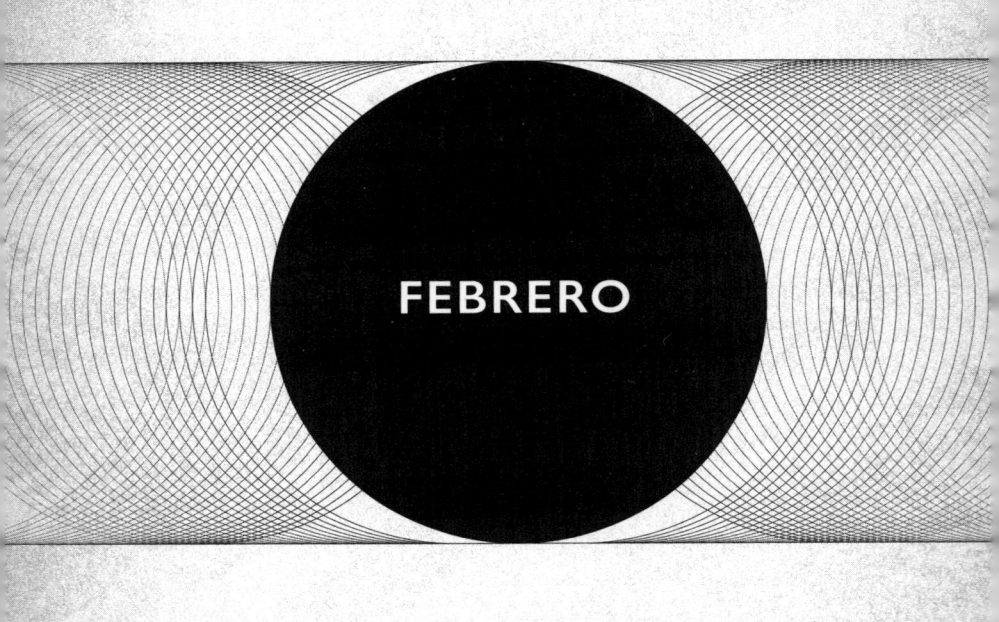

AMOR INCONDICIONAL

(ES LO ÚNICO QUE REALMENTE QUIEREN)

1 de febrero
Tu amor es irremplazable

En sus magníficas e íntimas memorias, Bruce Springsteen cuenta que su padre le dirigió menos de mil palabras durante toda su infancia. Es posible que «no recibas el amor y el afecto, porque no te lo has ganado», escribe. Así que, durante décadas, Bruce intentó por todos los medios ganarse el amor de su padre.

En la década de los ochenta, en la treintena y con algunos Grammy en su bolsillo, Bruce empezó a lidiar con la depresión. No entendía por qué. Había logrado mucho más de lo que nunca había soñado. Como artista, era querido por millones de personas y empezaba a comer en la misma mesa que sus ídolos (Elvis, Dean o Dylan). Pero como hijo, como hombre, como ser humano, todo iba por otro camino muy distinto: se encontraba completamente solo.

Sumido en esa soledad, Bruce adquirió la extraña costumbre de conducir por las calles de su infancia. Después de recorrer esos viejos lugares durante años, Bruce se preguntó: «¿Qué demonios estoy haciendo?». Entonces, acudió a un psiquiatra, que no necesitó conocer todos sus antecedentes para detectar que Bruce sentía que algo había ido mal y ahora estaba tratando de arreglarlo. «No puedes arreglarlo», le dijo. No puedes retroceder en el tiempo. Ningún niño puede convertir un amor interesado en un amor incondicional, la ausencia en presencia.

En la última estrofa de la canción inspirada en aquel trauma, «My Father's House», Bruce explica cómo la casa de su padre lo persiguió durante toda su vida. Era como un faro que lo llamaba en la noche. Esta es la letra:

> Calling and calling, so cold and alone
> Shining 'cross this dark highway where our sins lie unatoned.*

Es una letra conmovedora, inquietante y desgarradora. Desde fuera, parecía que Bruce Springsteen lo tenía todo; pero, en su interior, sentía que no tenía nada. Es una prueba de nuestro poder como padres. No hay dinero ni celebridades ni premios que puedan sustituir tu amor. Es lo único que quieren.

---

* Llamándome una y otra vez, tan fría y sola,
brillando en esta oscura carretera donde nuestros pecados yacen sin expiar.

2 de febrero
Repíteselo siempre

> Hay una palabra que nos libera de todo el peso y el dolor de la vida. Esa palabra es amor.
>
> Sófocles

Tus hijos se encogen de hombros cuando se lo dices. No sueles decírselo en público, porque parece un cliché, algo ridículo o demasiado sentimental. No quieres que se avergüencen de ti o que se sientan incómodos. *Además, ¿acaso no lo saben? Se lo has dicho un millón de veces en casa.*

Tienes más de mil razones para no pronunciar estas palabras, pero todas esas razones son erróneas, porque es imposible que las hayas dicho demasiadas veces.

Te quiero.
Estoy orgulloso de ti.
Me encanta tu forma de ser.
Eres especial.
Eres todo lo que necesito.
Para mí, eres lo más importante del mundo.

En el ocaso de tu vida, ¿crees que te arrepentirás de haber repetido demasiado alguna de estas frases? ¿O es más probable que te arrepientas de no haberlas dicho lo suficiente? Realmente, te rompería en mil pedazos pensar, por un segundo, que tus hijos no sepan, o no sientan en su corazón, lo mucho que los quieres, lo orgulloso que siempre has estado de ellos; que no tengan claro que absolutamente nada —ni el éxito, ni el dinero, ni la falta de ambos— podía cambiar lo que significaban para ti desde el momento en que nacieron.

La vida está llena de riesgos. Y este es un riesgo innecesario. Así que repítelo tantas veces como puedas. Diles lo que sientes. Diles que los quieres. Repíteselo una y otra vez.

Es imposible que se harten de escucharlo… pero puedes intentarlo.

3 de febrero
Amor infinito. Amén

Los padres «no solo aman a sus hijos de vez en cuando». Como dice el verso de la clásica canción de George Strait:

It's a love without end, amen.
It's a love without end, amen.*

El amor de los padres no es algo que solo se regala cuando todo va bien. Es decir, cuando tus hijos te escuchan o cumplen con tus expectativas. Los gestos de amor no solo sirven para celebrar sus éxitos, que hayan conseguido un trabajo o que les vaya bien en la vida.

No es un amor intermitente, sino constante. Eterno. Incondicional. Es un amor que se les da incluso cuando se están peleando con sus hermanos, cuando han copiado en un examen o cuando no se quieren comer las verduras. Incluso cuando quieren dejar una actividad por la que has pagado mucho dinero o cuando su comportamiento va en contra de los valores que has intentado inculcarles.

Es un amor que se les da aunque no lo hayas recibido en tu infancia. Aunque todo salga mal y no sepas cómo expresar tu frustración o malestar. Aunque no te tomen en serio o te pongan las cosas difíciles.

A pesar de todo, has de demostrarles que los quieres.

Ahora y siempre, en todo momento.

Amor infinito.

Amén.

---

* Es un amor infinito, amén.
Es un amor infinito, amén.

4 de febrero
Amor significa ayudar

> Hijitos míos, no amemos de palabra ni de lengua, sino de hecho y en verdad.
>
> Juan 3:18

Como progenitores debemos proporcionar a nuestros hijos todo lo que necesiten: el vaso de agua antes de acostarse, la ropa nueva para la escuela, un abrazo tras un fracaso o una decepción…

Ser padres significa estar siempre a su lado, literalmente. Se trata de estar a su servicio. Llevarlos de un lado a otro. Atarles los zapatos. Volver a lavar los platos y hacer la colada nada más llegar del hospital con nuestro recién nacido en los brazos. Sujetarles el pelo mientras vomitan por la quimioterapia. No importa su edad, ni la nuestra; pues para eso estamos aquí. Eso es lo que hacemos.

Les haremos la misma pregunta que Tom Hanks asegura hacer a sus hijos: «"¿Qué necesitas que haga?". Ofréceselo. "Haré todo lo que esté en mis manos para protegerte". Eso es todo. Ofreces tu ayuda y luego, simplemente, tu amor».

Eso es el amor. Ese es tu trabajo. Estás aquí para ayudarles.

5 de febrero
Asegúrate de que sepan que son suficientes para ti

Lyndon Johnson, a pesar de lograr ser el líder de la mayoría en el Senado antes de los cincuenta años, de ser elegido vicepresidente y luego presidente, y de ser el principal representante de los demócratas durante décadas, cargó toda su vida con un resentimiento del tamaño de Texas.

Nació en una familia pobre. Su educación y sus posibilidades lo llevaron al Southwest Texas State Teachers College. Era un buen instituto, pero no de esos que frecuentan los futuros presidentes. Al menos, eso era lo que él creía que pensaban todos sus ilustres y refinados compañeros de la Ivy League, mientras eran testigos de su ascenso en la política estadounidense.

Tal inseguridad tenía sus raíces en su infancia. Nunca se sintió lo suficientemente bueno. Desde muy joven, su madre le impuso unas expectativas muy altas y le hizo sentir que tenía que ganarse su amor, que solo estaría orgullosa de él si alcanzaba el éxito. Socavaba su autoestima cuando fracasaba, como cuando decidió dejar de tocar el piano o de bailar. «Durante días, después de que dejara las clases», recuerda, «mi madre se paseaba por la casa ignorándome, como si yo hubiera muerto. Y luego la veía siendo especialmente cariñosa y amable con mi padre y mis hermanas».

Esto puede servir de recordatorio para todos los padres: la carencia afectiva es peor que cualquier otro tipo de privación. Así que asegúrate de que tus hijos sepan que son lo suficientemente buenos, que los has querido desde el primer instante en que nacieron. Y nunca te olvides de que no deben hacer nada para ganarse este amor. No deben conseguir nada para merecer tu cariño y tu afecto.

Son perfectos tal y como son. Sus talentos, sus intereses y sus objetivos merecen *todo nuestro respeto y nuestro afecto*.

6 de febrero
Ser disciplinado es importante

En la década de los sesenta, la joven poeta Diane di Prima asistió a una de esas legendarias fiestas Beat de las que tanto hablan las películas. Todo el mundo estaba allí. Había drogas, nuevas ideas y sexo. Jack Kerouac era el anfitrión. Sin embargo, la joven poeta decidió irse muy pronto a casa.

¿Por qué? Porque la niñera estaba esperándola. En silencio, los demás escritores la juzgaron y se rieron de ella, convencidos de la certeza de esta frase: «No hay enemigo más sombrío del buen arte que el cochecito de un bebé en el salón». Sin embargo, Kerouac no mantuvo en silencio su desdén: «A menos que te olvides de la niñera», le dijo delante de todos, «nunca serás escritora».

Di Prima, como buena madre, hizo caso omiso a sus palabras y se fue. Julie Phillips, en su fascinante libro sobre crianza y creatividad *The Baby on the Fire Escape*, cuenta lo siguiente: «Ella estaba convencida de que nunca habría llegado a ser una buena escritora si se hubiera quedado. Porque, según ella, tanto escribir como volver a casa a tiempo requerían la misma disciplina en todo momento: cumplir con su palabra».

En muchas ocasiones, la gente importante y talentosa utiliza su trabajo y sus capacidades como una excusa para descuidar sus obligaciones como padres. Pero Diane di Prima tenía toda la razón. Ambas tareas son una cuestión de disciplina y compromiso. La idea de que alguien puede mejorar descuidando una parte de su vida para promocionar otra no tiene sentido. Más bien al contrario: cuando eres fiel a tu palabra, contigo o con tus hijos, fortaleces un valor muy importante. Si eres disciplinado y proteges tu vida personal, actuarás del mismo modo en tu vida profesional.

No permitas que te expliquen lo contrario. No permitas que te juzguen por ello.

7 de febrero
Dondequiera que estén, allí también estarás tú

A finales de la década de los cincuenta, Buck Murphy iba paseando por la calle en Whiteville, Tennessee, y un hombre blanco le dijo en voz alta: «¿Cómo le va a tu hijo en la cárcel?». Por aquel entonces, la segregación racial era un tema delicado en el sur, donde Curtis, el hijo de Buck, fue detenido por haber participado en una manifestación en Nashville, una manifestación que acabaría impulsando el movimiento por los derechos humanos civiles en Estados Unidos. «¿Dónde está?», insistió el hombre. «¿Todavía se encuentra en la cárcel de Nashville?».

Los Murphy tenían muchos motivos para estar preocupados por el activismo de su hijo. Por supuesto, ellos también creían que la segregación era uno de los males que azotaba el país y también habían sufrido sus consecuencias. Sin embargo, no querían que le pasara nada a su hijo. Temían las represalias en su familia. Seguramente, estaban preocupados por que su hijo estuviera cambiando y creciendo demasiado deprisa. Pero en aquel momento, cuando un blanco fanfarrón se burló de su hijo, Buck demostró eso que todos los hijos quieren de sus padres: un apoyo incondicional. Sin duda alguna, respondió: «Esté donde esté, yo también estoy con él».

Tus hijos tomarán decisiones que te van a poner los pelos de punta. Hay gente que no creerá en ellos, que los criticará. Y es posible que tú también pongas en duda la astucia de sus acciones. Pero ¿dónde está el problema?

Dondequiera que estén, allí también estarás tú.

Ama a tus hijos. Apóyalos. Lucha por ellos y mantente a su lado. Dondequiera que estén.

8 de febrero
No tienen por qué ganarse tu aprobación

> Casi todo el mundo está orgulloso, no de las cosas que suscitan respeto, sino de las innecesarias.
>
> LEÓN TOLSTÓI

Lo decimos sin pensar. Lo decimos con buenas intenciones. «Haz que me sienta orgulloso de ti, hijo», decimos según salen corriendo al campo de fútbol. «Haz que tus padres estén orgullosos», decimos cuando terminan el instituto. Y entonces, cuando logran algún éxito, los recompensamos celebrando que han cumplido su misión. Han hecho que nos sintamos orgullosos.

Lo hacemos para motivarlos. Usamos esa estrategia, muchas veces de forma inconsciente, para que se sientan importantes. Pero ¿funciona así nuestro afecto? ¿Implica eso que deben lograr algo para que estemos orgullosos? ¿Significa que nuestro apoyo no es incondicional o absoluto? ¿Qué si no marcan un gol, sacan las mejores notas o ganan una beca, *no* nos sentimos orgullosos de ellos?

Nuestros hijos no nos deben nada. A fin de cuentas, ellos no nos han pedido estar aquí. Somos nosotros quienes estamos en deuda con ellos, por nuestra decisión de traerlos al mundo.

9 de febrero
Cómo ser una familia unida

Una vez Abraham Lincoln dijo: «Me alegra que mis hijos sean libres, felices y que no estén sometidos a la tiranía paterna». Lincoln sabía de lo que hablaba. Su padre usó la fuerza para educarlo. Era controlador. Tenía buenas intenciones, comprendió Lincoln más adelante. Su padre había tenido pocas herramientas a su disposición, y las que había tenido no le dieron un buen resultado. Sus hijos no estaban orgullosos de él y hacían cuanto estaba en sus manos para alejarse de él.

Eso no es lo que tú quieres, ¿verdad? Por supuesto que no. Quieres que tus hijos te hagan caso y escuchen tus consejos. Los quieres cerca de ti y que, cuando lo necesiten, te pidan ayuda. Quieres que respeten tus normas y compartan tus principios. Quieres que hagan lo que se supone que deben hacer, aquello que les permitirá alcanzar el éxito.

Pero ¿cómo vas a conseguirlo?

Bien, para muchos padres, la respuesta es optar por la forma de liderazgo más sencilla y primaria: la fuerza. La lógica es muy sencilla, logras que te hagan caso porque *eres más grande que ellos, puedes quitarles el mando a distancia de la televisión o porque, simplemente, tú lo dices.* Y parece que funciona… durante un tiempo. Quizá te venga a la mente cómo funcionaba esta estrategia en tu propia infancia. A la larga, dejó de cosechar buenos resultados. Y, al final, resultó contraproducente.

Está bien. Entonces, escucha a Lincoln: «El amor es esa cadena que une al niño con sus padres».

10 de febrero
Cuando vuelvan a perder el rumbo

En una de las parábolas más famosas de la Biblia, Jesús habla del Hijo Pródigo. «Había una vez un hombre rico que tenía dos hijos. El menor le dijo: "Padre, dame la parte de los bienes que me corresponde"». Entonces, el hijo tomó su parte, la vendió y se fue con el dinero. Viajó, asistió a múltiples fiestas, se emborrachó, comió como un rey y entró en el mundo de las apuestas. En apenas una semana, se quedó sin dinero. Por eso tuvo que ponerse a trabajar en una granja alimentando a los cerdos. Y, como no podía comprar comida, tenía que comer lo mismo que ellos. Con el tiempo, se dio cuenta de que, incluso los criados de su padre, comían mejor que él. Así que puso rumbo a casa y le dijo a su padre: «Ya no soy digno de ser llamado tu hijo; hazme como a uno de tus jornaleros».

Y antes de que el chico pudiera confesar todo lo que había hecho, explica Jesús, su padre llamó a todos sus sirvientes: «Sacad el mejor vestido, y vestidle; y poned un anillo en su mano, y calzado en sus pies. Y traed el becerro gordo y matadlo, y celebremos con un banquete; porque este hijo mío estaba muerto, y ha revivido; se había perdido, y lo hemos encontrado».

Seguramente, tus hijos nunca te exijan su parte de la herencia, pero es posible que se pierdan por el camino. Cometerán errores e intentarán conquistar su independencia. Se meterán en líos. Como padres, tenemos que comprenderlos y a aceptarlos como son. Tenemos que proporcionarles aquello que necesitan. Y, cuando vuelvan a perder el rumbo, tenemos que ayudarles a encontrar su camino, pero sin reproches o con un «ya te lo había dicho yo», sino con afecto y comprensión.

11 de febrero
Por algún motivo estás tan sensible

> Hay lugares en el corazón que no descubres hasta que amas a un niño.
>
> ANNE LAMOTT

En estos tiempos que parecen sacar lo peor de la gente, los padres sentimos algo diferente. Estamos con la sensibilidad a flor de piel. Somos vulnerables. Se nos saltan las lágrimas cuando oímos hablar de la pérdida de un ser querido. Y cuando pensamos en las familias que luchan por llegar a fin de mes, lo sentimos en las entrañas. Los videos virales nos afectan más de lo habitual: esos futuros padrastros que han rellenado los papeles de adopción, los padres militares que han sorprendido a sus hijos con una visita inesperada, las familias reunidas en la frontera…

Es como una bomba emocional.

¿Por qué?

Estás tan sensible porque tener hijos te ha abierto los ojos. «Después de haber sido completamente insensible los anteriores treinta años de mi vida», escribe el cómico y escritor Michael Ian Black, «no estaba emocionalmente preparado para la paternidad». La crianza te obliga a comprometerte con el mundo de una forma más activa. Te obliga a comprometerte contigo mismo y con tus propias emociones de una forma activa. ¿Era más fácil ir por el mundo con los ojos cerrados? ¿Es reconfortante centrarte en ti mismo y en tus problemas, y echar la culpa de todo a los demás?

Por supuesto que no. Pero ahora eso te resulta cada vez más difícil de hacer. El ser padre te ha cambiado, te ha hecho ver que todo está conectado, que todos estamos conectados. Te ha hecho ser mejor persona.

12 de febrero
Ama a tu niño, a tu niña

> Tú eres una persona muy especial. Solo hay una persona cómo tú en el todo el mundo.
>
> Mister Rogers

La profesora de primaria, escritora de bestsellers y madre de dos hijas Jessica Lahey ha hablado con cientos de miles de niños sobre aquello que les gustaría decir a sus padres: «Con diferencia, el comentario que más veces escucho es una versión de "yo no soy mi hermano", "yo no soy mi hermana", "yo no soy mis padres cuando tenían mi edad", "no sé a quién se creen que están criando, pero no soy así" o "mis padres creen que saben quién soy, pero realmente no tienen ni idea de quién soy"».

¿No es estremecedor? Si existiera una lista de cosas que nunca querrías que tus hijos dijeran o sintieran, esas respuestas —que Jessica afirma recibir por correo casi todos los días— se encontrarían en los primeros puestos. Ningún niño debería sentir que sus padres esperan que sea otra persona, que sea alguien distinto. Ninguno debería sentir que, en cierto modo, es una decepción para ellos. Deberían saber que son especiales por ser quienes son, por hacer que el mundo sea mejor por el simple hecho de estar en él.

Tus hijos necesitan que los observes, los escuches y los ames. Necesitan que los *conozcas*. Por lo que son y por lo que eligen ser. No por quienes deseas que sean.

Eso es lo único que quieren de nosotros. Y se lo merecen. Así que es mejor que lo hagas. Desde este preciso instante hasta el final de tus días.

13 de febrero
Siempre puedes darles algo muy importante

> Una persona es feliz en la medida en que proporciona felicidad a otras personas.
>
> Jeremy Bentham

Quieres brindarles el mundo entero o, por lo menos, su propia habitación y cualquier cosa material que necesiten. Lo único que deseas es que sean plenamente felices, pero, sin lugar a dudas, siempre te quedarás corto. Esta es la mala noticia. La buena es que hay algunas cosas que siempre puedes darles y que, cuando otros intenten ofrecérselas a tus hijos, nunca estarán a tu altura. Son cosas que siempre puedes dar, que siempre están a tu alcance: tu atención, tu comprensión y tu amor.

No importa lo que ocurra, ni lo rico o pobre que seas. No importan tus errores, ni los suyos. No importa el que tengas mucho o poco poder. Siempre puedes dárselas. Al fin y al cabo, son mucho más importantes que cualquier otra cosa que puedas hacer por ellos. El amor y la comprensión son lo único que realmente importa, porque perduran incluso más allá de tu muerte. Su influencia es una de las fuerzas primarias que moldearán al adulto en el que se convertirán tus hijos.

Y, si lo piensas bien, lo único por lo que realmente —y con razón— podrán resentirse contigo, en igualdad de condiciones, es si sabes que estas cosas son ciertas y sigues sin proporcionárselas.

14 de febrero
Lo mejor que puedes hacer

En *La segunda montaña*, David Brooks relata una conversación que mantuvo con un colega académico. «En realidad, no conozco muchos matrimonios felices», dijo su colega. «Pero conozco muchos matrimonios en los que los padres aman a sus hijos».

Sin embargo, en un matrimonio de este tipo, tu hijo o tu hija se pierde un poderoso ejemplo. «Lo mejor que puede hacer un padre por sus hijos», dijo una vez Howard W. Hunter, «es amar a su madre». Afortunadamente, nuestra concepción de lo que es una familia se ha ampliado desde que hizo esa observación. Ahora tenemos familias divorciadas, solteras, trans, homosexuales e incluso familias políticas. Cada uno elige su forma de vida.

Pero en realidad, el sentido de esa frase es el mismo; de hecho, es mucho más amplio. Lo mejor que puedes hacer por tus hijos es amar a la persona con la que compartes tu vida. Amar a la persona con la que vas a criarlos.

Aunque ya no vivas con esa persona, que te haya herido profundamente o incluso te haya traicionado, debes amar a la persona responsable de una buena parte del ADN o de la identidad de tus hijos. Debes amar a quien ellos también aman, así sabrán que son amados.

15 de febrero
Esto es lo que más desean

Eleanor Roosevelt tuvo una dura infancia. Su madre era complicada y temperamental, pero seguía siendo su madre. Por eso, Eleanor se quedó devastada cuando su madre, con apenas veintinueve años falleció… y, unos meses más tarde, también lo hizo su padre. Entonces, la mandaron a vivir con su abuela; una mujer que tardó poco en demostrar que había sido la responsable de los problemas emocionales de su madre.

Fue una experiencia triste y dolorosa que no cambió hasta que Eleanor llegó a la escuela, en Londres. Allí, en una escuela especial para niñas, conoció a su profesora Marie Souvestre, que por fin vio que Eleanor no era una chica sencilla y tímida, sino alguien especial, con talento, con ambiciones y con capacidad para cambiar el mundo. «La atención y la admiración fueron las cosas que más eché en falta durante toda mi infancia», reflexionó Eleanor más tarde, «porque me hicieron sentir que nada en mí era capaz de llamar la atención o producir admiración».

¿Acaso no todos queremos que nos presten atención y nos admiren? ¿En nuestro trabajo, en nuestra comunidad o en nuestro matrimonio? ¿Por qué no iban a querer lo mismo nuestros hijos durante sus jóvenes y frágiles vidas? ¿Y quién, si no nosotros, podría satisfacer esas necesidades mejor que nadie?

No es fácil ser niño. Los niños se sienten desbordados. Dudan de sí mismos. Se preguntan cuál es su lugar, dónde les tienen en cuenta. Nuestro trabajo es echarles una mano para que lo logren, para hacerles saber que son amados y que son especiales. Para darles la atención y la admiración que tanto se merecen.

16 de febrero
Nunca pierdas de vista lo importante

> La mayoría de lo que hacemos y decimos no es esencial. Pregúntate en cada momento «¿Es esto necesario?».
>
> Marco Aurelio

Hay un pequeño dicho maravilloso: *Lo importante es que lo importante siga siendo lo importante.*

Cada familia, cada persona, considera importante una cosa distinta, evidentemente. Pero, generalizando un poco, para nosotros, los padres, lo importante es criar a personas equilibradas, autosuficientes, decentes y felices. Lo importante no es en qué universidad cursarán sus estudios o en qué bufete acabarán trabajando. Lo importante no es tener la casa limpia. Lo importante no es ser los mejores padres. Ni las notas, ni ser capitán del equipo de fútbol, ni llegar a ser un experto violonchelista.

Lo importante es que nuestros hijos estén sanos, tengan unos principios, y sepan quiénes son y lo que quieren en la vida. En realidad, lo más importante de todo, lo principal, es quererlos y que *se sientan queridos.*

17 de febrero
Deja que se pregunten si lo sabes

Cuando Floyd Patterson, era un joven boxeador que intentaba salir adelante por sí mismo, aquel futuro campeón de los pesos pesados pasaba tanta hambre que no tenía más remedio que ir a comer a casa de su madre a altas horas de la noche.

«No le digas que estoy hambriento», le decía siempre a un amigo que solía acompañarlo. «No quiero que sepa que no puedo arreglármelas por mi cuenta». Sin embargo, cuando Floyd cruzaba el umbral de la casa de su madre siempre se encontraba con un plato en la mesa.

«No hace falta, mamá», decía quitándole importancia. «Hemos comido en un restaurante y no tengo mucha hambre». A pesar de la cantidad de comida que había en el plato, su madre le decía que comiera *solo un bocado*. «Todavía me pregunto si mi madre sabía que aquello no era solo una visita de cortesía», reflexionaría Floyd años más tarde en sus memorias, «que no me lo comía todo por educación».

¡Por supuesto que lo sabía! Un padre, una madre, siempre lo sabe. Pero ella nunca dijo ni una palabra al respecto. Simplemente hacía lo que tenía que hacer, preocuparse por el bienestar de su hijo sin socavar su autoestima y su orgullo.

Cuando tus hijos necesitan *ayuda*, tu único trabajo es proporcionársela. Echar una mano, sin soltarles un sermón. Así se crea un tipo de relación como el que Floyd tenía con su madre: ese tipo de relación en la que los hijos saben que pueden acudir a casa en busca de ayuda en cualquier momento, de día o de noche.

18 de febrero
Cómo convencerlos

> Hay que calmar lentamente el ímpetu de los jóvenes, no vaya a ser que al querer ponerles impedimentos repentinos los llevemos a la desesperación y a la perdición.
>
> Giovanni Boccaccio

En 1941, Mary Churchill aceptó la propuesta de matrimonio de Eric Duncannon. Aquella joven sin experiencia apenas lo conocía, lo que desató tensiones en su entorno. Quizá, Duncannon no era el hombre más adecuado para ella. Sus padres —descendientes de la alta aristocracia— estaban preocupados.

Pero, como Erik Larson cuenta en *The Splendid and the Vile*, en lugar de reprobar a su hija, Clementine Churchill le preguntó si estaba *segura* de su decisión. No rechazó su elección de antemano, pero le expuso sus dudas. Consciente de que ninguna hija quiere que sus padres le digan con quién debe casarse, Clementine buscó a una persona de confianza, respetada por su hija, para que pudiera dialogar con ella. Esa persona fue Averell Harriman, uno de los asesores de Churchill.

Harriman se llevó aparte a la joven e impulsiva muchacha: «Me dijo todo aquello que debería haberme preguntado a mí misma», dijo Mary más adelante. Le dijo que tenía toda la vida por delante, y que «no debía dar el *sí* a la primera persona que apareciera. Que no había conocido a mucha gente, y que era un crimen tomar decisiones estúpidas en tu propia vida».

Aquello empezó a calar en Mary, que, al cabo de unas semanas, decidió romper el compromiso. Sí, fue idea suya, pero más tarde agradeció que sus padres le hubieran abierto los ojos. «¿Qué habría pasado si mi madre no hubiera intervenido?», escribió. «Agradezco todo su amor y comprensión».

Nuestros hijos tomarán decisiones con las que no estamos de acuerdo y, a medida que crezcan, no podremos impedírselo por la fuerza. Intentemos ser comprensivos, pacientes… evasivos. Tenemos que aconsejarles y proporcionarles las herramientas adecuadas para que nuestras palabras no caigan en saco roto. Porque son ellos quienes han de tomar la decisión correcta. Y nosotros debemos asegurarnos de que sepan que, decidan lo que decidan, les queremos.

19 de febrero
Espera siempre lo mejor

Conoces a tus hijos desde muy pequeños. Les has visto hacer las cosas más tiernas del mundo. Sabes realmente quiénes son.

Así que esta es la cuestión: Cuando metan la pata, suspendan un examen, estrellen su coche, se metan en líos o te contesten, ¿vas a pensar lo peor?, ¿los tratarás con rabia y prejuicios?, ¿les lanzarás tus críticas y todo tipo de suspicacias?

Sabes perfectamente que son buenos y honestos. Sabes que, normalmente, intentan dar lo mejor de sí mismos. Sabes a qué se enfrentan. Sabes cuáles son sus puntos débiles, sus miedos y sus vulnerabilidades. Sabes por todo lo que han pasado —y, en el fondo, sabes que una de las cosas por las que han pasado es por tu educación—.

Entonces, ¿por qué usar ese tono con ellos? ¿Por qué pensar mal? ¿Dónde está tu amabilidad? ¿Has dejado de lado la buena fe? ¿Por qué no los tratas como alguien que cree en ellos, que los admira? ¿Y tu paciencia? ¿O tu comprensión? ¿Dónde está ese amor incondicional que pretendes trasmitirles?

Eso es. Y, por cierto, recuerda que todas estas preguntas también son pertinentes cuando interactúas con tu pareja.

20 de febrero
Estos son los niños más ricos

Todo el mundo recuerda a los «niños ricos» de su infancia. Y esos niños ricos se acuerdan de otros niños *ricos* de su infancia. Todos envidiábamos sus viajes de invierno, sus enormes casas, sus casas de vacaciones —también enormes—, sus aparatos electrónicos, su ropa, etc.

Y, sin embargo, ¿cuántos de esos niños, cuando los miramos ahora, de adultos, parecen haber sido bastante pobres? Quizá en su casa se enfrentaban a una pobreza de atención, a un déficit de felicidad o estabilidad. Quizá sus padres discutían a todas horas. Quizá trabajaban demasiado. Quizá tenían otras prioridades que no eran sus hijos.

Ahora, como adultos, nos damos cuenta de que tener una fortuna no significa ser afortunado, sobre todo, porque «ser afortunado» tiene muchos significados. Esto es realmente una buena noticia. Todos nosotros tenemos la capacidad de hacer que nuestros hijos se sientan afortunados. Podemos medir esa fortuna con el tiempo y la atención que reciben de nosotros, con la seguridad y el sentimiento de hogar que les proporcionamos, aunque no tengamos un buen salario.

Puedes hacer que tu hijo sea el niño más rico de toda la escuela sin apenas gastar un solo dólar.

21 de febrero
Tu amistad es innegociable

Durante muchos años, el empresario Ben Horowitz tuvo como coach al legendario Bill Campbell, también llamado el Coach del Trillón de Dólares a raíz de sus colaboraciones con Larry Page, Steve Jobs y Sheryl Sandberg. En un panegírico que escribió para Campbell, Horowitz contó que este le había ayudado a superar una de las situaciones más difíciles que experimentó como padre:

> Mi hijo mayor, Jules, nos contó que era transexual y que había decidido cambiar de sexo, pasando por el quirófano y tomando testosterona. Es imposible describir cómo se siente un padre ante tal situación, pero por encima de todo, yo estaba preocupado. No sabía si lo aceptarían, si su salud se vería afectada, si la operación saldría bien o si algún intolerante atentaría contra él. Estaba tan preocupado que apenas podía reaccionar... así que decidí contárselo a Bill. Cuando se lo conté, vi que asomaban lágrimas en sus ojos y me dijo: «Esto va a ser muy duro». Entonces, sin pensarlo dos veces quiso ver a Jules. Cuando se encontraron, Bill lo abrazó y se aseguró de que supiera que no estaba solo, que siempre tendría su amistad. Bill *supo entenderlo*.

Este maravilloso testimonio público sobre las dificultades de una experiencia privada, compartido en honor de su mentor personal, nos habla de lo que realmente necesitan escuchar los niños de nosotros, pase lo que pase: *En tu vida te enfrentarás a situaciones muy duras. Pero no estás solo. Siempre seré tu amigo.*

22 de febrero
Diles que nunca se olviden de esto

En julio de 2008, Erin Carr, la hija del periodista David Carr, se fue a Londres para empezar su primer trabajo después de graduarse en la universidad. Erin había sufrido algunos problemas durante los años anteriores. Había tonteado con el alcohol y no siempre había elegido bien sus compañeros. Sin embargo, nunca se cuestionó el amor de su padre.

Cuando Erin aterrizó en Londres, un email de su padre estaba esperándola en la bandeja de entrada de su correo electrónico. Era ese tipo de carta que escribe un buen padre, el tipo de carta que, en este caso en particular —David fallecería trágicamente a los cincuenta y ocho años—, guiaría los pasos de Erin incluso después de la muerte de su padre. Así empezaba la carta:

> *Cariño:*
> *Por favor, no olvides que llevas contigo no solo nuestro amor y apoyo, sino también nuestra admiración y orgullo por intentar hacer realidad tus sueños.*

Asegúrate de que tus hijos siempre sepan que los apoyas, quieres y aceptas tal y como son. Asegúrate de que, vayan donde vayan, siempre tendrán tu amor, tu apoyo y tu admiración.

23 de febrero
Enséñales a reconocer su valor

> Debemos enseñar a los jóvenes, desde la infancia, que no es correcto vestir oro en sus cuerpos o poseerlo, porque ellos tienen su propio oro entremezclado en su alma, encarnado en la virtud que forma parte de la naturaleza humana y que se recibe al nacer.
>
> Plutarco

Mister Rogers terminaba cada programa con un mensaje dirigido directamente a los niños y que se convirtió casi en un proverbio por su sabiduría y verdad atemporal: «Por el mero hecho de ser vosotros, habéis hecho de este día un día especial», decía. «No hay nadie en el mundo como tú, y me gustas tal y como eres».

Como padres, debemos enseñar a nuestros hijos dónde reside su auténtico valor. No lo encontramos en sus logros. Ni en la cantidad de dinero que ganan o la ropa que visten. Tampoco, en cualquier otro motivo externo. Su valor —para nosotros y para el mundo— es inherente a ellos. Existe porque *ellos* existen. Porque no hay nadie en el planeta con su misma combinación de ADN, sus mismas experiencias y circunstancias. Eso es lo que los vuelve especiales, lo que los convierte en algo más singular que la joya más valiosa o preciada del mundo.

24 de febrero
Todo lo que quieren

No es fácil saberlo: ¿Qué necesitan *realmente* tus hijos? ¿Qué debe hacer un padre? ¿Qué es lo esencial? ¿Qué es lo superfluo? No hay una respuesta sencilla, pero en 2008 el presidente Barack Obama estuvo a punto de dar con ella en un discurso del Día del Padre sobre lo que nuestros hijos realmente necesitan y quieren de nosotros.

> Nuestros hijos son muy listos. Comprenden que la vida no siempre es perfecta, que a veces las cosas se ponen difíciles y que incluso los mejores padres no logran hacerlo del todo bien. Sin embargo, por encima de todo, solo quieren que formemos parte de sus vidas… A fin de cuentas, en eso consiste ser padre de familia: esos momentos valiosos con nuestros hijos que nos llenan de orgullo y emoción por el futuro; las oportunidades que tenemos de darles el ejemplo u ofrecerles un consejo; las oportunidades de simplemente estar cerca de ellos y demostrarles que los queremos.

Esta es tu tarea, por encima de todas las demás: formar parte de su vida, *una parte positiva*. Ellos necesitan que estés ahí. Que compartas tu sabiduría. Que seas un buen ejemplo. Que los entiendas y los ames.

Todo lo demás es suplementario.

25 de febrero
Sorpréndelos con estas palabras

Tu hijo sube corriendo escaleras arriba y le dices: «Oye, antes de que te vayas...». Estás viendo la tele y tu hija entra en la habitación: «Oye, tengo que decirte algo...». Tus hijos están peleándose en el patio y sales para decirles: «Hola, chicos...».

Seguramente, piensen que vas a recordarles alguna tarea del colegio, a criticar lo que llevan puesto o les dirás que dejen de armar alboroto.

Pero no, vas a sorprenderlos con esas palabras que nunca decimos lo suficiente: *Os quiero*.

Cuando se lo decimos, ¿les pilla por sorpresa? ¿Les sorprende que solo queramos expresar abiertamente nuestros sentimientos hacia ellos? Pues, la culpa es nuestra, no suya. Eso dice algo de nosotros, no de ellos. Y es algo que nosotros, no ellos, debemos arreglar.

26 de febrero
Esto es lo que desearás

Johnny Gunther era el orgullo y la alegría de dos padres cariñosos. Un brillante joven, divertido y gracioso, que iba camino de Harvard. Pero, sin previo aviso, recibió un mal diagnóstico, luego luchó durante quince meses contra un tumor cerebral y, finalmente, falleció. Demasiado pronto.

Al final de *Death Be Not Proud*, las conmovedoras memorias de John Gunther sobre la corta vida de su hijo Johnny, la esposa de John, Frances, reflexiona sobre la pérdida de su hijo. Se pregunta qué le queda, qué piensa y qué siente una persona al recordar el breve periodo de tiempo que pasó con su hijo.

«Me hubiese gustado amar más a Johnny».

Eso es todo. A eso volvía una y otra vez. No es que no lo quisieran en vida: nadie puede leer las memorias de los Gunther sin darse cuenta de que eran una familia maravillosa. Sin embargo, cuando iba al fondo del asunto, Frances pensaba una y otra vez en las oportunidades que podría haber aprovechado para dedicarle más tiempo y demostrarle más su amor.

Espero que nunca tengamos que afrontar una pérdida semejante. Ningún padre debería enterrar a un hijo. Pero, aun así, intentemos pensar en el final de nuestros días. ¿Qué pensaremos en ese momento? Cuando reflexionemos sobre nuestra vida, ¿qué desearemos? *Querremos haberles demostrado más nuestro amor.* Aunque se lo hayamos dicho un millón de veces y de mil maneras distintas, siempre pensaremos que nunca hemos llegado a expresar lo mucho que significan para nosotros.

Por eso, intenta ahora mismo, ahora que puedes, demostrarles todo tu amor.

27 de febrero
Dáselo... mientras puedas

> El amor futuro no existe. El amor es una actividad que habita exclusivamente en el presente.
>
> León Tolstói

El poeta William Stafford tenía algunas ideas muy interesantes y hermosas sobre la paternidad. Pero su última reflexión condensa lo mejor de él.

Cuando un ataque al corazón fulminó a Stafford a los setenta y nueve años, su mujer y sus hijos encontraron un pedazo de papel con una breve frase. Quizá, las últimas palabras que escribió durante sus cincuenta años de escritor. Simplemente decía: «Y todo mi amor...».

Ahora bien, *amor* no es una palabra que Stafford hubiera utilizado mucho. Puede que a ti también te resulte algo incómodo pronunciarla. Pero deberías hacerlo... mientras puedas... mientras aún estés aquí. Y no basta con que simplemente lo *digas*. *Dáselo* sin reservas.

A tus hijos, a tu familia, a tus seres *queridos*... se merecen *todo tu amor*.

28 de febrero
El amor no es un camino de rosas

> La vida es guerra, y estancia de un extraño en tierra extraña.
>
> Marco Aurelio

Leonard Cohen, padre de dos hijos, dijo que el amor no es una marcha triunfal, sino un *aleluya frío y roto*.

No pretendo desanimarte a que seas padre. Ya has comprado tu billete para emprender este viaje. Solo es un recordatorio: si esperas que consista en una serie interminable de momentos fantásticos, te estás engañando a ti mismo y estás abonando el terreno para llevarte una gran decepción. Si vuelves a comparar tu vida con las que ves en la televisión, estás siendo injusto contigo mismo.

Es algo difícil. Muy difícil. Hay momentos oscuros. Hay momentos en los que estás convencido de que no tienes ni idea de lo que haces y piensas que eres el peor. Hay momentos en los que, de hecho, te dirán que eres el peor. Pero tienes que seguir adelante. No puedes rendirte.

No puedes tirar la toalla. Cuentan contigo.

29 de febrero
Aprovecha las segundas oportunidades

Es muy probable que, cuando tu hija entró corriendo en tu dormitorio a las cinco de la mañana, no la recibieras dando saltos de alegría. A tu hijo adolescente tampoco le diste muchas oportunidades para que explicara sus notas. Estabas ocupado con otras cosas y te distrajiste durante la cena, mirando el teléfono constantemente.

No puedes remediarlo: has metido la pata y no has dado lo mejor de ti.

No puedes cambiar eso, pero la paternidad siempre te da segundas oportunidades. Te da un montón de «días bisiestos». Los niños lo olvidan con facilidad. Te necesitan para otras cosas. Hay muchas conversaciones difíciles. Todas las noches cenamos.

Aunque no puedes desandar tus pasos, puedes aprovechar esas segundas oportunidades que se te presentan. Puedes obligarte a jugar, aunque estés agotado. Antes perder los estribos, puedes recordarte a ti mismo que quieres a tu hijo y que aún está descubriendo cómo funciona el mundo. También puedes guardar el teléfono en un cajón y cenar con tu familia, sin distracciones.

Pero no siempre podremos hacer esto. El mañana nunca está garantizado. El presente es un regalo, fruto de la casualidad —especialmente en un año bisiesto—. Por eso, cada interacción con nuestros hijos es importante, porque no podemos asegurar que volverá a repetirse. Aun así, no siempre acertaremos. Así que, cuando tengamos la oportunidad de poder intentarlo de nuevo, más vale que la aprovechemos. Será mejor que nos esforcemos más. Será mejor que prestemos toda nuestra atención.

MARZO

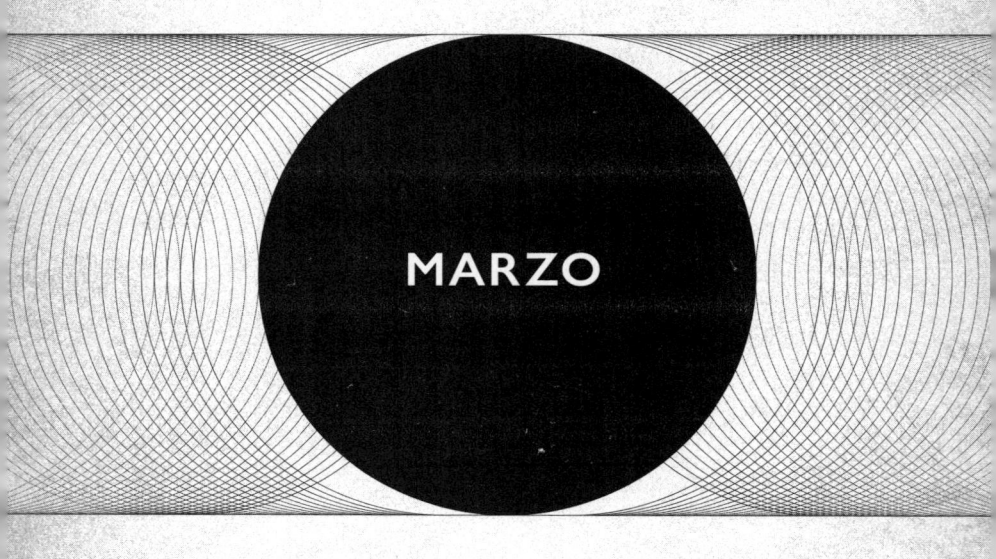

PON A TU FAMILIA EN PRIMER LUGAR

(TRABAJO, FAMILIA Y OCIO: ELIJE DOS)

1 de marzo
Solo puedes elegir dos

> No disponemos de suficiente tiempo, queridos amigos,
> aunque esté amaneciendo, la media noche termina,
> para dedicar nuestro tiempo a tener amor, trabajo y amigos.
>
> Kenneth Koch

En una ocasión, le preguntaron al prolífico artista y padre de dos hijos Austin Kleon cómo encontraba tiempo para todo: «No lo encuentro», respondió. «La vida del artista consiste en hacer concesiones». Y luego añadió una pequeña regla que deberíamos recordar en cualquier momento:

Trabajo, familia y ocio. Elige dos.

Puedes salir de fiesta y mantener una relación, pero no tendrás mucho tiempo para trabajar.

También puedes ser el mejor en tu trabajo y salir con los amigos cada día; pero, entonces, ¿cuándo vas a pasar tiempo con tu familia?

Por otro lado, puedes dedicarte a tu trabajo y a tu familia; y, por lo tanto, no tendrás tiempo para nada más.

Sería maravilloso que pudieras satisfacer siempre todas tus prioridades, pero es imposible. Ser padre se basa en hacer concesiones y gestionar tu tiempo desde el mismo instante en que tus hijos llegan al mundo: sus necesidades frente a tus deseos. Al principio, puede ser un duro golpe para tu estilo de vida. Pero, cuando aprendes a decir que no —y sabes por qué lo haces—, puedes dedicar tu tiempo a aquello que de verdad importa, sin ningún reparo. A las cosas que perduran.

2 de marzo
No todo es pasajero

> Cuando eres un niño egocéntrico, tu madre te aparta de los demás niños… cuando eres un adulto egocéntrico, los demás se apartan de ti.
>
> SHAQUILLE O'NEAL

Charles de Gaulle ayudó a salvar a Francia y, luego, fue el presidente. Sin embargo, incluso cuando estaba en la cúspide del poder, se repetía a sí mismo: «La presidencia es temporal, la familia es para toda la vida». Por eso estableció unos límites entre su vida privada y su vida profesional. Siempre se reservaba un tiempo para estar con la familia. Se negó a descuidar a sus hijos, que tanto lo necesitaban; en particular, su hija Anne, que tenía una discapacidad.

No lo olvidemos nunca: aunque seamos muy importantes para el mundo, para un pequeño grupo de personas, *somos el mundo entero*. Nada importa más que la familia, y nada es más permanente… hasta que deja de serlo. Porque, cuando pierdes tu familia o te alejas de ella, entonces, esa pérdida se convierte permanente.

Persigue todos tus objetivos y cumple con tus ambiciones, pero no lo hagas a expensas de lo que realmente importa.

3 de marzo
Tu hijo no es una carga

Una vez, Stuart Scott, el difunto locutor de la ESPN y padre de dos niñas, estaba en un restaurante con unos amigos y sus respectivos hijos. Era una de esas escenas encantadoras e idílicas. Todos estaban pasándolo en grande. Los niños se portaban bien. Los padres estaban a gusto y todo iba a pedir de boca.

De repente, un comensal bienintencionado reconoció a Scott y fue a hacerle un cumplido por «hacerse cargo de los niños». No se percató de lo insultante que esa frase era para Scott —y, de hecho, para todos los padres—, porque los padres nunca *cargan* con sus hijos.

Esa es la tarea de cualquier persona que se encargue de tus hijos en tu nombre, generalmente, a cambio de dinero. Por definición, esa persona no es ni el padre ni la madre de los niños. Scott era el padre de sus hijas, y por tanto no podía hacer de *babysitter*, canguro o nana, aunque lo quisiera. Sería como llamar guardia de seguridad al dueño de una casa cada vez que abriera la puerta.

Scott estaba haciendo su trabajo. Estaba ejerciendo de padre. Nada más. Como diría más adelante un amigo de Scott, después de su trágica muerte por culpa de un cáncer: «No nos considerábamos una figura paterna ocasional que podría llevarse a los niños lejos de su madre durante un par de horas».

Valora siempre tu trabajo como padre, porque es realmente importante.

4 de marzo
Algunos pequeños ajustes

El padre de la reina Isabel II, el rey Jorge VI, se reunía con Winston Churchill, el primer ministro, cada jueves a las cinco y media de la tarde. Por eso, cabría pensar que, cuando su hija subió al trono, en 1952, mantendría esa tradición. A fin de cuentas, era una reina tradicionalista.

Sin embargo, no lo hizo. Por aquel entonces, la reina Isabel tenía dos hijos pequeños, y en Inglaterra, como cualquier padre o madre sabe, esa es la hora de cenar antes de acostarse. Para evitar la dolorosa pregunta de «¿por qué mamá no jugará con nosotros esta noche?», la reina Isabel, según sus biógrafos, «trasladó las reuniones a las seis y media, porque, de esa forma, antes de discutir los asuntos de estado con Churchill, podía estar con sus hijos y acostarlos.

Esta es la cuestión: independientemente de la edad de tus hijos, tienes que estar preparado para hacer algunos ajustes. Sea cual sea tu trabajo, puede y debe ajustarse a lo que todos sabemos que es nuestro trabajo más importante. Si la reina pudo aplazar las reuniones con Winston Churchill durante una hora, tú también puedes reprogramar esa conferencia telefónica.

La familia es lo primero. Antes que los negocios e, incluso, que los asuntos de Estado.

5 de marzo
¿De cuánto tiempo disponen?

Ruth Bader Ginsburg explicó su estrategia para la educación de los niños mientras estaba en la facultad de Derecho, en una época en la que las mujeres, simplemente, no hacían esas cosas. Lo hizo de este modo:

> Nuestra niñera venía a las ocho y se iba a las cuatro. Yo aprovechaba el tiempo entre clase y clase para estudiar y leer la tarea del día siguiente. Pero a las cuatro era la hora de Jane. Íbamos al parque, jugábamos y cantábamos canciones infantiles. Cuando ella se iba a dormir, yo volvía a los libros. Tenía que aprovechar al máximo todo el tiempo. No podía perder ni un segundo.

Estás ocupado. Tienes que trabajar. Tienes pareja e hijos. Tienes todas las responsabilidades de la edad adulta. Y todas estas cosas son importantes. ¿Cómo puedes gestionar adecuadamente tu tiempo?

La verdad es que, si improvisas cada día, *no podrás* hacerlo todo. Siempre se quedará algo por el camino y, con demasiada frecuencia, lo primero que dejamos de lado es el tiempo que queremos pasar con nuestros hijos. Porque podemos ponerles una película o atarles el cinturón de la silla del coche y llevarlos a hacer recados. Porque podemos decirles: «Lo siento, cariño. Ahora estoy ocupado».

Por esta razón, es una buena idea tener un horario definido y planificado. Así te aseguras de que vas a tener tiempo *para ellos*. Un tiempo no negociable, como el del trabajo o el de cualquier otra cosa importante.

¿Qué dice de nosotros, como padres, el que solo les dediquemos nuestro tiempo extra? Nada bueno. *Ellos* son la prioridad. Recuérdalo la próxima vez que anotes una nueva obligación en tu agenda.

6 de marzo
Qué significa darles prioridad

Durante toda su carrera, Archie Manning era un jugador del club de los New Orleans Saints. Él era fantástico, pero el resto del equipo eran terribles. Durante años, habían estado perdiendo. Durante años había soportado malas líneas ofensivas, fichajes equivocados y ni siquiera se habían acercado a las rondas de clasificación.

Por eso, cuando lo traspasaron a los Houston Oilers y luego a los Minnesota Vikings, cualquiera pudo suponer que, para él, era una bendición: una gran oportunidad para relanzar su carrera. Todavía le quedaban años por delante y, por fin, podría formar parte de un equipo ganador. Sin embargo, en 1984, se retiró.

¿Por qué? Por su hijo Eli. Como Manning cuenta en su libro *My First Coach: Inspiring Stories of NFL Quarterbacks and Their Dads*:

> Sentía que mi relación con Eli no era la misma que había tenido con Cooper y Peyton a su edad. Siempre estaba fuera, y eso no me gustaba nada. Recuerdo que, cuando me retiré, una de las verdaderas alegrías para mí fue esta: volver a estar en casa, volver a estar cerca de Eli a tiempo completo.

Eso es lo que significa ser un gran padre, lo que te otorga grandeza… dentro y fuera del campo. ¿Alguien echó de menos su presencia en los Vikingos las dos siguientes temporadas? ¿Alguien lo recordaría ahora? No lo sabemos. Pero ¿sabes quién, con toda seguridad, lo habría echado de menos? ¿Sabes quién no lo olvidará nunca? Eli. Él fue quien sacó el mejor partido de la elección de su padre. Tiene una familia feliz y dos victorias en la Super Bowl para demostrarlo.

¿Qué cambiaría si pusieras a tu familia en primer lugar, si realmente los situaras por delante de todo? No lo sabrás hasta que lo hagas, pero te aseguro que te sentirás estupendamente.

7 de marzo
¿Cuál es el estado de su cuenta corriente?

Cada día de nuestra vida hacemos depósitos en el banco de memoria de nuestros hijos.

CARLOS R. SWINDOLL

Piensa en tu propia infancia. ¿De qué te acuerdas? ¿De los grandes momentos? Ya sabes, esos grandes hitos del calendario. ¿Las mañanas de Navidad? ¿Las vacaciones de verano?

¿O tal vez tus recuerdos son más mundanos?

En realidad, aquello que recordamos de nuestra infancia son pequeños momentos. Recordamos estar sentados en el asiento del copiloto junto a papá en un largo viaje en coche. Nos acordamos de comer pizza después del entrenamiento de fútbol. Recordamos despertarnos de la siesta y bajar las escaleras para ver un partido de fútbol. Nos acordamos de un pequeño consejo. Nos acordamos de aquel día en el que pensábamos que nos iban a reñir por algo y, en vez de eso, recibimos un fuerte abrazo.

Del mismo modo, nuestras cicatrices a menudo tienen su origen en otros pequeños momentos. La sensación de abandono de una tarde. Los gritos por dejar los zapatos en el salón. Aquella vez en la que nuestra madre no salió a defendernos. La tensión que se respiraba en el salón de casa.

Hoy harás muchos de esos pequeños depósitos en el banco de memoria de tus hijos. ¿Cómo quieres que sea su cuenta corriente?

8 de marzo
Ser importante no es una excusa

> He montado una oficina detrás de nuestra casa. Algún día mi hija la mirará y pensará con nostalgia: «Ahí es donde mi padre trabajaba para mantenernos». Lo que nunca espero que piense es: «Ese es el lugar que mi padre amaba más que a mí».
>
> Donald Miller

Piensa en estas citas: «Estabas ahí para mucha gente en el trabajo, pero para mí nunca estabas» o «Eras el mejor del mundo en todo lo que hacías... excepto en la paternidad». Sería maravilloso que estas citas no existieran, pero existen. Las compartieron los hijos de grandes hombres. Hijos cuyos padres fueron presidentes, reyes, estrellas del rock o directores. Como el hijo de Albert Einstein o la hija de Nelson Mandela.

Es desgarrador. Obviamente el mundo *necesitaba* a Nelson Mandela. Necesitaba a Eleanor Roosevelt. Necesitaba a Steve Jobs. Necesitaba a Albert Einstein. Lo que hicieron fue difícil e importante. Exigía un sacrificio que hicieron a expensas de sus familias.

Pero ¿tenían que pagar un precio *tan* alto?

No hay trabajo, carrera o cargo gubernamental que justifique estar ausente en la vida de tus hijos. Ser importante, tener una vocación, alcanzar el éxito, es fantástico. Pero ser importante no cambia tu tarea más importante: ser padre. Estar ahí para *ellos*. Ser un *papá* o una *mamá* de primera.

Porque cuando tus días de fama hayan terminado o ya no tengas más cargos que ejercer, seguirás siendo un padre, y tus hijos seguirán necesitando tu ayuda, como siempre ha sucedido.

9 de marzo
Ahora, este es el único éxito que importa

> Cada vez que te sientas culpable por no cumplir con algún tipo de exigencia insensata o inalcanzable, pregúntate: «¿Esto me ayuda a mejorar la relación con mis hijos? ¿Esto ayuda a mi comunidad?».
>
> Jessica Grose

Antes de ser padres, todos perseguimos el éxito, cada uno a su manera. Algunos lo anhelábamos más que otros. Algunos lo alcanzamos. Otros no. Luego tuvimos hijos. ¿Y qué cambió? Bueno, sin duda les dedicamos mucho tiempo y energía. Priorizamos la estabilidad financiera. Maduramos. Pero, sobre todo, lo que cambió total e irrevocablemente fue nuestra forma de entender el éxito. Como dijo Theodore Roosevelt:

> Hay muchos tipos de éxito que vale la pena alcanzar. Es sumamente interesante y atractivo ser un exitoso hombre de negocios, un ferroviario, un agricultor, un abogado, un doctor, un escritor, un presidente, un ranchero, coronel de un regimiento de combate, o matar osos y leones. Pero, si las cosas van razonablemente bien, el interés y el placer constantes que proporciona un hogar con niños hace que, en realidad, los demás tipos de éxito pierdan importancia.

Por supuesto, también queremos seguir triunfando en nuestro trabajo. Queremos ganar títulos y conseguir grandes clientes. Queremos reconocimiento y la emoción de los retos. Pero ahora sabemos —porque así lo hemos sentido— que todo lo anterior se hace pequeño si lo comparamos con una tarde tranquila en el hogar, con un domingo en el parque, con un desayuno lleno de risas, con ver a tus niños en el escenario o corriendo hacia ti desde la puerta de casa.

Ahora, este es el único éxito que importa.

10 de marzo
Bienvenido al nuevo mundo real

Cuando nació el hijo del columnista y escritor David Brooks, un amigo le envió un correo electrónico que decía: «Bienvenido al mundo de la realidad inevitable».

Todos los padres saben qué significa tal frase. Refleja a la perfección la esencia de la paternidad. El mayor cambio que supone tener un hijo no es económico, como tampoco lo es la falta de sueño, la responsabilidad de cuidar a otra persona o el estrés que añade a toda tu vida. En realidad, el mayor cambio es que te introduce bruscamente en un mundo nuevo donde tú ya no eres el centro de tu propia vida. Un mundo que, a pesar de lo que creías, ignorabas por completo.

Hasta ahora, te habías convertido en un adulto y hacías lo que querías, tomabas tus propias decisiones y asumías compromisos. El mundo seguía una lógica que controlabas. Sin embargo, a partir de este momento, la realidad es muy distinta. ¿A qué hora llegarás a la fiesta? Cuando tu hija se despierte de la siesta. ¿Tus hijos están enfermos? No lo dudes, tú también lo estarás. ¿Tus hijos tienen ganas de discutir o están lidiando con los cambios hormonales? Al parecer, no podrás librarte de ello. Esa inevitable realidad significa que no tienes el control. Significa que te vas a sentar a jugar en el parque durante los próximos noventa minutos porque Dios sabe que no quieres que tengan una rabieta. Esa inevitable realidad son los partidos del fin de semana, las obras de teatro escolares, los viajes en familia y la recogida de la escuela. Significa que ya no puedes saltarte la cena o comer algo sobre la marcha: la vida ya no funciona así.

El mundo es otro. Es una inevitable realidad. ¿Y quieres saber algo? Es maravillosa. Ve acostumbrándote.

11 de marzo
Solo se trata de estar ahí... casi siempre

¿No piensas que tal vez amor y atención sean lo mismo?

Greta Gerwig

¿Cómo acercarte a tus hijos? ¿Cómo enseñarles qué es lo correcto? ¿Cómo puedes asegúrate de que saben lo mucho que te importan?

La respuesta es muy simple: estando a su lado. Casi siempre. Hay un refrán que asegura que la palabra *amor* se deletrea así: T-I-E-M-P-O. Y es verdad. Tus hijos no tendrán que preguntarse —ni preguntar a los demás— qué sientes por ellos si se lo demuestras estando constantemente a su lado. *Si tu tiempo con ellos es más importante que todo lo demás.* Además, estar a su lado, también disminuye la tensión de tener que «encontrar las palabras adecuadas» en los momentos difíciles, porque has ido manteniendo una conversación continua y regular con tus hijos. *Por eso, las palabras ya están ahí.*

Para ser un buen padre no basta con que solo estés a su lado en los momentos cruciales. No basta con que los mantengas o los lleves a una buena escuela para que tengan éxito en la vida. Es importantísimo el T-I-E-M-P-O que les dedicas cada día. Es servirles de ejemplo cada día, para que sepan qué significa ser una buena persona. Es demostrarles cada día lo mucho que te importan, lo mucho que los quieres.

Se trata de estar ahí. Casi siempre.

12 de marzo
Ellos deben ser lo primero

La reina Isabel II acababa de regresar de un viaje diplomático de seis meses al extranjero. Sus hijos llevaban días a bordo del yate real, esperando ansiosos su llegada. ¿Traería regalos? ¿Les contaría historias maravillosas? ¿Los arrullaría con sus besos?

Cuando subió a bordo, el príncipe Carlos, el futuro rey, corrió hacia ella. Sin embargo, la reina —siempre estricta con el protocolo— antes saludó educadamente a un grupo de dignatarios. «No, tú no, cariño», le dijo, y terminó sus obligaciones antes de abrazar a su familia.

Unos sesenta años más tarde de que eso ocurriera, aunque tengas un trabajo importante, seas un fiel devoto de las reglas o no te guste el propio Carlos, ese acto todavía te rompe el corazón. Especialmente, teniendo en cuenta que ella sabía qué era lo correcto, porque había cambiado su reunión semanal con el primer ministro para estar a la hora de la cena con sus hijos.

Pero ahora, después de tanto tiempo separados, ¿esas fueron las primeras palabras para su hijo de seis años? ¿Qué había cambiado? ¿Ya no podía ver el terrible simbolismo de sus actos? Después de seis meses lejos de casa… ¿estaba poniendo el trabajo por delante de la familia?

Tus hijos siempre son lo primero. No solo durante sus primeros años de vida, sino durante toda tu vida. Siempre debes decirles: «Sí, tú sí, cariño». Nunca lo contrario.

13 de marzo
No dejes que te roben a tu familia

Kobe Bryant, unas semanas antes de su trágico accidente, había recibido un mensaje de una periodista de la ESPN. Ella estaba trabajando en un proyecto sobre una época de la historia de Los Lakers y quería que Kobe apareciera en él. Las figuras públicas reciben muy a menudo ese tipo de peticiones. Forma parte de su trabajo; de hecho, en un primer momento, es uno de los aspectos más atrayentes: aparecer en las noticias, dar a conocer su voz, hacer crecer su marca. Pero Kobe respondió: «Ahora no puedo, estoy ocupado con mis hijas. Llámame en un par de semanas».

¿Tienes la disciplina para responder algo parecido? ¿Eres suficientemente fuerte como para poner a tu familia en primer lugar? ¿Eres bueno defendiéndote de las peticiones, oportunidades y obligaciones que implica tu vida laboral? Es muy fácil que los demás roben tu tiempo, que te alejen de lo que realmente te mantiene ocupado: tus hijos, tu familia.

Por desgracia, Kobe Bryant no pasará más tiempo con sus hijos, ni ellos con él. Por eso, su respuesta es un poderoso recordatorio, una última hazaña para inspirar a los que su muerte no nos ha arrebatado su influencia.

Tu familia siempre está en primer lugar. Tus hijos siempre son una prioridad. Di que estás demasiado ocupado. Rechaza educadamente cualquier invitación. Tienes otras prioridades.

14 de marzo
¿Hasta qué punto los conoces?

Es una historia tan terrible que tiene que ser cierta. Una vez, el segundo conde de Leicester estaba caminando por el pasillo de su enorme propiedad, y se cruzó con una joven enfermera que llevaba a un niño agarrado de su mano. «¿De quién es ese niño?», preguntó. Sorprendida, no pudo hacer otra cosa que responder rotundamente: «Suyo, milord».

No hace falta decir que el conde murió solo e infeliz.

Ahora, por suerte, la mayoría de nosotros no somos tan distantes. Nadie aceptaría o toleraría este tipo de paternidad ausente, o el estilo de crianza por el cual era conocida la aristocracia británica. De todos modos, no dudes en plantearte esta cuestión: ¿Hasta qué punto conoces a tus hijos... *realmente*?

15 de marzo
Sus necesidades son minúsculas

> Tus hijos no son los representantes de tu carrera profesional… solo quieren un padre o una madre que esté presente emocionalmente y los apoye.
>
> BEN STILLER

David Letterman era el rey de los programas nocturnos. El suyo se mantuvo en antena durante más de treinta y tres temporadas, lo que le convierte en el entrevistador más longevo de la historia de la televisión estadounidense. En su época de máximo apogeo, ganaba unos treinta millones de dólares al año y cada semana tenía una audiencia de millones de personas.

En 2014, Letterman anunció que se retiraba de la televisión. Y el día en que tomó esa decisión, Letterman le comunicó la noticia a su hijo pequeño —el último que había tenido por aquel entonces—. «Lo dejo. Me retiro», dijo a Harry. «Ya no estaré en el trabajo todos los días. Mi vida va a cambiar; nuestras vidas cambiarán».

«¿Podré seguir viendo Cartoon Network?», preguntó su hijo. «Creo que sí. Déjame comprobarlo», respondió Letterman. Tal cual. Letterman estaba a punto de renunciar a millones de dólares y uno de los espacios más codiciados de la televisión, y la principal preocupación de su hijo era si todavía podría seguir viendo la tele.

De un modo muy simple, los niños vuelven a ponernos los pies en la tierra. Nos creemos muy importantes, pensamos que nuestro trabajo es trascendental. De hecho, es lo que solemos repetirnos: trabajamos tantas horas para ganar dinero y proporcionarles un cierto nivel de vida a nuestros hijos. Pero, en realidad, las necesidades de nuestros hijos son rematadamente simples. Lo único que quieren es que estemos con ellos. ¿Y algo más? Es posible, pero se contentan con un bocadillo, con un videojuego, con paseo por el río. Con algún imán que has comprado en una tienda del aeropuerto o con unos padres que no griten todo el tiempo. Se dejan impresionar fácilmente. Sus necesidades son minúsculas.

16 de marzo
Sin esfuerzo, es imposible

En la década de los ochenta, durante el mandato de Sandra Day O'Connor como presidenta del Tribunal Supremo, en un acto para juezas, un profesor de Derecho le preguntó: «¿Cómo logras ocuparte de tu familia y tener una carrera profesional?». O'Connor respondió: «Pongo siempre a mi familia en primer lugar».

Esa respuesta fue inspiradora, pero todas las mujeres pioneras que había en aquella sala sabían que no había contado toda la verdad. Como escribió su biógrafa, las mujeres del público sospechaban que la verdadera respuesta era «esforzándome constantemente», mediante elecciones dolorosas y algunas compensaciones. No podemos engañarnos: anteponer la familia es nuestra prioridad, pero no es fácil llevarla a cabo. Si lo fuera, todos los padres lo harían.

De hecho, más adelante, O'Connor explicó lo «desesperadamente difícil» que le había resultado conciliar el trabajo con la familia. En esa ocasión, quería poner sobre la mesa esa lucha constante. Y con ello no pretendía relamerse las heridas, sino compartir lo que había aprendido. Y lo más relevante es que, con su sinceridad, nos proporcionó el alivio de saber que no es posible sin lucha ni esfuerzo.

17 de marzo
Nunca te arrepentirás de haber jugado con tus hijos

A pesar de que te acabes de poner la ropa para ir a trabajar, de que llegues tarde, de que el agua de la piscina esté congelada, de que tengas algún problema entre manos o de que cargues con el peso de todo el planeta en tus hombros, nunca te arrepentirás de haber dejado lo que estabas haciendo, o lo que estabas a punto de hacer, para jugar con tus hijos. Nunca te arrepentirás de bañarte con ellos, elegir un videojuego para jugar juntos, pasar unos minutos más con ellos o dejar que el sábado sea lo que tiene que ser: un sábado en familia.

Siempre estarás contento de haberte tomado el tiempo para estar con ellos. Porque nadie sabe cuántos momentos más podrá disfrutar. No hay un mensaje más potente que este: «Tú eres lo más importante en mi vida». Por muy ocupado que estés o por muchos problemas que tengas por delante, es imposible que tu estado de ánimo no mejore al entrar temporalmente en el mundo de un niño.

En realidad, de lo único que te arrepentirás es de haber dejado pasar esas oportunidades. De hecho, es muy probable que ya lo sepas, porque ya lo has hecho alguna vez.

18 de marzo
Este es el verdadero impuesto de papá

Una de las ventajas de ser padre es el llamado «impuesto paternal»; es decir, ese bocado gratuito de su helado, los caramelos de Halloween que sobran, la chuleta más grande para cenar, etc. En tu casa, tú eres el padre y, por ello, puedes reclamar ese impuesto cuando se te antoje.

El entrenador de baloncesto John Thompson, que se crio en una familia pobre en Washington DC, recuerda que su padre siempre se comía lo que él y sus hermanos dejaban en el plato. Sin embargo, a medida que se hacía mayor, entendió que ese impuesto paternal no era lo que parecía: «Ahora me doy cuenta de que el pobre hombre debía de pasar hambre. Aun así, se sacrificó para que nosotros siempre tuviéramos más que él —escribió Thompson en sus memorias—. Yo era tan egoísta que no era capaz de discernir la razón por la que masticaba ese hueso de chuleta de cerdo que yo dejaba en el plato. Mi padre era nuestro proveedor. Se quedaba sin comer para que nosotros tuviéramos comida en el plato».

Dar prioridad a tu familia no solo es una cuestión de agenda. El célebre autor Simon Sinek escribió que «los líderes comen los últimos». Lo mismo has de hacer como padre, porque la responsabilidad inherente e irrenunciable que asumiste al traer hijos a este mundo es que ellos siempre están por delante. Pueden llevarse la mayor parte de lo que hay. No solo la chuleta más grande, sino todas las que necesiten. Son ellos quienes tienen que experimentar la diversión y la dulzura de la vida. Si sobra algo, aunque solo sean minucias, entonces tú puedes probar algo.

19 de marzo
No les hagas esto

Cuando Angela Merkel era pequeña, su padre solía pasar mucho tiempo fuera de casa. Tenía que viajar para ver a sus feligreses. Tenía que atender reuniones y asuntos eclesiásticos. Como todos nosotros, estaba muy ocupado. Tenía responsabilidades laborales, espirituales y familiares.

Y eso pasó factura a su familia: «Lo peor era cuando decía que volvería enseguida», reflexionó Merkel años más tarde. «Siempre tardaba muchas horas en regresar». Así que Angela, a menudo, se quedaba en la calle esperándole durante horas, y solo conseguía llevarse una gran decepción.

En la actualidad, en cierta medida, todos hacemos lo mismo. «Solo será un minuto», decimos mientras hacemos un recado. «Déjame terminar esta llamada», decimos, haciéndoles callar una y otra vez mientras suplican jugar con nosotros. «La cena enseguida estará lista», respondemos, sabiendo que tardará mucho más. «Estaré en casa antes de que anochezca», prometemos, como si el tráfico no pudiera retrasarnos. O, como para el padre de Merkel, nuestros viajes y desplazamientos se alargan, nos perdemos sus experiencias… y los hacemos esperar.

Si bien ninguno de nosotros controla completamente su tiempo ni sus horarios, en cambio, sí que podemos elegir cómo nos comunicamos con nuestros hijos: podemos decidir qué prometemos y cómo cumplir con nuestra palabra. Y es esencial que adquiramos tal compromiso. No podemos esperar que nuestros hijos se las apañen a solas. Hay que comunicárselo e informarles con respeto. Merecen una explicación sobre qué nos aleja de ellos, qué nos aleja de nuestras responsabilidades con ellos. Sin duda, es nuestra obligación, pero lo más importante es que se trata de una cuestión de confianza.

20 de marzo
Solo te lo pedirán unas cuantas veces

> A veces solo reconocemos el auténtico valor de un momento hasta que se convierte en un recuerdo.
>
> Doctor Seuss

Solo te lo pedirán unas cuantas veces: que te metas en la piscina con ellos, que te sientes a su lado, que los ayudes con los deberes, hablar de un problema que tienen.

Y no es porque solo tengas un número determinado de veranos, de viajes en coche o de momentos con tus hijos, aunque esto sea cierto. Solo te lo pedirán unas cuantas veces, porque en algún momento captarán el mensaje.

Papá está demasiado ocupado y no tiene tiempo para mí, o mamá tiene muchos prejuicios, y no puedo hacerle este tipo de preguntas.

Este es el mensaje.

Así que no puedes dejar para más tarde el darles una respuesta. No puedes permitirte perder los nervios, aunque sea la enésima vez que te hayan preguntado lo mismo. No puedes escatimar esfuerzos para dar lo mejor de ti mismo, para ofrecer tu mejor cara, tu yo más divertido. Porque esa pregunta —ese momento— es tu oportunidad.

No puedes desperdiciarla. Ni transmitirles un mensaje equivocado. Tienes que aprovecharla. Tienes que mostrarles quién eres.

21 de marzo
¿Quieres que tus hijos sean buenas personas?

Séneca decía que la riqueza era un «indiferente preferido». Es decir, no es ni buena ni mala, pero es agradable tenerla. Y tenía razón. El dinero mejora algunos aspectos de la vida. Sin duda es mejor tener dinero que no tenerlo, pero te equivocas si piensas que el dinero en sí proporcionará una infancia maravillosa a tus hijos.

No es cierto que el dinero garantice que tus hijos van a disfrutar de una buena vida. No es cierto que pueda evitar que sientan dolor o pena. Ni siquiera es cierto que el dinero sea una de sus principales necesidades.

Lo que realmente quieren tus hijos es estar contigo. Lo que realmente necesitan eres tú. Como Dear Abby aseguró de forma brillante en una columna en la década de los cincuenta: «Si quieres que tus hijos sean buenas personas, pasa el doble de tiempo con ellos y gasta la mitad de dinero».

No puedes contratar a alguien para que ejerza de padre o madre. No puedes pagar a alguien para que haga un trabajo que solo tú puedes hacer. Claro que el dinero puede facilitar las cosas, puede servir para que vayan a una buena guardería o para que contrates a profesores personales. Pero todo ello nunca será tan importante como lo que tú puedes darles si te ocupas de ellos, si eres un buen ejemplo, si les demuestras que te importan mucho y que los valoras.

¿Te pongo un ejemplo? Piensa en la cantidad de grandes personalidades que han salido adelante sin apenas dinero.

22 de marzo
Ellos son tu gran obra

> Cuando amas, deseas hacer cosas por el otro. Deseas sacrificarte por el otro y servir al otro.
>
> Ernest Hemingway

Todos estamos muy ocupados. Tenemos responsabilidades incompatibles y muchas tareas que resolver. Aun así, no podemos olvidar nunca cuál es nuestro primer y *verdadero* trabajo. Como les recuerda el economista Bryan Caplan a sus hijos: «Vosotros no sois un obstáculo para mi trabajo. Sois mi gran obra».

Nuestro principal cometido consiste en educar correctamente a nuestros hijos. Es decir, criar a *adultos* competentes. El tiempo que pasamos con nuestros hijos, ya sea educándolos en casa o sentados en el sofá viendo un programa de televisión, no es una distracción de nuestro trabajo. Es nuestro trabajo. Uno realmente importante.

En el fondo, ¿quién se consideraría exitoso si alcanzara una gran notoriedad, pero sus hijos tuvieran problemas? ¿Quién sería feliz por ganar un Premio Nobel sabiendo que ha fracasado como padre? ¿De qué servirían mil millones de dólares si todo el dinero del mundo no puede convencer a tus hijos de que vuelvan a casa en vacaciones?

Esta es la razón por la que nuestros hijos no pueden ser «un impedimento o un obstáculo para nuestra carrera profesional». Es imposible que interrumpan nuestro trabajo, porque, en realidad, ellos son nuestra gran obra.

23 de marzo
Tú eres el Sublime Creador

Independientemente de lo que hayas logrado o quieras lograr, hay algo que nunca vas a superar. Como escribió la activista católica y futura santa Dorothy Day:

> En el caso de que hubiera escrito el mejor libro, compuesto la mejor sinfonía, pintado el cuadro más bello o esculpido la figura más exquisita, nunca podría haberme sentido tan satisfecha como sublime creadora como cuando pusieron a mi hijo en mis brazos… Ningún ser humano podría recibir o contener un torrente tan vasto de amor y alegría como el que sentí cuando nació mi hijo. Y así vino mi necesidad de adorar, de venerar.

Esa sensación, la que experimentaste el primer día que sostuviste a tu hijo en brazos, siempre te acompañará. El sentimiento que experimentas cuando corren hacia tus brazos y te llaman «papá», tu emoción cuando entran en tu habitación para pedirte consejo o cuando te sientas frente a ellos en la mesa y observas cómo comen. Ese orgullo, esa conexión, ese amor… es el sentimiento que siempre debes llevar contigo.

Tú eres su sublime creador. Compórtate como tal.

24 de marzo
Dales eso que tú no recibiste

El gran receptor de la NFL Marqise Lee no jugó ningún partido en 2020. Podría haber jugado para Bill Belichick, pero no lo hizo. No porque estuviera agotado o cansado de la rutina: como atleta y jugador de fútbol americano, estaba en el mejor momento de su carrera.

No, prefirió no disputar ningún encuentro durante esa temporada porque, como a tantos otros, la COVID-19 se lo trastocó todo. El deporte, como los negocios, implica viajes y tiempo en la oficina, lejos de la familia. Pero con los protocolos de la COVID-19, con el acceso limitado a la familia y los amigos en los viajes, aquella temporada de la NFL fue diferente. Y para Lee suponía estar demasiado tiempo fuera de su hogar, más del que estaba dispuesto a soportar. Como dijo en la ESPN:

> La gente que sabe de dónde vengo y toda mi historia, es consciente de que mis padres nunca estuvieron a mi lado. En realidad, nunca tuve una verdadera figura paterna, aparte de los entrenadores que me acompañaron durante mi carrera. Esta era mi oportunidad para estar al lado de mi hija. Esa temporada quería disputar los partidos, pero me di cuenta de que no podría hacerlo. Sentí que era más importante pasar ese año con ella y volver a la NFL al año siguiente. Al fin y al cabo, el fútbol siempre estará ahí.

Lee puso en primer lugar a su familia. Hizo algo que su padre no había hecho por él. Estableció unos límites y decidió no malgastar lo más preciado que tenemos para ofrecer a nuestros hijos: nuestro tiempo.

Todos deberíamos elegir esa opción.

25 de marzo
¿Por qué no tuviste tiempo para mí?

> Y no rechazar de este modo sistemáticamente las obligaciones que imponen las relaciones sociales, pretextando excesivas ocupaciones.
>
> MARCO AURELIO

En 1886, un joven Winston Churchill escribió desde el internado a su atareado padre: «Espero que estés bien. El domingo, cuando estuviste en Brighton, no viniste a verme». Y esa no fue la única vez que escribiría algo así. «No puedo entender por qué no viniste a verme mientras estabas en Brighton, estoy muy decepcionado, pero supongo que estabas demasiado ocupado».

Como señala Josh Ireland en el fascinante libro *Churchill and Son*, en estas cartas no solo queda reflejada la desilusión del niño, que ha perdurado durante tantos años, sino también sus tristes intentos de racionalizar el egoísmo de su padre.

Nadie es perfecto como padre. Todos cometemos errores. Aun así, debemos hacer todo lo posible para evitar despertar esa dolorosa pregunta: ¿Por qué *nunca tenías tiempo para mí*? No existe una buena respuesta. Y la respuesta que *ellos* encuentren, buscando una explicación lógica, puede trastocar su mente y redoblar el daño de nuestra ausencia.

A tus hijos no les importa que seas presidente. No les importa que haya comenzado la temporada de ventas. No les importa que tus padres estén enfermos. No les importa que estés peleando por la custodia. Lo que más les importa es que no estás ahí.

Nuestro tiempo no es ilimitado. Tenemos que encontrar todo el tiempo que podamos para estar con ellos. Ese es nuestro trabajo. Nuestra mayor prioridad.

26 de marzo
Para ellos, significas todo esto

Sean Lennon, el único hijo de John Lennon y Yoko Ono, tuvo que crecer sin padre. Por desgracia, cuando él tenía cinco años, asesinaron a John Lennon a la puerta de su apartamento en Nueva York. Sin embargo, esos pocos años que Sean pasó con su padre le convirtieron en el hombre que llegó a ser.

En una entrevista con Marc Maron, Sean contó que habitualmente alguien se le acerca y le explica algo como «*no puedes imaginarte* lo que tu padre ha significado para mí» o «*no podrás entender* lo importante que la música de tu padre ha sido para mí».

Es una reivindicación extraña, explica Sean, porque, desde luego, lo entiende perfectamente. John Lennon y su música son *todavía más importantes* en su vida. Porque John Lennon era su padre. Porque lleva aferrándose a esa relación desde que se lo arrebataron. Porque la única forma que tiene John Lennon de hablar con su hijo es a través de su música.

Cada padre debería interiorizar lo que esto significa: incluso el mejor músico de todos los tiempos es más importante como padre que como artista. No importa lo fantástico que sea nuestro trabajo, la riqueza que nos reporte o lo que acabe significando para miles de millones de personas: nada igualará el impacto que tengamos en nuestros hijos.

27 de marzo
No hay nada de malo en ser ambicioso

Hay cosas que quieres hacer en esta vida. Quizá quieres escribir un libro o estás a punto de crear una empresa emergente. Es posible que luches por conquistar un título o para vencer en unas elecciones. Pero, evidentemente, también quieres ser un buen padre, lo que inevitablemente te dificulta alcanzar tus otros objetivos.

¿Se trata de un dilema moral? ¿Se trata de algo parecido a *La decisión de Sofía*? ¿Es posible anhelar logros profesionales y querer ser un buen padre al mismo tiempo, y tener la expectativa de cumplir ambos objetivos? O, como nos recuerdan las historias de la jueza Ginsburg y O'Connor, ¿es necesario sacrificar uno a expensas del otro?

A lo largo de la historia, las mujeres han sido quienes más han sufrido la presión de estos deseos contrapuestos y se han visto obligadas a optar por uno u otro. En cambio, a los padres se les ha animado —incluso exigido— a buscar fuera del hogar su realización y reconocimiento, porque para los hombres el éxito profesional era un sinónimo de *ser* un buen padre.

Sin embargo, a medida que la sociedad se ha desarrollado, todos los padres han tenido que lidiar con la tensión de servir a dos amos, incluso los primeros ministros y los multimillonarios.

En su autobiografía, Margaret Thatcher, la primera mujer que logró ser primera ministra del Reino Unido, cita a Irene Ward, una política británica: «Aunque el hogar siempre debe ser el centro de nuestra vida, no debe ser el límite de nuestra ambición».

Está bien pensar en grande. Está bien tener una carrera profesional y querer destacar. Está bien esforzarse por cambiar el mundo. Porque con tu trabajo, siempre que lo compartas y lo enfoques con la mente abierta, podrás enseñar a tus hijos cómo eres y cómo te relacionas con el mundo. Podrás enseñarles a trabajar duro, a hacer lo correcto, a desarrollar su potencial, a ser útiles para los demás.

28 de marzo
Es un asunto familiar

La estupenda colección de Taylor Branch sobre Martin Luther King Jr. y el movimiento por los derechos civiles abarca tres volúmenes. Son casi tres mil páginas con cientos de notas a pie de página. Ganó premios, como el Pulitzer de No Ficción y el National Book Critics Circle Award.

Sin duda, Branch está muy satisfecho con esta obra maestra de erudición histórica, a la que dedicó incontables horas investigando, escribiendo, editando y comentando. Pero, en los agradecimientos, hay una sutil nota que capta realmente tanto la experiencia como el esfuerzo familiar que le exigió semejante hito. Branch escribe:

> Nuestro hijo Franklin, que nació semanas antes de mi primer viaje al Motel Lorraine, terminó la universidad a tiempo para ayudarme con mi investigación final.

En este viaje, sea cual sea, tus hijos están contigo. Es muy fácil que tiendas a considerar tu carrera como algo que solo te atañe *a ti*. Pero no es así. Es un asunto familiar. Y lo mismo ocurre con las ambiciones de cada miembro de tu familia. Por eso, cuanto más te impliques en los objetivos personales de cada uno de ellos, mucho mejor. De este modo, los éxitos serán más gratificantes y el trabajo más significativo... y los sacrificios menos dolorosos. Porque, al fin y al cabo, han sido una tarea compartida.

29 de marzo
Cómo dedicarles más tiempo

Todos los padres querrían pasar más tiempo con sus hijos. Envidiamos a los padres que no parecen tener este problema, que no trabajan las mismas horas que nosotros o que tienen la flexibilidad necesaria para pasar más tiempo con sus hijos.

Me encantaría tener la suerte que tiene...

El cómico Aziz Ansari cuenta un chiste sobre una conversación que tuvo con el músico Frank Ocean. Asombrado por la aparente independencia de Ocean, Aziz le pregunta cómo se las arregla para hacer música cuando quiere, salir de gira cuando le apetece o, simplemente, hacer lo que se le antoje.

No es tan difícil, responde dice Ocean, «solo tienes que sentirte cómodo ganando menos dinero».

Seamos honestos, ¿cuánto tiempo pasamos lejos de nuestros hijos trabajando para poder llevar comida a casa? ¿Cuántas horas laborales son necesarias para cubrir las necesidades de nuestros hijos? Probablemente, no tantas como las que nos decimos a nosotros mismos —o a ellos—.

Trabajamos por otras razones —a menudo bien intencionadas— pero no por estricta necesidad. Podríamos tener más flexibilidad si quisiéramos. Podríamos elegir un trabajo diferente. Podríamos optar por anteponer la familia a nuestro desarrollo profesional, a salarios de seis o siete cifras, a estar a la altura de nuestros vecinos.

Dejemos de actuar como si la libertad —y la oportunidad— que anhelamos no estuviera a nuestro alcance. Podemos *estar* más tiempo con nuestros hijos. Podemos *estar* allí más de lo que estamos. Sólo tenemos que sentirnos cómodos ganando menos dinero.

30 de marzo
Una regla importante

El economista Russ Roberts sigue una serie de normas y rituales. Por ejemplo, celebra el Shabat y se compromete a diezmar regularmente sus ingresos. Pero, además, como padre respeta otra regla que todos deberíamos adoptar:

> Si tu hijo te tiende la mano, tómasela.

La vida, como las relaciones humanas, consiste en un eterno baile de acercamientos y distanciamientos. Tú te acercas a tus hijos y ellos se distancian: están ocupados, están con sus amigos o, a lo mejor, se han enfadado contigo. Intentas ayudarlos, pero no quieren tu ayuda. Quieres lo mejor para ellos, pero no lo entienden.

Eso, no podemos controlarlo. Pero lo que sí podemos controlar es que, cada vez que nos tiendan la mano —es decir, cada vez que nos pidan ayuda— aprovechemos esa oportunidad y no la dejemos escapar. Cuando quieran dormir en nuestra cama, no los mandemos a su cuarto. Cuando nos llamen por teléfono, aunque estemos reunidos, respondamos a su llamada. Cuando nos pidan que hablemos de algo, de cualquier tema, prestémosles toda nuestra atención.

No puedes exigirles que acudan a ti, pero puedes marcarte la norma de que, cuando eso ocurra, no dejemos pasar tal oportunidad.

31 de marzo
Debería ser tú prioridad principal

¿Qué significa anteponer la familia a todo lo demás? Es algo parecido a lo que Ricky Rubio hizo al anunciar públicamente que su carrera profesional en el baloncesto terminaría antes de lo que todo el mundo esperaba. La estrella de la NBA dijo:

> Cuando mi hijo vaya al colegio, la NBA no valdrá la pena. Tendré que regresar a España. Cuando mi hijo tenga seis años, no quiero ir cambiando de ciudad constantemente. Esa es la edad para empezar a hacer amigos. Lo he hablado con mi mujer y lo tenemos muy claro. Llegará un momento en que el baloncesto no será mi prioridad.

¿Podrá cumplir su palabra? ¿Su carrera profesional está reñida con ejercer adecuadamente como padre? Eso tiene que decidirlo él, como cada uno de nosotros. Aun así, llegará un momento en el que nuestros hijos tendrán que ser lo primero. Debemos hacer lo mejor para ellos. Debemos luchar por ellos, darles la vida que se merecen: una vida en la que nosotros estemos presentes.

Tu carrera es importante, pero la familia es para siempre. Debería ser tu prioridad principal.

ABRIL

DOMINA TUS EMOCIONES

(LECCIONES DE PACIENCIA Y AUTOCONTROL)

1 de abril
Míralo desde el lado correcto

Todo tiene dos lados, uno que es llevadero, y otro que no lo es. Si tu hermano actúa injustamente no lo mires por ese lado, por el que actúa injustamente, pues ese lado no es llevadero; míralo desde el otro lado, por el que lo ves como a tu hermano, que se ha criado contigo; así lo verás desde el lado más llevadero.

Epicteto

Cada día, seguramente en cientos de ocasiones, te encuentras situaciones que debes afrontar: tu hijo ha mentido sobre sus deberes, tu pareja te ha levantado la voz, el coche necesita un cambio de aceite, tu jefe es un cretino, o tus padres, aunque adoren a sus nietos, te sacan de quicio…

¿Cómo reaccionarás? ¿Te pondrás de mal humor, discutirás y dejarás llevarte por el rencor? ¿O respirarás profundamente, harás uso de tu empatía, te disculparás e intentarás dejar de ser un maniático del control?

Cada día, en cada situación, puedes elegir cómo actuar. ¿Desde qué lado vas a mirar la situación? ¿Cómo enseñarás a afrontar los problemas a tus hijos? ¿Por el camino fácil o por el correcto?

2 de abril
Tu trabajo es hacer transiciones rápidas

El coach de liderazgo Randall Stutman, que ha trabajado con casi todos los grandes fondos inversión, nos cuenta qué significa ser un líder en casa:

> Como líder, debes adaptarte rápidamente a los cambios. Desempeñas muchos papeles distintos en distintos lugares. Y no forma parte de tu trabajo el llevarte los problemas a casa… Y, si eso significa que antes de entrar en casa tienes que pararte un par de minutos en el coche para poder actuar como un buen padre, eso es lo que tienes que hacer. Porque no forma parte de tu trabajo el llevar contigo todos los problemas que has acumulado durante el día cuando entres en tu casa.

No puedes dejar que un mal día o una mala persona te impidan ejercer tu paternidad. No puedes llevar la inmundicia de la oficina a tu casa. Debes mantener la casa limpia, libre de toda la suciedad que generan las responsabilidades adultas, y que tus hijos no podrían entender. Debes dejar todo eso fuera, rápidamente, en el lapso de tiempo que hay desde que sales de tu oficina hasta que llegas a casa.

3 de abril
De nuevo, ¿qué legado has decidido dejarles?

> La venganza consume mucho tiempo. Todos estamos airados mucho más tiempo del que estamos agraviados. ¡Cuánto mejor es salir por el lado contrario y no oponer defectos a defectos! ¿Es que alguien puede parecer que está en sus cabales si se enzarza a coces con su mula o a mordiscos con su perro?
>
> Séneca

El tiempo que Arthur Ashe disfrutó con su hija fue trágicamente breve. Al final de sus memorias, mientras desfallecía y sabiendo el poco tiempo que le quedaba, escribió algunos consejos para ella que están relacionados con algo que hablamos el 5 de enero.

«Nuestros antepasados nos vigilan como yo te vigilo a ti», expuso. «Tenemos más de lo que ellos jamás soñaron, así que nunca podemos defraudarlos».

Sí, nuestros antepasados vigilan todo lo que hacemos, pero, como dijo Bruce Springsteen, también lo hacen nuestros fantasmas. ¿Qué has elegido ser para tus hijos?

¿Eres el ejemplo que necesitan? ¿Has dejado un legado que los proteja, que los inspire a ser decentes, disciplinados, generosos y buenos? ¿O los perseguirás con tus errores, con el dolor que les infligiste, con todo aquello que nunca se dijo o quedó por resolver?

4 de abril
Ya eres demasiado mayor para actuar así

Tenemos algunas nociones generales sobre si los comportamientos de nuestros hijos son apropiados, o no, para su edad: cuándo ya no pueden ir tropezando con todo, cuándo deben dejar de lado las rabietas porque están cansados o cuándo tienen que empezar a hacerse cargo de sus cosas.

Por eso, cuando nuestros hijos meten la pata, decimos: ¿No eres un poco mayor para actuar así? ¡Crece de una vez!

Por desgracia, a nosotros mismos, no nos aplicamos esta norma tan a menudo. Tanto si se trata de algo tan serio como una aventura amorosa como de una tontería como tener hambre por no haber comido, parece que olvidamos que primero deberíamos controlarnos a nosotros. Nuestros hijos siguen siendo niños, aunque se comporten como si no tuvieran la edad que les corresponde. Tú eres adulto. ¿Qué excusa tienes?

No olvides que te estás haciendo mayor, que ya es hora de dejar esos hábitos tontos en los que caes por simple pereza. Recuérdate que eres demasiado mayor para actuar así, para caer tan bajo, para no ser responsable de ti mismo. Y recuerda que tus hijos siempre te están observando, así que actúa como el adulto que ellos creen que eres.

5 de abril
No olvides lo pequeños que son

> El mundo sería un lugar terrible sin los niños, que traen consigo la inocencia y la esperanza de una mayor perfección humana.
>
> JOHN RUSKIN

En la inolvidable novela *Como en otro mundo*, aparece una desgarradora escena. Un hombre viudo está doblando la ropa de su difunta esposa y, entonces, se sorprende de lo pequeña que era físicamente. Aquella diminuta persona a la que amaba y echaba de menos ocupaba tanto espacio en su corazón, tantos de sus pensamientos, que estuvo viéndola mucho más grande de lo que realmente era.

Ocurre lo mismo con nuestros hijos. Ocupan mucho espacio de nuestra vida. Su presencia es tan grande, *hacen tanto jaleo*, que fácilmente podemos olvidar que son pequeños, pequeñas personas. Ellos apenas tienen control de sí mismos. Son diminutos en comparación con nuestro físico, nuestra experiencia o nuestra seguridad en el futuro.

Tenemos que ir con tiento. Tanto si son niños como adolescentes, no podemos olvidar lo pequeños que son. Cuando se queden dormidos en el asiento del coche y los lleves a la cama, tómate un segundo para reflexionar sobre su tamaño. Cuando prepares su equipaje para la universidad, fíjate en lo poco que tienen. Su vida apenas acaba de empezar.

Y, cuando te des cuenta de que tus hijos son muy pequeños, podrás ser más amable, más generoso, más paciente y protector con ellos. Podrás apreciar mucho mejor todo lo que se esfuerzan por entender las cosas: a sí mismos, sus relaciones y el mundo.

Son muy pequeños. No lo olvides.

6 de abril
¿Haces una pausa?

> Entre el estímulo y la respuesta existe un espacio. En este espacio se encuentra nuestro poder para elegir la respuesta.
>
> Victor Frankl

La escritora Pamela Druckerman, en su libro *Bringing Up Bébé*, nos habla de la «pausa» como un secreto de la educación francesa. Druckerman lo describe en el contexto del entrenamiento del sueño, pero, en realidad, «la pausa» puede ser una gran estrategia para los padres en todas las facetas de la vida de sus hijos.

Cuando tu hijo tropieza y se cae, ¿tienes que ir corriendo a por él o debes hacer una pausa para dejar que sea él quien analice primero si siente dolor y quiere, o necesita, llorar? Cuando tu hija intenta decirte algo, ¿tienes que completar sus frases o puedes hacer una pausa y dejar que encuentre las palabras adecuadas por sí sola para expresar lo que quiere contarte? Cuando tu hijo adolescente te comunica que deja el equipo de baloncesto, ¿tienes que empezar a discutir de inmediato, o puedes hacer una pausa para escuchar sus razones y lo que quiere hacer en su lugar? Cuando le has prestado el coche a tu hijo universitario y te lo raya, ¿qué ocurriría si no montaras en cólera? ¿Puedes hacer una pausa para pensar que, evidentemente, no era su intención?

Como padres, tenemos que elegir nuestras respuestas sabiamente, no de forma impulsiva. Tenemos que posponer los juicios, escuchar y reflexionar. Tenemos que practicar «la pausa», para que nuestros hijos nunca tengan que pararse a pensar si han de compartir con nosotros un problema, una pregunta, una esperanza o un sueño.

7 de abril
Hay que seguir adelante

¡Que el pasado muerto entierre a sus muertos!
　　　　　　　　　　Henry Wadsworth Longfellow

¿Te acuerdas de esos momentos en los que necesitabas a tu padre y él no estaba ahí? Porque tenía sus propios problemas emocionales. Porque trabajaba demasiado. Porque era alcohólico. ¿Te acuerdas de cómo el amor sobreprotector de tu madre te hacía sentir pequeño y desvalido? ¿Te acuerdas de que era tan estricta que no te permitía disfrutar de aquello que se supone que deben disfrutar los niños? ¿Recuerdas sus celos o su falta de delicadeza o sus cambios de humor? ¿Recuerdas cómo su egoísmo parecía hacer que todo girara en torno a ellos?

Claro que te acuerdas. ¿Cómo podrías olvidarte? Son experiencias que te marcan de por vida. Duelen demasiado. Y, con toda la razón, todavía sigues enfadado. Tenían una responsabilidad y no la cumplieron, al menos íntegramente. Tú, ese niño inocente, sufriste sus faltas. Te llevaste las cicatrices de su fracaso.

Pero todo eso ya pasó: *Tienes que seguir adelante.* Por muy justificada que sea tu rabia o, aunque el comportamiento de tus padres siga siendo el mismo, tienes que superarlo. Porque ahora tienes a tus propios hijos. Y ellos se merecen un padre que esté ahí. No a uno que viva en el pasado y que cargue con todo ese peso sobre sus hombros.

No es fácil seguir adelante. Nadie ha dicho que lo sea. Deberás seguir un proceso. Tendrás que ir a terapia, leer libros o encontrar un grupo de apoyo. Tendrás que sentarte a solas con tus pensamientos. Tendrás que perdonar o echar a gente de tu vida. Como suele decirse: es posible que tus problemas no sean culpa tuya, pero son tu responsabilidad.

Y tu responsabilidad es *seguir adelante*. Tus hijos lo necesitan. Tú lo necesitas.

8 de abril
Si quieres un hogar tranquilo, no juzgues

> Esas cosas no están pidiéndote que las juzgues. Déjalas en paz.
>
> Marco Aurelio

En el fondo de la mayoría de los conflictos entre padres e hijos —y a menudo entre cónyuges—, hay un elemento común: el juicio. Todo el mundo tiene una opinión distinta, y estas opiniones son la fuente del desacuerdo. Si nosotros, como padres, queremos tener una buena relación con nuestros hijos, hay una cosa muy sencilla que podemos hacer: podemos tener menos opiniones, menos juicios de valor.

¿Es necesario opinar sobre la comida que se sirve en la boda de tu hija, aunque tú corras con los gastos? ¿Necesitas opinar sobre su peinado? Sus amigos son sus amigos, ¿qué importa lo que pienses de ellos o de sus padres? ¿Y cuál es el problema si les gusta una música que a ti solo te parece ruido? ¿Hay algún problema si quieren educar a sus hijos de otra manera?

Pocas cosas en la vida mejoran cuando emites un juicio sobre ellas... sobre todo, tu familia.

9 de abril
No te lo lleves a casa

Durante tu jornada laboral sufres mucho estrés. Eres testigo de la estupidez de los demás y víctima de sus estados de ánimo y sus emociones. Tu teléfono no deja de sonar con noticias alarmantes, y en las redes sociales la angustia y la envida campan a sus anchas.

¿Qué puedes hacer al respecto? Del mismo modo que la política debe quedarse en las puertas del Parlamento, el estrés del mundo debe quedarse en el umbral de tu casa. No puedes llevarte toda esa basura contigo. No puedes tener las noticias televisivas de fondo mientras cenas en familia.

Como dijo Randall Stutman, tienes que hacer esa rápida transición de profesional frustrado a padre plenamente presente, para que tu hogar siga siendo un lugar seguro del que tú eres el protector. No un protector en el sentido de un guerrero, sino más bien algo similar a un portero. Tú eres el que permite la entrada a lo que entra en casa. Y debes ser exigente. El mal genio de tu jefe no puede seguirte a casa. El pánico o la histeria del mundo no pueden llegar al salón en la suela de tus zapatos. Debes mantener la casa limpia.

Cuando llegues a casa, tienes que estar preparado para estar en cuerpo y alma. Debes estar preparado para pasarlo bien. Preparado para ser el padre que necesitan… no lo poco que queda de ti después de un día de trabajo.

10 de abril
Cambia de mentalidad

En el Tíbet, los monjes budistas hacen bellos mandalas con arena. Dedican muchas horas, incluso días enteros, para dibujar estos complejos diseños geométricos. Luego, cuando terminan, los destruyen y vuelven a empezar.

¿No es una buena metáfora para representar nuestra labor cómo padres?

Limpias la casa porque está sucia, lavas los platos y, cinco minutos más tarde, el fregadero vuelve a estar lleno. Muchas veces, antes de que termines de ayudar a tus hijos a recoger sus juguetes, ya están esparcidos por el suelo. ¿Y esa ropa que acabas de comprar? Ya está sucia y llena de rasguños.

Es posible que esto te saque de quicio, que incluso te enfurezca. O puedes aprender a disfrutarlo. Puedes aprender a tomártelo como si estuvieras realizando un mandala: un proceso interminable y efímero que llevamos a cabo una y otra vez. Puedes aprender a verlo como si se tratara de arte, no como un extenuante trabajo. ¿Quieres que todo eso *se acabe*? Entonces, eso querría decir que su infancia ha terminado, que la vida junto a tus hijos ha llegado a su fin.

No, no nos gusta que parezca «el día de la marmota». Si lo disfrutamos, es una oportunidad de renacer y volver a hacer eso de nuevo con ellos.

Para hacerlo bien, hacerlo de maravilla, hacerlo juntos.

11 de abril
No te enfades con la gente buena

> Habla cuando estés enfadado, y pronunciarás el mejor discurso del que te arrepentirás el resto de tus días.
>
> AMBROSE BIERCE

Cuando pierdes los estribos, ¿con quién lo haces más fácilmente? Con tu familia. Es curioso. Soportamos los comportamientos groseros de cualquier desconocido, pero no aguantamos que nuestro hijo deje los zapatos tirados por el suelo. Fuiste muy profesional al pedirle a tu ayudante —por milésima vez— que hiciera algo, pero pierdes los papeles con tu pareja porque no te oía por el ruido que había en la otra habitación.

Parece una paradoja, pero en realidad es un abuso de confianza. Precisamente porque están más cerca de ti, tienes más oportunidades de enfadarte con ellos que con cualquier otra persona. Es una situación triste y perversa. Las personas con maldad, por lo común no están a nuestro lado y rara vez son blanco de nuestra ira. Pero las personas que son buenas —aquellas que nos han ayudado y amado mucho más de lo que nos han herido— son las que se llevan la peor parte.

«No nos enfademos con las buenas personas», escribe Séneca en *Sobre la ira*. Hoy, cuando te enfades con alguien a quien quieres, recuerda que sus cualidades superan con creces lo que en ese momento te está molestando. Recuerda que gritar no sirve para que te escuchen mejor. Recuerda que probablemente saben que han metido la pata y ya se sienten bastante mal por ello. Recuerda lo pequeños que son. Recuerda lo *buenos* que son.

El hecho de que *podamos* enfadarnos con alguien porque nos quiere lo suficiente como para aguantarnos o porque son niños y tienen que vivir con ello —y con nosotros— no es una excusa. Deberíamos intentar no enfadarnos con nadie, pero en el caso de que lo hagamos, deberíamos asegurarnos de elegir correctamente nuestro blanco, que sea una ofensa real y no una mera oportunidad.

12 de abril
¿Qué tipo de energía transmites?

En la actualidad, el uso abusivo de la palabra *energía* es probablemente un signo de la influencia que ejercen sobre nuestra cultura los charlatanes y la ciencia infusa. Nos abruman los curanderos y los cristales energéticos. Puedes contratar a consultores para que analicen la energía de tu empresa. O acudir a un curandero para que te limpie la energía negativa o que un lector del aura interprete la energía que emites al mundo. La cantidad de salvia que se ha quemado en los apartamentos después de una ruptura rivaliza con la cantidad que se utiliza en los restaurantes.

Sin embargo, a pesar de todas esas estupideces, la energía es algo real en la crianza de nuestros hijos. Igual que, como explica César Millán, has de proyectar la energía adecuada en tu perro, lo mismo sucede con tus hijos, porque también captan la energía que emana de ti. ¿Has tenido un mal día en el trabajo? Ellos lo notan. ¿Odias el barrio donde vives? Ellos lo notan. ¿Estás enfadado con tu pareja? También lo notan, aunque solo discutáis cuando ya duermen.

¿Por qué tus hijos corren como locos o están insoportables? Quizá deberías preguntarte qué tipo de energía les estás transmitiendo. ¿Por qué tu hijo pega a su hermano pequeño? Tal vez porque eres un manojo de nervios y estás frustrado, y eso es contagioso. ¿Por qué tu hija es una auténtica pesadilla? Es posible que el resentimiento que le guardas a tu pareja tenga algo que ver en eso. Quizá tu hija no haya podido gestionar la tensión que hoy se respiraba en el desayuno, lo incómodo y cargado que estaba el ambiente.

Cuando detectes problemas de comportamiento o actitud, modifica tu energía. Primero mírate en el espejo. Si quieres un hogar feliz, un hogar lleno de bondad, amor y paz, lleva esa energía contigo. Proyéctala consciente y deliberadamente: demuéstrales que estás bien y todo irá mejor.

13 de abril
Este es su lenguaje

El lenguaje básico de los niños es su comportamiento. No sus palabras. Si quieres saber lo que piensan o cómo se sienten, fíjate en sus actos, no en lo que dicen.

A eso nos referimos cuando decimos que «los actos hablan más que las palabras». Cuanto más pequeños son, hablan *más* con sus acciones que con sus palabras. Y es así por una simple e irrefutable razón: todavía no tienen las palabras. Y aun en el caso de que las tuvieran, tampoco podrían, porque los niños no entienden tanto sus sentimientos —físicos y emocionales— como para encontrar las palabras adecuadas. A menudo, apenas son conscientes de que tienen sentimientos.

Por ejemplo, si observas a un niño de dieciocho meses con dolor de oídos, no emite palabras: solo malestar, gestos de dolor y gritos en mitad de la noche. Si observas a un niño con ansiedad, tampoco: solo dolor de estómago, pánico y unas sábanas mojadas. Y, si un adolescente ha sido maltratado, es probable que, en lugar de manifestarlo con sus palabras, opte por maltratar a los demás.

Por este motivo, tenemos que «escuchar» a nuestros hijos de otra forma, más allá de lo obvio y lo literal. Tenemos que observarlos. Tenemos que ser pacientes. Tenemos que entender que una pataleta por el iPad significa, casi con total seguridad, otra cosa. Tenemos que entender que la apatía y los repentinos suspensos en la escuela son manifestaciones de algo más, síntomas de algún problema. Es la forma que tiene tu hijo de comunicarse.

¿Estarás atento para escucharlo? ¿Serás capaz de hablar con él, no solo con palabras, sino también con acciones?

14 de abril
Es el proyecto más duro

Chesty Puller luchó en las guerras bananeras. Fue guerrillero. Tomó islas en el Pacífico durante la Segunda Guerra Mundial. Luchó en Corea. Daba la impresión de que sería capaz de gestionar casi cualquier reto que le lanzara la vida. Pero, como tú, fue padre y descubrió que eso es lo más difícil que puede hacer una persona.

Cuando regresó de Corea, donde había desembarcado en Inchon y luchado bajo un frío espantoso, Chesty y su mujer tuvieron que llevar a su hija al hospital para que le sacaran las amígdalas. Chesty, que en el fondo era un pedazo de pan, llevó a la niña al quirófano. Hablándole suavemente intentó tumbarla en la cama y convencerla para que la enfermera la preparara para la operación. Pero su hija, asustada y abrumada, se negaba a soltarse. Lloró, gritó y se aferró a él hasta que pudieron separarla y sedarla. «Nunca me lo perdonará, Virginia», le dijo a su mujer cuando regresó a la sala de espera. «Esto es peor que Peleliu».*

Exageraba un poco. Tal vez, no demasiado. Esa cosa llamada *paternidad* nos exige más que casi cualquier otra cosa en la vida. Nos desafía física, mental y emocionalmente. Toca cada una de nuestras fibras más sensibles. Puedes prepararte para una guerra o invertir miles de dólares en el trabajo, pero nada de eso será de gran ayuda para gestionar ese punto débil que tus hijos siempre activan. Nada puede afectarte tanto como ellos... porque, en realidad, nada te importa más que ellos.

Es el proyecto más duro que te ha deparado el destino. Lo sé. Acéptalo y agradécelo.

---

* La batalla de Peleliu fue un enfrentamiento entre las fuerzas de los Estados Unidos y el Imperio Japonés en el océano Pacífico durante la Segunda Guerra Mundial (N. del T.).

15 de abril
¿Conoces su punto de vista?

¿Acaso también mis padres se han olvidado de que han sido jóvenes? Al parecer, sí.

ANA FRANK

Creemos que se inventan alguna excusa, que lo único que quieren es perder el tiempo. Solo queremos que vuelvan a su cama y se duerman de una vez. O que escuchen a su entrenador. O que hagan los deberes. No pasa nada, les decimos. Ponte la chaqueta, no es tan incómoda. Haz tus deberes, no son tan difíciles.

¿Has leído *Matar a un ruiseñor*? ¿Te acuerdas de cuando Atticus confiesa que le gustaría meterse en la piel de otro y vivir su vida? ¿Lo has probado alguna vez? No en la de alguien a quien compadezcas o en la de alguien que te gustaría ser, ¿sino en la de alguien a quien deberías guiar, enseñar y alimentar?

Cuándo tu hijo se despierta y entra en tu habitación por la noche, ¿te has acostado en su cama? A lo mejor no es tan cómoda como piensas. ¿Has visto algún entrenamiento de tus hijos? A lo mejor, su entrenador es realmente un idiota. ¿Cómo crees que se siente un niño con esa chaqueta? A lo mejor le da demasiado calor. ¿Te gustaba hacer los deberes cuando tenías su edad?

Conoce su punto de vista. Métete en su piel y experimenta qué sienten. Luego, recapacita y edúcalos en consecuencia.

16 de abril
Esto resuelve muchos problemas

Cualquier padre experimentado puede hablarte de una mágica panacea llamada *comida*.

¿Por qué chilla tu hijo? ¿Por qué atormenta a su hermano? ¿Por qué no puede concentrarse en casa? ¿Por qué no puede dormirse? ¿Por qué tu hijo adolescente está de mal humor?

La respuesta es muy sencilla. Tienen hambre. Están hambrientos. *Y no lo saben.*

Hay una razón por la que, desde hace mucho tiempo, las mamás siempre llevan tentempiés en su bolso. Porque es algo que resuelve la mayoría de los problemas. Calma cualquier angustia.

A veces, todos podemos olvidarnos comer. Dales de comer. Pregúntales si tienen hambre. Recuérdales que tienen hambre. Mantén un horario estricto de comidas. Observa qué sucede.

Y, por cierto, cuando estés de mal humor, frustrado, ansioso o arisco con tu pareja y tus hijos, es posible que te ocurra lo mismo que a ellos. Tienes hambre. En 2014, investigadores de la Universidad Estatal de Ohio descubrieron que la mayoría de las peleas entre parejas se deben a que uno de los dos tiene hambre. Así que, al igual que dar un paseo o hacer cinco respiraciones profundas, probablemente comer también resuelva muchos problemas.

17 de abril
¿Sabes cómo te ven cuando estás enfadado?

A menudo ha sido útil para las personas enojadas mirarse al espejo. Su gran transformación los perturba.

Seneca

Tu enfado puede *parecer* oportuno o justificado, pero casi siempre se te ve horrible.

La próxima vez que te enfades, piensa en cómo muestran su enfado los demás padres con sus hijos. En el próximo partido de tu hijo o de tu hija, observa cómo se comportan los otros padres. En el aeropuerto, fíjate en esa familia que se va de vacaciones. En la pizzería, presta atención a la familia que come en la mesa de enfrente.

Es lo más parecido a mirarse al espejo.

¿Cómo crees que te pones cuando gritas a tu hijo? ¿Cuándo le dices «¡siéntate de una vez!» para que deje de molestar a los demás? ¿Qué aspecto crees que tienes cuando les agarras por el brazo y los empujas para que se acerquen a ti en la cola? ¿Crees que das una buena impresión cuando les amenazas con quitarles algún privilegio básico porque no se comportan exactamente como tú quieres? ¿O cuando les gritas que se den prisa en el aeropuerto? ¿Crees que no pareces un monstruo cuando una discusión se te va de las manos y les das una bofetada en la cara?

Das un aspecto *terrible*. Pareces tan horrible y vergonzoso como los demás padres cuando se enfadan en público y no te atreves a mirarlos. Nadie tiene un buen aspecto cuando está enfadado. Pero lo peor es que esa imagen puede grabarse en el cerebro de nuestros hijos durante mucho tiempo.

18 de abril
Este es el enemigo

> No tengas miedo de deshacerte de las cosas que distraen tu atención.
>
> León Tolstói

Estás distraído por culpa de ese último y extraño correo electrónico que has recibido del trabajo. Estás de mal humor porque has visto algo que no te gusta. Estás triste por un comentario que han hecho de ti. ¿Y qué haces? Pagarlo con tus hijos. En el mejor de los casos, durante la cena, solo pueden disfrutar de ti al cincuenta por ciento, porque estás en *casa*, pero realmente no estás ahí.

Las preocupaciones son un gran enemigo para la buena paternidad. ¿Sabes por qué? Porque los niños las perciben. Son a la vez esponjas y espejos, muy poco favorecedores. Sienten tu energía y reaccionan: se portan mal, muerden a su hermano o se tiñen el pelo de rosa... tienen ese tipo de reacciones.

Lo más triste es que la mayoría de las preocupaciones que tenemos ni siquiera son realmente importantes. En casa, no es necesario que invirtamos tiempo pensando en el estúpido de la oficina. Ni que leamos todos los mensajes de Twitter o comprobemos constantemente nuestro correo electrónico. Además, preocupándonos por el dinero tampoco resolvemos nuestros problemas.

Tenemos que dejar en un segundo plano todas esas cosas. Para poder estar presentes. Para poder ser pacientes. Para poder ser *padres*.

19 de abril
No desaproveches estas oportunidades

Sí, las horas de espera en un aeropuerto son molestas. Sí, que tu hija llegue a casa con malas notas es decepcionante. Sí, también es aterrador llegar a casa con un mal diagnóstico del hospital. Y, definitivamente, sí, es agotador pasar otra noche despierto con tu bebé.

Pero la cuestión o, mejor dicho la oportunidad, es: ¿eso ha hecho que estéis más cerca?

No tiene por qué ser así, claro. Puedes enfadarte, mostrarte abrumado o hacerte el distraído. Pero también puedes disfrutar del momento. Aunque tu hijo esté llorando, tú estés decepcionando o también estés llorando, puedes sentir *amor, agradecimiento* y *felicidad*.

Porque tienes la oportunidad de hablar con él. Es una nueva ocasión para cambiar tu punto de vista. Una ocasión para hacer nuevas preguntas. Para pasar más tiempo juntos. Cualquier crisis, como les gusta decir a los políticos, es una oportunidad para mejorar. Una oportunidad para hacer cosas que antes no se podían hacer. Cosas que nunca harías en circunstancias normales.

Es una oportunidad para acercarte. Para amar más. Para entender mejor.

20 de abril
No es justo

> Los adultos siempre son muy impacientes con los jóvenes. Los padres siempre esperan que sus hijos tengan sus virtudes sin sus defectos.
>
> Winston Churchill

Esperamos mucho de nuestros hijos. Los apretamos. Los presionamos. Les decimos qué deben hacer. Y los castigamos —por poco que sea— cuando no cumplen con nuestras expectativas.

Pero lo que nunca tenemos en cuenta es lo inalcanzables que son nuestras expectativas para estos pequeños seres humanos que todavía carecen de las décadas de experiencia vital que, inconscientemente, damos por sentado que tienen.

No existe un modelo único. Y suponer que existe o, peor aún, imponerlo a tus hijos es tremendamente injusto. ¿Podemos tener expectativas para nuestros hijos? Sí. ¿Podemos intentar que no caigan en las mismas trampas o desarrollen los mismos vicios que nosotros? Sería un pecado no hacerlo.

Pero debemos tener presente que ellos son como nosotros… para bien *y* para mal. Han vivido en nuestro hogar durante toda su vida. Han aprendido de nuestros ejemplos, incluso de nuestros defectos. *Especialmente* de ellos. No alcanzarán la perfección. Tendrán nuestras debilidades… y seguramente las suyas. Por eso, penalizarlos por no cumplir con nuestras expectativas poco realistas, es decir por los pecados de los padres, es profundamente injusto.

Nuestro trabajo es amarlos y tener paciencia, sin exigirles lo imposible.

21 de abril
Ni se te ocurra hacer esto

> [Catón el Viejo] decía que quien golpea a su esposa o a su hijo está poniendo sus sacrílegas manos sobre las cosas más sagradas del mundo.
>
> PLUTARCO

Afortunadamente, hemos nacido en una época en la que la mayoría de la gente no necesita escuchar estas palabras, aunque, por desgracia, todavía son necesarias para algunos. Tal vez están leyendo este libro. Tal vez, no. De todas formas, siempre es útil recordar el precioso tesoro que te han confiado.

Levantar la mano, abierta o cerrada, a tu pareja o a tus hijos es inaceptable.

No importa lo enfadado que estés. No importa quién haya empezado. No importa cuántas veces le hayas repetido algo a tu hijo. No importa que tus padres lo hicieran. No importa que algunas culturas aún lo acepten.

Durante dos mil años, hemos sabido que en el fondo eso está mal. Estás aquí para protegerlos, servirlos y amarlos. ¿Piensas violar su integridad porque no puedes controlarte, porque se te ha ido la cabeza? Eso es violar un juramento sagrado. Y una vez hecho, nunca se puede deshacer.

No puedes hacerlo. *Nunca*.

22 de abril
¿Es bueno que se comporten mal?

En un artículo del *New York Times*, Melinda Wenner Moyer (autora del fantástico *Cómo criar niños y que no salgan imbéciles*) nos pide que reflexionemos sobre una de las ideas más contradictorias de la paternidad: que, tal vez, solo tal vez, no sea tan grave que tus hijos se porten mal. Ella propone que, tal vez, esto sea una señal de lo queridos y seguros que se sienten a tu lado. En sus palabras:

> Míralo de esta manera: Cuando los niños son respetuosos, complacientes y obedientes con los adultos, con frecuencia es porque les tienen miedo a esos adultos. No es una coincidencia que la gente que presume de lo bien que se portan sus hijos muchas veces es la misma que dice cosas como: «Más vale una zurra a tiempo que un delincuente en la cárcel».

Con esto no quiero decir que el descontrol sea bueno ni que no haya que imponer algunas normas. Solo es un recordatorio para que, antes de considerarte un padre terrible porque tu hijo te ha desafiado o porque ha tenido una rabieta, *tengas en cuenta lo que significa que se sienta cómodo haciéndolo delante de ti.*

En realidad, es posible que tus hijos te escuchen, sobre todo cuando les dices que estás ahí para ayudarles, que los quieres incondicionalmente, que quieres que piensen por sí mismos. Es posible que te respeten. Pero, por encima de eso, es posible que confíen en ti más que en nadie en el mundo.

23 de abril
No los rechaces

Sí, es cierto. Los hijos pueden ser pesados. Terriblemente pesados. Chillan en tu oído y te manchan la ropa con sus manos cuando las tienen más grasientas y sucias. Pueden dejarte sin respiración mientras trepan por tu espalda para dar un paseo a caballito.

Sin embargo, tienes que asumir todo eso. Aunque te duela, aunque sea tu camisa favorita y aunque no puedas respirar. No puedes rechazarlos.

Sí, por supuesto. Tienes que explicarles lo que está bien y lo que está mal. Tienes que salvaguardar tu integridad física. Pero la cuestión es que ellos no tienen la menor idea de cómo sus acciones afectan a los demás. Ni siquiera los adolescentes entienden plenamente las consecuencias de sus actos, el concepto de causa y efecto. ¿Por qué crees que conducen como locos, comen basura y no dejan de decir estupideces? Lo que sí entienden es que estás enfadado y no quieres estar con ellos.

A pesar de que no sepan encontrar las palabras para describir qué sienten, los niños pueden percibir tus cambios de humor. Y lo peor de todo es que, probablemente, este sentimiento doloroso y confuso se les quede grabado para siempre. Así que esfuérzate para no perder el control. Busca las herramientas necesarias para mantener el tipo.

Puedes retirar suavemente sus manos de tu garganta. Puedes comprarte una camisa nueva. Puedes darle la vuelta al juego y ser tú quien los persigue. Puedes hacer que lo que era molesto se convierta en divertido. Puedes hablarles con calma, corregirles y luego convertir suavemente el dolor en un momento de profunda conexión. Todo depende de ti.

24 de abril
¿Qué pasaría si otra persona tratara así a tus hijos?

Si contrataras a una niñera y te la encontraras mirando el teléfono móvil en lugar de vigilar a tus hijos te llevarías las manos a la cabeza. Si entraras en una habitación y te encontraras a un profesor, o a cualquier otra persona, gritando a tu hijo, sería difícil detenerte. Si escucharas que alguien se burla de él o lo intimida, seguramente harías todo lo posible para que dejara de hacerlo.

Y, sin embargo… ¡haces alguna de estas cosas todo el tiempo! Cuando estás frustrado porque tu hijo no te escucha, lo agarras por el brazo y gritas: ¡Basta ya! O, peor aún, no prestas atención a su partido de fútbol y haces caso omiso a sus suplicas. ¿Cuántas veces estás mirando el teléfono cuando tus hijos están en la piscina? ¿Para qué? ¿Para leer un correo electrónico? ¿Un mensaje de texto? ¿Un comentario más de Twitter? Y, por supuesto, te crees muy gracioso y te gusta meterte con ellos… pero, si vieras a otra persona tomándoles el pelo, ¿sabes cómo lo llamarías? *Maltrato*.

Nunca permitiríamos que otra persona se saliera con la suya si actuara como lo hacemos nosotros. Esto no quiere decir que seas un padre que maltrata a sus hijos o un mal padre, en absoluto. Solo es un recordatorio: tu trabajo no solo consiste en proteger a tus hijos de los demás, también debes protegerlos de tus malos hábitos, tu mal humor y tus defectos. Debes exigirte a ti mismo lo mismo que exigirías a una persona que se hiciera cargo de tus hijos. Es decir, tienes que *dar lo mejor de ti.*

No hay excusas. No hay doble vara de medir. Fiscaliza tu comportamiento como si fueras una niñera al cargo de tus hijos. No dudes de ti, pero no te saques el ojo de encima, del mismo modo que harías con una nueva escuela o una guardería. Pregúntate: ¿Dejaría que otra persona se comportara con mis hijos como lo hago yo?

25 de abril
Retraso, retraso, retraso

> Un hombre enfadado abre la boca y cierra los ojos.
>
> Catón el Viejo

Séneca dijo que «el mejor remedio para la ira es el tiempo». Y esa es una verdad como un templo.

Tomarse un tiempo es la mejor manera de dejar que tu mente se calme, de asegurarte de que la ira no te llevará a hacer algo de lo que te arrepentirás. La ira es un amplificador. Magnifica lo peor de cada situación. La ira también lo saca todo de lugar. Toma una mala situación y la empeora con la reacción exagerada que produce en nosotros.

Y para que nada de eso ocurra, lo mejor es dejar pasar unos segundos para que la ira no tome el control. La próxima vez que estés enfadado, respira hondo cinco veces e intenta recuperar la calma. Seguro que puedes.

Eso no significa que no debas dar una respuesta. Seguramente, tendrás que hacer algo con aquello que te ha sacado de tus casillas. Algo tendrás que decir. Tus hijos necesitan aprender que mentir no es aceptable, que dejar la estufa encendida puede incendiar la casa. Pero espera unos segundos. Da un paseo. Apúntatelo en una libreta para sacar el tema más adelante. Resuélvelo cuando regreses del trabajo. Mantén siempre la cabeza fría.

Conviértelo en una oportunidad de aprendizaje. Muéstrales que puedes controlar tus reacciones.

26 de abril
La importancia de la tolerancia

Errar es humano; perdonar, divino.

ALEXANDER POPE

En Georgia, a mediados de la década de los treinta, el joven Jimmy Carter estaba pescando con su padre. A medida que iban pescando, su padre ataba el creciente botín en un hilo de pesca que estaba enganchado en la hebilla del cinturón de su hijo. Jimmy se sentía muy orgulloso de ello.

Pero, varias horas más tarde, Jimmy miró hacia abajo y se dio cuenta de que el hilo se había roto o soltado sin que él se diera cuenta. Desesperado, se zambulló en el agua para encontrarlo. Estaba aterrorizado; pensaba que su padre montaría en cólera. «¿Qué ocurre?», le preguntó su padre. «He perdido los peces, papá». «¿Todos?», respondió su padre. «Sí, señor...», fue todo lo que Jimmy pudo decir entre lágrimas.

«Mi padre no tenía mucha paciencia con las tonterías o los errores», reflexionaría Carter ochenta años después. Pero entonces, tras una larga pausa, su padre sonrió y dijo: «No pasa nada. Hay muchos más peces en el río. Los pescaremos mañana». Al cabo de todos esos años, Carter todavía recordaba ese momento de bondad y perdón. Los peces no importaban; de hecho, nunca habían importado. Porque lo importante era que su padre sabía qué necesitaba Jimmy en ese momento.

¿Y tú? ¿Conoces los beneficios de ser indulgente y tolerante? ¿Puedes dejar pasar las cosas? ¿Puedes controlar tu temperamento y tus frustraciones? ¿Sabes cuándo es el momento de empujar y cuándo es el momento de acercarlos a ti?

27 de abril
Eres su voz interior

> El motor más potente en tu vida es esa voz que nadie oye. La puesta a punto del tono y el contenido de tu voz interior es lo que determina tu calidad de vida.
>
> Jim Loehr

Solo intentas que se comporten bien, que te escuchen, que dejen de golpear a su hermana, que se tomen la escuela en serio, que hagan lo que tienen que hacer. Estás cansado, has repetido lo mismo un millón de veces y no tienes la fuerza para ser tan indulgente como deberías. A lo mejor intentas hacer una broma, para suavizar el mensaje, pero la ironía alcanza un punto débil y llega demasiado cerca del hueso.

¿Sabes *realmente* qué estás haciendo en esos momentos? Estás creando una voz muy específica en su cabeza.

Todo lo que decimos, cada interacción que tenemos con nuestros hijos, afecta a su autoestima. La forma en que nos dirigimos a ellos determina la forma en que se dirigirán a sí mismos. Si quieres una prueba de ello, piensa en todos los complejos y patrones que heredaste de tus padres, tal vez sean esas cosas que estás trabajando con tu terapeuta ahora mismo.

Así que mientras puedas, antes de que sea demasiado tarde… piensa antes de hablar. Piensa en cómo puedes ser un antecesor en lugar de un fantasma. Procura que vuestra comunicación sea afable, paciente y respetuosa. Háblales como te gustaría que se hablaran a sí mismos. Porque no se trata de *si* interiorizarán lo que les dices mientras crecen, sino de *qué* voz interiorizarán. Pon una *buena* voz en su cabeza para que siempre recuerden las cosas buenas.

28 de abril
¿De verdad te importa?

> Es mejor que a las cosas pequeñas e insignificantes no les dediques más atención y tiempo del que merecen.
>
> Marco Aurelio

Para ti es muy importante que no cierren de golpe la puerta, que se hagan de cierta manera las labores domésticas, que lo ordenen todo inmediatamente, que no pongan los pies encima de la mesa...

Pero, la verdad, es que lo que realmente te importa no es esto. *En absoluto*. Si tuvieras que elegir entre que tus hijos tengan buenos recuerdos o tener las paredes limpias, seguro que elegirías la primera opción. Si tuvieras que elegir entre unas notas ligeramente más bajas y una mayor autoestima, evidentemente, elegirías la autoestima. Si tuvieras que elegir entre cualquier cosa y la seguridad, la felicidad y una autoimagen positiva de tus hijos, nunca elegirías esas *otras cosas*.

Sin embargo, aquí estás, otra vez discutiendo sobre ello. Eligiendo morir en una estúpida colina. Eligiendo proteger un pedazo de tierra que, *admítelo*, en realidad no te importa. Lo que realmente te importa —lo que todas esas normas representan— es la obediencia y el control. Lo que realmente te preocupa —y de ahí tu fijación— es la profunda ansiedad por si estás educándolos mal.

¡Relájate! Deja pasar esas nimiedades. En serio, déjalas pasar. No te arrepentirás.

29 de abril
¿Cuánto tiempo puedes aguantarte?

> Las personas amables nunca se meten en peleas, y aquellas a las que les gusta meterse en problemas nunca son amables.
>
> Lao Tze

Al final, seguro que desearás haberte peleado menos con tus hijos. Desearás haberle quitado hierro a tantas cosas. Nadie mira hacia atrás en sus vidas o las vidas de sus hijos y piensa: *Me alegro mucho de haber discutido tanto. Me alegro de haber sido tan duro con ellos. Me alegro de que por fin aprendieran las reglas.*

Ya lo sabes. Así que hoy ¿cuánto tiempo puedes aguantar sin discutir?.

¿Cuánto tiempo puedes estar sin regañar a tus hijos? ¿Sin hacer comentarios sobre las decisiones de tu hijo adolescente? ¿Sin recordarles que dejen de arrastrar los pies, de sentarse mal en la mesa, de dejar sus cosas por ahí?

Procura que la mayoría de tus interacciones no sean demasiado críticas. Eso no significa que tengas que ser falso, sino que intentes no molestarles con tantas tonterías. Nada de eso importa ahora —por mucho que pretendas convencerles de lo contrario— y, definitivamente, no importará dentro de unos años, cuando recordéis vuestras vidas juntos.

Por lo tanto, no critiques tanto. Recuerda: no es necesario que opines sobre todas las cosas. Si de vez en cuando eres capaz de mantener la boca cerrada, ambos seréis más felices.

30 de abril
¿A quién das tu paciencia?

El padre de la excanciller alemana Angela Merkel fue pastor en Alemania Oriental. Era muy querido por sus feligreses. Forjó un profundo vínculo con ellos durante muchos años. Pero, en casa, las cosas eran un poco distintas. En casa, era severo e impaciente. «Cuando era joven, lo que más me molestaba es que se mostraba muy comprensivo con los demás y, en cambio, si sus hijos hacíamos algo mal, su reacción era completamente distinta», escribió años más tarde su hija.

Obviamente era *capaz* de mostrarse comprensivo y amable, lo hacía todos los días como parte de su trabajo. Pero tal vez ese era el problema: agotaba toda su paciencia en el trabajo y no le quedaba nada para su familia. O tal vez se exigía a sí mismo algo distinto en el trabajo que en casa. O a lo mejor cometió el error que muchos de nosotros cometemos: olvidó que nuestros hijos son personas pequeñas con los mismos problemas que los demás. Y, por eso, a veces no los tratamos con el nivel adecuado de respeto y compasión.

Nunca gritarías a un amigo porque se ha dejado una puerta abierta. Nunca castigarías a uno de los jugadores de tu equipo porque reclama más tu atención. Y, sin embargo, muchos niños de todo el mundo pueden afirmar que han recibido el tipo de trato de unos padres que habían llegado al límite y a los que se les había acabado la paciencia.

Sé bueno con tu familia. Procura que reciban la misma paciencia y comprensión que los demás. En realidad, olvídate de eso. Asegúrate de que reciben *más*. Porque mucho después de que hayas dejado tu trabajo o de entrenar a ese equipo, ellos seguirán siendo tus hijos.

MAYO

EL CARÁCTER ES EL DESTINO

(LECCIONES SOBRE EL BIEN Y EL MAL)

1 de mayo
Lo más importante para el futuro

El carácter es el destino.

HERÁCLITO

El carácter de una persona determina su destino. Es cierto en los deportes, en la política o en los negocios. No importa ni el talento ni las motivaciones ni los recursos, porque, al final, el carácter lo es todo. No se puede ocultar ni neutralizar.

Siempre sale a relucir.

Tu trabajo como padre, mientras intentas crear un mundo mejor para tus hijos, es imprimir un carácter en ellos. Darle forma. Recompensarlo cuando lo veas. Sí, quieres que sean inteligentes, que sean creativos y trabajadores. Pero estos rasgos no sirven de nada si no van de la mano de un buen carácter.

Ahora mismo, estamos sufriendo los costes de ignorar este hecho en todas las facetas de la vida. Tenemos que arreglarlo. Y la solución empieza en casa.

2 de mayo
Tu carácter refleja el suyo

La imagen del Cadillac negro estrellado contra un árbol salía por todas partes. Luego empezaron a aparecer sus amantes: primero, una y, luego, una detrás de otra. Finalmente, lo admitió. Tiger Woods confesó haber sido infiel con más de ciento veinte mujeres.

Fue una sorpresa para casi todo el mundo, aunque no tanto para aquellos que lo conocían. Los más allegados no se sorprendieron en absoluto. Los biógrafos de Woods, Jeff Benedict y Armen Keteyian, repetían una y otra vez los tópicos más comunes: «de tal palo tal astilla, «la manzana no cae lejos del árbol»... Durante años, cuando Earl Woods llevaba a su hijo Tiger a torneos de golf por todo el país, no hacía «ningún esfuerzo por disimular sus vicios». Las mujeres entraban y salían de las habitaciones de hotel. Paraba en tiendas y salía con bolsas de papel que contenían botellas de licor de litro y medio. Les pedía a las camareras que le acompañaran a fumar un cigarrillo.

El juego, las camareras, las infidelidades... no eran algo extraño para Tiger. *Formaban parte de su carácter*, o más bien, eran rasgos de carácter heredados de su padre, Earl. Era la horma de su zapato. La manzana no cayó lejos del árbol, porque el árbol hizo la manzana.

3 de mayo
Fomenta este maravilloso rasgo

La persona más influyente en la vida de la reina Victoria no fue su madre, sino su querida institutriz, la baronesa Lehzen, que se convirtió en su consejera y amiga.

Victoria sacó su entereza de Louise Lehzen, que la convirtió en una de las grandes reinas de Inglaterra, una reina que gobernó durante sesenta y tres años, más de cuarenta de ellos sola. Como dijo Lehzen con su habitual modestia:

> Yo no he creado a la Princesa. Como no podría ser de otro modo, solo he alimentado en ella una cualidad que es probar, reflexionar y mantenerse firme en lo que ella considere correcto y bueno.

Como padre, tienes muchas responsabilidades, pero esta es prioritaria. Sí, quieres que tus hijos sean inteligentes. Quieres que sean productivos y estén sanos. Quieres que saquen buenas notas. Pero nada de eso será posible si no has alimentado la capacidad que Lehzen fomentó en Victoria.

Así que ponte manos a la obra. Cada día.

4 de mayo
Enséñales estas cuatro virtudes

> Si en algún momento de tu vida te cruzas con algo mejor que la fortaleza, la templanza, la justicia o la prudencia, debe ser algo extraordinario.
>
> MARCO AURELIO

Aristóteles las adoraba. Los cristianos y los estoicos también. En Occidente, las llamamos las «virtudes cardinales»: la palabra latina *cardinalis*, que significa «bisagra». De estas virtudes depende el tener una buena vida. Son las virtudes que cada padre debe enseñar a sus hijos:

Fortaleza: levantarse, para seguir adelante, para no tener miedo en la vida.

Templanza: encontrar el equilibrio, ser dueño de uno mismo; evitar los excesos o los extremos.

Justicia: hacer lo correcto, cuidar de los demás y cumplir con tu deber.

Prudencia: aprender, estudiar, para mantener la mente abierta.

Estas son los cuatro principios esenciales para una vida plena.

Como padre, debes venerar estas virtudes e inculcarlas a tus hijos. Tienes que fomentarlas y enseñarlas, mediante el ejemplo, para que ellos puedan reproducirlas. Su vida y su futuro dependen de ello.

5 de mayo
Aprenden de todo lo que haces

> Predica el Evangelio en todo momento y, si es necesario, usa las palabras.
>
> Francisco de Asís

Cuando era joven, el campeón de boxeo y activista para los derechos civiles Floyd Patterson siempre andaba metido en problemas. Robaba. No iba a la escuela. Se metía en peleas. En una ocasión, se hizo una foto y, al verse reflejado, se tachó los ojos porque no le gustaba lo que veía. Finalmente, las autoridades lo detuvieron.

Podría haber sido otro funesto capítulo de una desgraciada vida. Pero, en lugar de eso, Patterson tuvo la suerte de caer en un reformatorio al norte del estado de Nueva York. Allí, bajo la tutela de un psicólogo amable y poco convencional, el doctor Papanek, el mundo de Patterson cambió. Por primera vez, pudo mostrar quién era. Más que «reformado» —en el lenguaje del sistema penitenciario estadounidense—, había sido amado. El doctor Papanek explicó así su método:

> Los castigos solo enseñan a un niño a castigar a los demás. Regañarle enseña a regañar. En cambio, si le mostramos comprensión, le enseñamos a comprender. Si le ayudamos, a ayudar. Si colaboramos con él, aprende a colaborar.

Seguramente, tus hijos no se han metido en problemas de esta magnitud. Con suerte, no se han manchado las manos tanto como Floyd. Pero, en cualquier caso, la lección es la misma: todo lo que hacemos delante de nuestros hijos es una lección para ellos. Como explicó el doctor Papanek, aunque tengamos buenas intenciones, cuando nos equivocamos, estamos enseñándoles… muy a menudo todo lo contrario de lo que nos gustaría enseñarles.

6 de mayo
Cada uno limpia lo que ensucia

Los All Blacks de Nueva Zelanda son la selección de rugby más laureada de todos los tiempos. Su legado rivaliza con el de los grandes equipos de casi todos los demás deportes, desde los San Antonio Spurs hasta los New England Patriots, pasando por la selección femenina de fútbol de Estados Unidos. ¿Cuál es el secreto de su éxito?

Mucho trabajo, por supuesto. Y mucho talento, claro. Pero también hay un elemento desconocido y sorprendente para explicar su éxito: limpian lo que ensucian. En su libro *Legado*, James Kerr retrata al equipo limpiando el vestuario después de un partido:

> Limpian el vestuario.
> Lo hacen bien.
> Para que nadie más tenga que hacerlo.
> Porque nadie cuida de los All Blacks.
> Los All Blacks se cuidan a sí mismos

Si quieres que tus hijos limpien lo que ensucian, tienes que enseñarles por qué es importante. Si quieres que se ocupen de sí mismos, tienes que enseñarles a estar orgullosos y satisfechos por ello. Si quieres que limpien su habitación, tienes que enseñarles que no es solo una tarea. Es una declaración de intenciones. Una declaración de carácter, de compromiso y de autosuficiencia, una muestra de quién son.

Nuestra forma de comportarnos en cualquier situación dice quiénes somos es la lección que los padres deben transmitir a sus hijos. Dejar un desastre no es solo un desastre: demuestra que eres un *desastre*.

7 de mayo
Cuidado con su ego

Amas a tus hijos más que a nadie en el mundo. Crees que son un regalo del cielo —y lo son—. Quieres que sepan qué sientes por ellos, y te pones triste cuando se sienten mal consigo mismos. Son sentimientos totalmente sanos y saludables.

Pero, al mismo tiempo, debemos tener cuidado de no alimentar su ego con nuestros constantes elogios. Debemos controlar nuestra inclinación natural a alabar sus virtudes y abrir los ojos ante sus defectos. Como escribió Séneca, esto exige hablar de forma honesta, desde el corazón, y mostrarles las consecuencias de sus actos. Aunque nos duela. Así lo explica Séneca:

> Hay que apartar a la infancia lejos de la adulación: que oiga la verdad. Y que sienta temor a veces, respeto siempre, que se ponga en pie ante sus mayores. Que no intente conseguir nada mediante la ira: lo que se le negó cuando lloraba que se le ofrezca cuando esté calmado.

Séneca sabía que ese equilibrio no es sencillo; no lo es para ningún padre. Pero, si nuestro objetivo es educar a hijos responsables e integrados en la sociedad, tendremos que poner todo nuestro empeño en ello, a pesar de que nuestro instinto nos repita que son lo mejor que existe en el mundo.

8 de mayo
Un castigo debe tener consecuencias positivas

> Castigar a alguien es como echar más leña al fuego. Todo crimen ya lleva aparejado su propio castigo, y es más cruel y justo que el castigo impuesto por los otros.
>
> LEÓN TOLSTÓI

Los CEO y los empresarios con los que trabaja como coach Randall Stutman le preguntan muy a menudo sobre la paternidad. Ya conocemos su advertencia sobre las transiciones rápidas entre el trabajo y el ámbito familiar, pero a los líderes que también quieren ser buenos padres les da otro consejo:

Los castigos deben tener unas consecuencias positivas.

Y es un consejo muy apropiado. Piensa en ello: Un entrenador de baloncesto que está decepcionado con el rendimiento de uno de sus jugadores le obliga a hacer flexiones. No es divertido, pero fortalece la musculatura del jugador. Un jugador de fútbol que no ha sacado buenas notas tiene que asistir a clases de repaso. Un atleta que se mete en problemas fuera de la pista debe realizar servicios comunitarios o escribir una carta de disculpa. No son solo medidas disuasorias. Son castigos que mejoran a los infractores como jugadores y como personas.

Cuando te enfades, cuando hayas descubierto que tu hijo ha hecho algo incorrecto, asegúrate de no castigarlo guiado por una emoción intensa, como la ira, el miedo o la vergüenza. Tómate unos segundos. Busca un castigo que saque algo bueno de él. Algo que nunca haría por iniciativa propia, pero que sea positivo para él: ejercicios de vocabulario, memorizar las capitales de provincia, hacer voluntariado en alguna entidad, recoger la basura, pintar la casa...

No será de su agrado, pero es muy probable que algún día te lo agradezca.

9 de mayo
Está demasiado ocupado para ser malo

En una ocasión le preguntaron a Harry Truman si de pequeño se metía en líos. «Muy pocas veces», respondió. «Estaba demasiado ocupado. A los catorce años había leído los tres mil libros de la biblioteca». «¿No había niños que armaran alboroto en el barrio o en la escuela?», le preguntaron después. «Por supuesto, había niños traviesos por todos lados, pero estaba demasiado ocupado leyendo», concluyó.

En el capítulo de septiembre de este libro, puedes encontrar los múltiples beneficios que te ofrece educar a tu hijo en la lectura, pero Truman comparte otro que añadimos aquí, en mayo: los lectores rara vez se meten en líos. Están demasiado ocupados. Ya viven en un mundo en el que hay mucho en juego: el de la historia, el de las grandes novelas, el de las historias épicas. ¿Para qué necesitan andar creando dramas y problemas en el mundo real?

Desde luego, los niños se meten en líos por muchas razones, pero «no tener nada mejor que hacer» es una de las que puedes arreglar ahora mismo. Introdúceles en el mundo de la lectura. Fomenta el hábito de leer. Deja que se enamoren de esos mundos y vivan en ellos todo lo que quieran.

Será un problema menos para todos.

10 de mayo
Recuerda qué significa tener éxito

La Biblia presenta una definición bastante acertada de una vida exitosa: «Un anciano debe ser un hombre irreprochable, fiel a su esposa. Un hombre cuyos hijos sean dignos de confianza y no estén expuestos a la acusación de ser salvajes y desobedientes».

Si ignoramos el género, las palabras mantienen su vigencia:

- Lleva una vida honorable.
- Trata bien a tu pareja (y respeta el matrimonio).
- Enseña a tus hijos a ser honestos e íntegros.
- No los malcríes.

¿Puedes tener éxito y ser famoso o respetado en tu oficio? Por supuesto, eso sería fantástico. Pero recuerda una cosa: al final de tu vida, nada de lo que ganes en este mundo importará si no has sabido ser el padre de aquellos con los que más te gustaría compartir esas ganancias.

11 de mayo
¿Sois los buenos?

Eso es lo mismo que le pregunta el hijo a su padre en *La carretera*, de Cormac McCarthy:

¿Seguimos siendo los buenos?

La inocencia del niño, su insistencia en hacer lo correcto, a pesar de la oscuridad que los rodea, es lo que impide que el padre entre en una espiral de desesperación o crueldad.

¿Sigues siendo de los buenos? ¿O te has dejado corromper por tu partido político? ¿Te has vendido a tu empresa? ¿Te has vuelto insensible e indiferente a todas las responsabilidades y tensiones de la vida? ¿Estás demasiado ocupado con la hipoteca y tus partidos de golf como para preocuparte por los demás? ¿Estás demasiado hundido como para cambiar? ¿Para cuestionar y reflexionar? ¿Para ver las cosas desde otro punto de vista?

No te preocupes. La buena noticia es que tienes un hijo así en tu propia vida. Tus hijos son una maravillosa fuente de inocencia y pureza. Ven las cosas con otros ojos. Aún no están embrutecidos. También son una especie de garantía. ¿Por qué deberías cambiar? ¿Por qué deberías ser uno de los buenos? *Por ellos.*

Bríndales esperanza. Sé su modelo a seguir. Sé uno de los buenos.

12 de mayo
Qué importa más que los resultados

La actriz Tracee Ellis Ross es la hija de Diana Ross, la famosa ganadora de varios premios Grammy y una leyenda de la Motown. Quizá creas que una persona exitosa se preocupa mucho por el éxito de sus hijos. Los padres con una ambición desatada suelen presionar a sus hijos para que saquen buenas notas, ganen partidos o sean los más fuertes, guapos o populares. Sus elevadas exigencias se prolongan hasta la universidad a la que asisten sus hijos o la profesión que ejercerán en el futuro.

Pero Tracy tuvo mucha suerte. Su madre optó por hacer lo correcto. Muchos padres habrían preguntado a su hija: «¿Cómo van las notas?», «¿Has ganado?», «¿Eres la mejor de la clase?». Pero, en lugar de eso, cuando Tracee llegaba de la escuela, su madre le preguntaba: «¿Has dado lo mejor de ti?», «¿Cómo te sientes?». Tracee, cuyo camino hacia el éxito estuvo repleto de altibajos, más adelante contaría que el punto de vista de su madre le había transmitido una lección muy importante: «como apañártelas en la vida poniendo el énfasis en tus sentimientos, en lugar de darle importancia a lo que piensan los demás».

Más importante que las notas de tus hijos son sus prioridades y los valores que asimilan. Esa es la cuestión: ¿Les estás enseñando que es muy importante sacar buenas notas o que *lo importante es aprender*? ¿Les estás enseñando que el éxito consiste en ganar competiciones arbitrarias o en convertirse en la mejor versión de sí mismos?

Los resultados no son el objetivo, al menos a largo plazo. Lo que cuenta es la persona en la que se están convirtiendo tus hijos y las medidas que tomas para ayudarles.

13 de mayo
Pregúntales esto todos los días

> Dondequiera que haya un ser humano existe una probabilidad para la bondad.
>
> Séneca

Siempre les preguntamos lo mismo a nuestros hijos: *¿Cómo ha ido la escuela? ¿Cómo ha ido el entrenamiento? ¿Tienes algún problema? ¿Qué ha comentado tu profesor del examen? ¿Te diviertes con tus amigos?*

Las hacemos porque queremos tener algún tema de conversación. Porque nos preocupamos por su vida. Porque nos interesan sus respuestas. Y nuestros hijos se dan cuenta de ello. Son lo bastante inteligentes para entender que esas preguntas reflejan los valores de sus padres o cómo el mundo juzga a las personas y determina su éxito.

Por eso es crucial que nos esforcemos en plantearles cuestiones que refuercen lo que es realmente importante en la vida. Que no lo convirtamos en una charla insignificante. Las preguntas que le hacía Diana Ross a su hija Tracee son un gran ejemplo de ello.

Aquí tienes unas cuantas. En lugar de preguntarles si se han portado bien o han sacado buenas notas, asegúrate de preguntarles *si han ayudado a alguien*. Por ejemplo: *¿Has hecho alguna buena acción? ¿Has ayudado a alguien? ¿A quién?*

Piensa en el mensaje que transmites con este tipo de preguntas. Piensa en el impacto que tienen en sus propias acciones. Piensa en qué prioridades estás reflejando en ti: en lugar de estar pendiente de cuántas respuestas han acertado, te estás preocupando por sus *buenas acciones*. Piensa en lo mejor que sería el mundo si todos pensaran así, si todos crecieran así.

14 de mayo
¿Contra quién compites?

Compite contigo mismo y anima a los demás.

CANDICE MILLARD

Todos nos comparamos con los otros padres. Quizás comparamos nuestro coche con el de los demás cuando dejamos a los niños en la escuela o nos arreglamos demasiado para asistir a la recaudación de fondos del instituto, esperando que todo el mundo se fije en nosotros. Fácilmente trasladamos este afán de competición a nuestros hijos: queremos que tengan los mismos juguetes que sus compañeros; queremos que entren en la misma universidad que han elegido sus amigos; y empezamos a presionarlos para que sean el capitán del equipo de fútbol o el presidente de la asociación de alumnos.

Eso no es solo un tipo de competición superficial, sino una comparación estúpida y posiblemente dañina; no solo porque nos sentiremos derrotados —siempre hay alguien más rico, más atractivo, o alguien cuyos hijos tengan más talento natural—, sino porque puede influir en nuestros hijos de forma negativa.

Si quieres que compitan con alguien, deberíamos enseñarles a competir consigo mismos, a convertirse en la mejor versión de sí mismos. *Compite con aquello que puedes controlar.* Y, seamos sinceros, nosotros también deberíamos seguir tal consejo.

Compite contigo mismo para estar más presente, para ser más amable, para divertirte más con tus hijos... para superar lo que aprendiste de tus propios padres. Céntrate en aquello que depende de ti, en el ejemplo que vas proporcionándoles a medida que crecen y se convierten en las personas que quieres que lleguen a ser.

15 de mayo
Empatiza

Según algunos estudios, uno de los maravillosos beneficios de leer novelas de ficción es que ayuda a cultivar la empatía. Leyendo y experimentando la vida interior de los personajes, podemos percatarnos de que no todo el mundo piensa y actúa como nosotros. Podemos darnos cuenta de que no todo el mundo tiene la misma suerte que nosotros.

Además, las novelas de ficción también suelen darnos consejos y advertencias que nos enseñan a ser más empáticos. Tal vez recuerdes esta frase inicial de *El gran Gatsby*:

> Cuando yo era más joven y vulnerable, mi padre me dio un consejo en el que no he dejado de pensar desde entonces:
> —Antes de criticar a nadie —me dijo—, recuerda que no todo el mundo ha tenido las mismas ventajas que tú.

Es crucial que nuestros hijos entiendan esto. Por eso tienen que leer *El gran Gatsby* o cualquier otra gran novela. Es algo que tenemos que recordarles a menudo, como hizo el padre de Nick Carraway en el libro. Más aún, es algo que deberíamos recordarnos a nosotros mismos continuamente.

16 de mayo
Lo que hacemos se propaga

> Son los innumerables actos de coraje y fe los que mueven la historia humana. Cada vez que una persona defiende un ideal, hace algo para mejorar la suerte de los demás o se rebela frente a la injusticia, envía una pequeña onda de esperanza, que entrecruza con millones de ondas de energía y audacia, creando una corriente que puede derribar los más altos muros de la opresión y la resistencia.
>
> ROBERT F. KENNEDY

En el hermoso libro infantil *Escuchando con mi corazón*, Jacqueline Woodson cuenta la historia de una niña llamada Chloe que —como suelen hacer los niños— trata cruelmente a un compañero de clase. Un día, su profesora le enseña cómo ondea el agua cuando se deja caer una piedra en ella.

Entonces, la profesora le explica que lo mismo ocurre con la bondad. «Cuando hacemos algo bueno por alguien, eso repercute en su vida y en el mundo, irradiando bondad a su alrededor». Ese gesto hace recapacitar a Chloe... pero ya es demasiado tarde. Las niñas con las que era cruel se han ido. Ahora, cuando tira una piedra al estanque que hay cerca de su casa, lo único que puede hacer es pensar en las oportunidades que echó a perder para mejorar la vida de alguien, para alegrarle el día.

Esto es algo que deberíamos enseñar a nuestros hijos, es más, *deberíamos demostrárselo*. Si los tratamos bien, con empatía y compasión, y los amamos de forma incondicional, no solo estamos ayudándolos a ellos, sino a cualquier persona con la que se crucen. Y podremos dormir tranquilos sabiendo que esta amabilidad, grande o pequeña, se extenderá por sus vidas mucho después de que hayan cambiado de ciudad, cuando hayan crecido y nosotros ya no estemos.

17 de mayo
Enséñales a darlo todo

El hermoso poema de Rudyard Kipling «Si...», dedicado a su hijo, trata sobre la fortaleza, la virtud, el honor y el deber. Pero hay un verso al que no se le presta tanta atención, quizá porque es un poco confuso:

> Si puedes llenar el implacable minuto,
> con sesenta segundos de diligente labor.

Kipling habla de la importancia de darlo todo. En algunos deportes dicen: «Juega hasta que suene el silbato». En el boxeo y las artes marciales, lucha hasta que oigas la campana. En el atletismo, hasta que cruces la línea de meta. Se trata de acabar lo que has empezado. Dar el cien por cien. *Jugar de la forma correcta.*

Es una lección importante para nuestros hijos. No nos detenemos hasta pasar la línea de meta. Lo damos todo por algo. Nos concentramos en una sola tarea hasta que la hemos acabado o se ha agotado el tiempo. Llenamos ese minuto implacable.

Es la mejor forma de jugar... y de vivir.

18 de mayo
Enséñales a hacer lo correcto

Haz solo lo correcto. Lo demás no importa.

Marco Aurelio

En la hermosa y desternillante novela *Un hombre llamado Ove*, el joven protagonista trabaja en la misma estación de trenes que su padre. Cuando está limpiando un vagón con Tom, su compañero de trabajo, se encuentran un maletín que un pasajero ha olvidado. De forma instintiva, Tom se hace con él. En cambio, unos segundos después, Ove encuentra y recoge una cartera que otro pasajero había olvidado.

Entonces, aparece el padre de Ove y le pregunta a su hijo qué pretende hacer con la cartera. Ove sugiere que la devuelvan a objetos perdidos, donde rápidamente la reclama la mujer que lo perdió.

«No hay muchas personas que hubiesen devuelto tanto dinero», dice la mujer. «Bueno», responde el padre de Ove, no hay muchas personas decentes». Horas después, esa misma noche, Ove le pregunta a su padre por qué no delató a Tom. Su padre niega con la cabeza y responde: «No somos de los que van contando qué hacen los demás».

En ambos casos, el padre de Ove muestra a su hijo qué es la decencia. *La decencia tiene que ver con tus acciones*. No es una norma que debas imponer a los demás. La decencia es lo que haces con el dinero que te encuentras. Es cómo educas a tus hijos. No es algo que te debas demostrar a los demás; no es algo de lo que tengas que estar orgulloso. Es algo que asumes y aplicas.

19 de mayo
Enséñales a ser más grandes

Jim Lawson tenía diez años, estaba paseando por la calle cuando, al pasar junto a un coche, un niño pequeño le soltó un insulto racista. Alterado por el odio y la mezquindad, Lawson metió la mano por la ventanilla y abofeteó al niño.

Cuando su madre se enteró de lo sucedido, se quedó muy preocupada. Por aquel entonces, el Sur era segregacionista y las acciones de un joven negro podían desembocar en algo trágico. Pero más que por eso estaba preocupada porque no quería que el odio de su entorno cambiara la forma de ser de su hijo.

«¿De qué ha servido eso, Jimmy?», le preguntó su madre. «Todos te queremos. Dios también te quiere. Todos creemos en ti y en lo bueno e inteligente que eres. Tenemos una buena vida y tú vas a tener una buena vida. Con todo el amor que tienes, ¿qué daño te puede hacer ese estúpido insulto? No supone nada, Jimmy, es una palabra hueca. Solo es una estúpida palabra de un niño ignorante que no nos importa lo más mínimo».

Esa conversación cambió su vida. Puso a Jim Lawson en el camino de la no violencia que más tarde cambió el mundo: organizó las primeras sentadas en las barras de restaurantes de Nashville en la década de los sesenta. Aquel consejo que lo ayudó a darse cuenta de que estaba por encima de lo que decían y hacían los demás; que *lo que importaba eran sus palabras y sus actos*. Lo importante era ser amable y amar al prójimo. Lo importante era saber que era bueno y que le querían, y que nada de lo que pensaran los demás podría cambiarlo.

Los padres de Lawson le enseñaron que él era más grande que la gente de mente cerrada que vivía a su alrededor. Que podía ser más grande y llegar mucho más lejos. Ahora, aquí, ¿puedes hacer lo mismo por tus hijos?

20 de mayo
No des por hecho que todo irá bien

En las *Meditaciones*, Marco Aurelio se toma un momento para recordarse a sí mismo «la malicia, la codicia y la hipocresía que produce el poder», y la «peculiar crueldad que a menudo muestran las personas de *buena familia*».

Aunque hayas gozado de una buena educación, hayas tratado bien a tu familia y no seas un monstruo, no existe la certeza de que vas a transmitir esos nobles valores a tus hijos. La vida está llena de tentaciones. Es muy sencillo caer en algún vicio o tener malas influencias. Fíjate en el hijo de Marco Aurelio. Marco y su esposa eran tranquilos y sabios… y, aun así, algo malo ocurrió con su hijo y heredero, Cómodo, que era un desequilibrado y se convirtió en un horror para el Imperio —tal y como refleja la película *Gladiator*.

La cuestión es: aunque tengas éxito, dinero para enviar a tus hijos a las mejores escuelas o hayas ejercido como un buen padre, eso no significa que tu hijo vaya a ser una buena persona. Este es un trabajo duro al que nos hemos comprometido de por vida. Hay mucho en juego. El margen de error es escaso. Los niños no se *convierten* en buenas personas porque sí. Se crían así: con la influencia, las enseñanzas y el ejemplo de sus antepasados y con la presencia constante de sus padres.

Tienes que proporcionarles todo esto. No puedes dejarlo en manos de los otros o dar por hecho que todo se arreglará. Tus hijos te necesitan.

21 de mayo
¿Y qué has hecho tú?

En los años veinte, mucho antes de tener hijos, ser poeta y objetor de conciencia, William Stafford era un niño que vivía en una época en la que el acoso, el racismo y todo tipo de crueldades se ejecutaban a la vista de todos.

Un día, el joven William llegó a casa y explicó a sus padres que en la escuela habían insultado a dos jóvenes negros. Entonces, sus padres le preguntaron: «¿Y qué has hecho tú, Billy?».

Fíjate en que los padres de Stafford no se lavaron las manos porque lo que estaba ocurriendo *no tenía nada que ver con su hijo*. Tampoco se fueron directos a llamar por teléfono a los profesores. Ni gritaron. Ni hicieron conjeturas. Simplemente, aprovecharon el incidente para hacer hincapié en una enseñanza fundamental: somos responsables los unos de los otros. No podemos quedarnos al margen mientras ocurren cosas malas delante de nosotros.

Podemos imaginarnos que sus padres esperaban oír una respuesta que revelara que su hijo había asimilado las lecciones que habían tratado de enseñarle durante toda su vida. Su pregunta era una prueba para saber si había entendido que la virtud, el deber, la bondad y la decencia humana se deben practicar para ser mejores personas. Y todos podemos imaginar cómo se sintieron cuando escucharon su respuesta:

«Los defendí y me quedé a su lado».

22 de mayo
Enséñales estos tres principios

La vida es agotadora, especialmente cuando eres pequeño. De niños nos encontramos constantemente en situaciones para las que no tenemos experiencia, para las que no estamos preparados, para las que no parece haber una respuesta clara. Algunas son situaciones importantes, como sufrir acoso o romperse un brazo. Otras no tanto, como estar nervioso por ir a tu primera fiesta de pijamas o tener envidia de tu amigo porque tiene algo que tú habías pedido. Unas veces te sientes en el paraíso; otras, en el infierno.

¿Cómo se supone que deben reaccionar los niños? Pues tu trabajo es enseñárselo. Porque por más dispar, desconcertante y único que pueda ser cada momento de la vida, existen unos principios universales que pueden guiarnos en cualquier situación.

Puedes enseñarles que, en cualquier situación, tienen estas opciones:

- Trabajar duro.
- Ser honestos.
- Ayudar a los demás.

Con ello, no siempre lograrán salirse con la suya, por supuesto, pero habrán hecho algo de lo que podrán sentirse orgullosos. Siempre les resultará útil. Tanto si se trata de un revés repentino como si se sienten culpables por alguno de sus actos, la vida nos exige —es decir, lo que nosotros, como padres, esperamos de ellos— es trabajo, honestidad y colaboración.

23 de mayo
Es mejor ser amable que ser inteligente

Hay una historia que cuentan sobre Jeff Bezos, el fundador de Amazon. Cuando era un niño, iba en coche con sus abuelos, ambos fumadores. Entonces, Bezos escuchó en la radio un anuncio antitabaco en el que se explicaba cuantos minutos de vida le quitaba a una persona fumar un cigarrillo. Así que, sentado en el asiento de atrás, como cualquier niño prodigio ansioso por demostrar sus habilidades matemáticas le dijo a su abuela: «¡Has perdido nueve años de tu vida, abuela!».

La respuesta más común para este tipo de atrevidas ocurrencias es dar una palmadita en la cabeza del niño y alabar su inteligencia. Pero la abuela de Bezos hizo otra cosa: rompió a llorar. Más tarde, el abuelo habló en privado con su nieto y le enseñó una lección que, según Bezos, ha recordado durante el resto de su vida. «Jeff», le dijo, «algún día entenderás que es más difícil ser amable que inteligente».

Es muy fácil llamar la atención mostrando tu inteligencia. En cambio, para ser una buena persona se requiere bastante esfuerzo y paciencia para recoger los frutos. El pararse a pensar qué palabras utilizar y cómo afectarán a los demás exige un esfuerzo adicional. Pero una persona triunfadora, una persona realmente buena, es el fruto de unos padres que han trabajado para enseñarles esta habilidad. De unos padres que no solo recompensaron su inteligencia, sus notas o sus ocurrencias, sino también sus actos de bondad. Porque, si la inteligencia no se equilibra con la empatía y la bondad, puede convertirse en una habilidad perversa y muy solitaria.

24 de mayo
Recuerda esto sobre la mayoría de la gente

> Estoy plenamente convencido de que ningún hombre inteligente cree que alguien falte adrede o haga expresamente cosas feas y malas.
>
> Sócrates

Hay mucha gente egoísta ahí fuera. Gente cruel. Estúpida. Incluso malas personas. A veces, una persona encarna todos esos rasgos. Y tus hijos van a cruzarse con ellas. ¿Están preparados para ello? Quizá sería mejor cambiar la pregunta: ¿Estás preparado? ¿Estás preparado para proteger a tus hijos de este tipo de mala gente y asegurarte de que su cinismo no les afecte demasiado pronto?

Hay un gran libro infantil llamado *Most People* que nos recuerda que la mayoría de la gente es buena. La mayoría de la gente se esfuerza todo lo que puede. La mayoría de la gente te echará una mano si puede. La mayoría de la gente quiere lo mismo que tú, afirma el libro. La mayoría de la gente es feliz... e incluso la gente que no lo es —nos recuerda su autor— preferiría ser feliz si pudiera.

Seguramente, nuestra experiencia vital nos haga dudar de la veracidad de esta afirmación. En cualquier caso, no podemos transmitir el pesimismo de nuestras experiencias y frustraciones. Esta es una difícil disyuntiva que hemos de resolver como padres. Tenemos que preparar a nuestros hijos para un mundo donde no todo son sonrisas, pero también tenemos que mostrarles que la maldad es residual. De hecho, es claramente minoritaria.

Queremos que nuestros hijos arrojen luz en el mundo, que mantengan su resplandor vital. Queremos que lo busquen en otras personas. Y queremos que sean como la mayoría de la gente: buenos, amables, felices y serviciales.

Somos nosotros quienes trazaremos ese camino.

25 de mayo
¿Les estás enseñando valores?

> Cualquier sistema educativo que no inculque valores morales simplemente proporciona el marco intelectual para que los hombres y las mujeres puedan satisfacer mejor su orgullo, su codicia y su lujuria.
>
> Hyman Rickover

Es cierto. Queremos que vayan a las mejores escuelas, que aprendan tanto como sea posible. Por eso controlamos sus notas. Por eso nos preocupamos por los cambios en los planes de estudio y por ahorrar el dinero necesario para que vayan a la universidad.

¿Pero estamos realmente pendientes de su comportamiento? No solo debemos asegurarnos de que la educación que reciben nuestros hijos les proporcione competencias laborales útiles en el mundo real. También debemos preguntarnos si a nuestros hijos se les está enseñando a ser buenas personas, en casa, en el aula y en el mundo.

Muchos niños van a colegios privados o llegan a la Ivy League. Sin embargo, acaban siendo políticos corruptos o empresarios sin escrúpulos que arruinan industrias. Muchos niños aprenden a triunfar, pero no disponen de las habilidades y la honestidad necesarias para gestionar su éxito de forma ética y responsable.

El propósito de la educación no es que nuestros hijos sean más egoístas, más codiciosos o más convencidos de sus ideas o de su la superioridad. En absoluto. La educación debería convertirlos en mejores ciudadanos y mejores personas; y, con suerte, algún día, en mejores padres.

26 de mayo
Epítetos para tu hijo

Uno de los fragmentos más interesantes de las *Meditaciones* de Marco Aurelio es este:

> Epítetos para el yo: Coraje. Justicia. Templanza. Sabiduría. Intenta no cambiar por los otros.

Básicamente, estos eran los principios —expresados con el menor número de sílabas posible— que regían la vida de Marco Aurelio. ¿Qué pasaría si, como padre, te sentaras —idealmente con tu pareja— para averiguar qué significan estas palabras para cada uno de tus hijos? Es decir, ¿qué tipo de niño quieres educar? ¿Cuáles son los principios que como padre intentas inculcarles para que tomen sus propias decisiones?

Estas son obvias: *Bondad. Lealtad. Honestidad. Ética.*

Y aquí tienes otras para ayudarles a triunfar en el mundo: *Creatividad. Curiosidad. Bilingüismo. Esfuerzo.*

Tal vez para algunos padres es importante que sus hijos sean deportistas. Para otros, que lean. Para otros, que sus hijos se dediquen a ayudar a los demás. Puedes elegir entre muchas opciones y, afortunadamente, la mayoría de las respuestas que se te ocurran serán correctas. Lo importante no es qué epítetos elijas, sino el hecho de que los hayas elegido.

Porque, si no sabes hacia dónde apuntas, ¿cómo esperas dar en el blanco? ¿Cómo sabrás que no les estás enseñando a cambiar un principio por otro? La verdad es que no puedes saberlo. Así que escríbelos.

27 de mayo
Lo más importante que debemos enseñarles

El divertido libro de filosofía moral de Michael Schur, *Cómo ser perfecto*, termina con una reflexión sobre cuál es uno de los trabajos más difíciles incluso para los más sabios y mejores padres: cómo transmitirles las lecciones más importantes de la vida. Este pasaje capta perfectamente cuáles son esas lecciones:

> Sois habitantes del planeta Tierra. No estáis solos aquí. Y eso significa que tenéis ciertas obligaciones con los demás habitantes de la Tierra. Y, más o menos, consisten en vivir según unas normas que los demás no rechazarían por injustas (suponiendo que sean personas decentes y razonables...).

Además, tiene un estupendo ejercicio para que tus hijos lo recuerden: A medida que avances por la vida y estés pensando en hacer algo, pregúntale a tu hermano o a tu hermana si le parece una buena idea. Luego, sigue adelante y pregúntale a un amigo su opinión. Pregúntaselo a un profesor o a un chico que no te caiga bien pero que consideres inteligente. Si explicas el imperativo categórico de Kant a un niño de cinco años, pregúntale: «¿Estaría bien que todo el mundo hiciera esto? ¿Cómo sería el mundo si todas las personas pudieran hacer lo que voy a hacer yo?».

La mejor manera de criar seres humanos decentes y amables es enseñarles las consecuencias de sus actos y cuáles son sus obligaciones con los demás. No hace falta ser filósofo para lograrlo... basta con ser una persona buena y decente.

28 de mayo
Normalmente, no es una casualidad

Florence Nightingale fue una mujer increíble. Revolucionó el mundo de la enfermería. Salvó miles de vidas. Fue una sorpresa para la aristocracia victoriana, porque se suponía que las mujeres acomodadas no debían trabajar, y mucho menos en algo tan mundano como un hospital.

Sin embargo, cualquiera que eche un pequeño vistazo al árbol genealógico de Florence no debería sorprenderse. No era una flor en medio del desierto. Su bisabuelo había sido un filántropo que apoyó la Revolución Americana, donando a la causa gran parte de sus propiedades en Savannah. Su hijo —el abuelo de Florence— fue miembro de la Cámara de los Comunes británica y uno de los principales abolicionistas del Reino Unido. El hecho de que su hija, Fanny —la madre de Florence—, no se preocupara por los menos afortunados era una excepción; no, la regla en su familia.

No fue casualidad que Florence Nightingale se inclinara por la caridad y el altruismo. Lo aprendió de la forma en que se construyen todas las grandes tradiciones: a partir de las decisiones que había tomado su familia. Se inspiró en sus antepasados.

No podemos elegir nuestro árbol genealógico; pero, como padres, podemos elegir *qué* antepasado nuestro puede mostrarnos el camino. Como Florence Nightingale, podemos elegir en qué miembros de la familia buscar inspiración. Como padres, podemos elegir de qué ramas de la familia hablamos con nuestros hijos, qué historias queremos subrayar y qué lecciones queremos que aprendan.

Criar a niños geniales, desinteresados y valientes no es fruto del azar. No son *sui generis* ni *ex nihilo*. Son el fruto de una tradición, de *nuestra tradición*.

29 de mayo
Piensa siempre cómo están los demás

Quizás conoces el pasaje de la Biblia donde Moisés, con la ayuda de Dios, separa las aguas del mar Rojo. Fue un milagro de proporciones épicas que permitió a los israelitas escapar del ejército egipcio que los perseguía. Sin embargo, lo que ocurrió después no es tan conocido: cuando las aguas del mar Rojo volvieron a su cauce, se llevaron por delante a los egipcios. Las aguas se cernieron sobre ellos y perecieron miles de soldados.

Naturalmente, los israelitas estallaron de júbilo y lo celebraron. Pero, cuando los ángeles se reunieron con ellos, Dios los reprendió: «¿Cómo os atrevéis a hacer cantos de alegría cuando mis criaturas se están muriendo?».

El hecho de que estos acontecimientos sucedieran de verdad no es lo importante, pues la lección sigue siendo la misma. En medio de la victoria y el éxito, es fácil pensar en lo maravilloso que es para ti. También es fácil olvidar a quién has derrotado y lo que tu victoria les ha costado. Y no es difícil que hayan perdido más de lo que tú has ganado.

En esta vida, debemos procurar ser buenos deportistas, ser lo bastante empáticos y solidarios como para darnos cuenta de que las cosas no siempre son tan maravillosas para los demás como lo son para nosotros. «No te regocijes cuando caiga tu enemigo, y no se alegre tu corazón cuando tropiece», dice la Biblia en Proverbios 24:17.

Debes transmitir a tus hijos este tipo de lecciones milenarias y atemporales. Puedes seguir disfrutando de lo que tienes y deberías intentar triunfar en la vida, pero no seas tan inconsciente como para pensar que los demás no sufren; no seas tan egocéntrico como para que eso no te importe. Y no críes hijos que sean indiferentes a estas dos cosas.

30 de mayo
Las deudas que tus hijos deben pagar

Nadie escribió mejor sobre conquistas y aventuras que Theodore Roosevelt. Nadie escribió más poéticamente sobre la guerra, la gloria y los imperios que Rudyard Kipling.

Sin embargo, al final, este tipo de historias les arrebataron a esos hijos que tanto querían. Roosevelt perdió a su hijo Quentin, en Francia. Y Kipling perdió a su hijo Jack en las trincheras en 1915; recibió tantos «disparos y proyectiles» que nunca pudieron identificar el cadáver. Roosevelt quedó devastado por la muerte de su hijo mayor y pronto lo siguió a la tumba. Kipling, que había escrito «Si…» para su hijo de apenas doce años, plasmó su dolor en uno de sus últimos poemas:

> ¿Tienes noticias de mi hijo Jack?
> *No con esta marea.*
> ¿Cuándo crees que regresará?
> *Ni con este viento ni con esta marea.*

Sin duda alguna, fueron dos sucesos trágicos y devastadores que ningún padre debería experimentar jamás. Pero también es indiscutible que estos dos grandes hombres no estuvieron exentos de culpa; no solo por la presión y las expectativas inalcanzables que depositaron en sus hijos, sino porque formaban parte de una generación que había alentado, celebrado y apoyado con ahínco las políticas que condujeron a esas matanzas que se cobraron la vida de sus hijos.

Esta historia tiene una moraleja para *todos* los padres. Nuestra generación, como todas las anteriores, toma decisiones en el presente cuyas consecuencias tendrán que soportar las generaciones futuras. El mundo que habitarán nuestros hijos y nietos será el fruto de nuestras decisiones… y es posible que vivas lo suficiente para que se te rompa el corazón.

31 de mayo
Una teoría sobre la vida

En la década de los treinta, un joven Walker Percy —que luchaba por continuar en la universidad y por estar a la altura de las expectativas de su ilustre familia— escribió una carta a su tío y padre adoptivo, Will Percy. Probablemente, esperaba recibir un sermón por sus notas, una reprimenda por defraudar a la familia o que le enviaran dinero para que contratara a un tutor personal.

Sin embargo, la carta de respuesta que recibió rompió todos sus esquemas, porque no tenía nada que ver con lo que se esperaba. Will dejó de lado el aspecto académico y le respondió:

> Mi teoría sobre la vida es que el éxito y la gloria son mucho menos importantes que la formación del carácter y llevar una buena vida intelectual.

¿Acaso no es una respuesta fantástica? ¿No es eso exactamente lo que todo niño agobiado, confuso y preocupado debería escuchar? *Quién eres importa más que lo que haces. Prefiero que seas una buena persona a que tengas éxito. El carácter es más importante que el dinero.*

Es fácil olvidarnos de esto. Todos sabemos lo competitivo que es el mundo y conocemos cuál es el potencial de nuestros hijos. No queremos que cometan los mismos errores que nosotros. Pero, en última instancia, estas cuestiones se solucionan por sí solas si los educamos bien.

Los clásicos sabían que el carácter marca el destino, y es necesario que se lo recordemos a nuestros hijos. Una buena vida, una vida bien llevada, repleta de buenas acciones, será una vida de éxito. Y también una vida más valiosa.

JUNIO

NO TE ABANDONES

(LECCIONES DE AUTOCUIDADO)

1 de junio
Aprende a pedir ayuda

> No te avergüences de necesitar ayuda. Como un soldado que asalta un fuerte, tienes una misión que cumplir. ¿Y si te han herido y necesitas que un camarada te levante? ¿Y entonces?
>
> Marco Aurelio

Si tu hijo estuviera teniendo problemas, te gustaría que te lo dijera, ¿verdad? Si no entendiese algo que le explicaron en clase, querrías que se lo pregunte al profesor. Si tu vecino necesitara algo, no te importaría que te lo pida. Si tu pareja estuviera agobiada y le hiciese falta que le eches una mano, esperarías que acudiera a ti.

Vale. Pero ¿qué hay de ti? ¿Estás bien? Y lo más importante: ¿pides ayuda cuando la necesitas?

Recuerda, tenemos que moldear el comportamiento que esperamos que nuestros hijos aprendan. Así que, si tú mismo te niegas a pedir consejo cuando estás confundido, ¿qué mensaje transmites? Si te niegas a admitir que no sabes algo y te inventas una respuesta en vez de buscarla con ellos, ¿qué les estás enseñando sobre la resolución de problemas? Si lo ven como algo vergonzoso, ¿crees que se sentirán cómodos mostrándose vulnerables ante un terapeuta o un médico, con mamá o con papá?

Pero se trata de algo más que eso. *No puedes ser un buen padre si estás sufriendo y no recibes ayuda. No puedes ser un buen padre en solitario.* Ninguno de nosotros somos lobos solitarios, invencibles u omniscientes. Para actuar de la mejor manera posible, tenemos que ser capaces de aprender, confiar en los demás, admitir errores y pedir ayuda. Muéstrales que es muy sano pedir ayuda. Sé mejor ante ellos y pide esa ayuda que sabes que necesitas.

2 de junio
La decisión más importante que tomas cada día

> La decisión más importante que tomes es estar de buen humor.
>
> VOLTAIRE

Cuando estás de mal humor, ¿sabes qué piensan tus hijos? *Piensan que tiene algo que ver con ellos.* No entienden toda la responsabilidad que estás asumiendo. No saben nada del compañero de trabajo cuya estupidez has tenido que aguantar todo el día, o del mal genio y las expectativas poco realistas de tu jefe. Tus hijos pueden sentir el estrés que esas situaciones te provocan. Son cuestiones emocionales complejas y difíciles de comprender para un niño pequeño; sobre todo, cuando los problemas son ajenos a su propia experiencia.

Nuestro estado de ánimo y nuestras decisiones, así como los ejemplos que les damos, siempre afectan a nuestros hijos: cambian su forma de ver el mundo y cómo se ven a sí mismos. Según lidiemos con esas situaciones se sentirán mejor o peor, valiosos o inútiles, seguros o vulnerables. Y, durante el proceso, estamos creándoles el patrón que intentarán seguir, para bien o para mal.

Tus hijos sufren, o se benefician, con tu estado de ánimo y tus emociones. Sé consecuente.

3 de junio
Trasciende esta amarga concepción

La madre de la novelista Susan Straight, le advirtió: «Cuando te casas, regalas el cincuenta por ciento de tu vida». Y la joven Susan le preguntó: «¿Y la otra mitad?». Su madre respondió convencida: «Cuando tienes un hijo, regalas esa otra mitad».

¡Ostras!

Sí, el matrimonio y las relaciones son difíciles. Y, en el pasado, han sido particularmente crueles y opresivas para las mujeres. Desde siempre, tener hijos ha obligado a los padres a hacer cambios. Los hijos nos privan de sueño, dinero y libertades que antes dábamos por sentadas. Pero ¿significa eso que tenemos perder todas nuestras libertades? En absoluto.

Podemos superar esta triste concepción de la familia y la crianza trabajando en nosotros mismos y en nuestras relaciones. Pidiendo ayuda. Negándonos a renunciar a nuestros sueños, aunque nos hagamos mayores. Centrándonos también en todo lo que nos *brindan* el matrimonio y los hijos, todas las experiencias que hemos adquirido y las oportunidades que hemos creado.

Renunciar a nosotros mismos es renunciar a nuestros hijos: es darles una terrible lección.

4 de junio
Protege tu bienestar

La mayor de las locuras es sacrificar la salud por cualquier otro tipo de felicidad.

ARTHUR SCHOPENHAUER

Claro que sí, nuestro trabajo es mantener a nuestros hijos. Trabajar duro. Gastar con sensatez. Ahorrar juiciosamente. Guardar algo de dinero; si no para su futuro, al menos para asegurarnos de que sus necesidades estarán cubiertas y nuestra familia estará protegida en caso de emergencia. Pero todo ese esfuerzo por nuestra salud financiera no nos llevará muy lejos si no prestamos la misma atención a nuestra salud mental.

La riqueza no es solo dinero. Charlamagne tha God, autor de bestsellers y presentador del programa de radio *The Breakfast Club*, ha contribuido a popularizar el concepto de «riqueza mental». Es decir, cordura, bienestar y felicidad. Es casi imposible ser un buen padre que *enseña* verdades si estás demasiado ocupado, si estás deprimido, si no has cultivado tus amistades y los recursos esenciales para mantener una buena salud mental.

Al igual que proteges tu patrimonio financiero, asegúrate de proteger tu patrimonio mental. No te sientas mal por gastar dinero en un terapeuta. O en un libro. O incluso por dejar pasar esa oportunidad de hacer horas extra porque estás demasiado cansado. Tu cordura, tu claridad mental y tu bienestar son aspectos esenciales. No es egoísta cuidarlos. Es, de hecho, solidario. Porque tu trabajo es ser el mejor padre que puedas ser. Y eso requiere una gran reserva de riqueza mental.

5 de junio
Cuídate

> Cuando empecé a escribir, necesitaba aprovechar el tiempo antes de que me dijeran «¡mamá!». Y eso solía ocurrir a las cinco de la mañana.
>
> Toni Morrison

Un punto que comparten demasiados padres es que siempre están aplazando el cuidado de sí mismos. *Iré al gimnasio cuando ya no estén en la fase de regresión del sueño. Comeré bien cuando ya no sean tan quisquillosos con la comida. Mi pareja y yo retomaremos nuestra relación cuando los niños ya duerman en su cama.*

Sin duda, estas ideas surgen con muy buena intención, pero los resultados no son buenos para nadie. *Tienes que cuidar de ti mismo.* ¡Ahora! ¿Crees que tus terribles hábitos alimenticios no están fomentando tu mal genio? Claro que sí. ¿Crees que haces un favor a tus hijos acortando tu esperanza de vida? ¿Crees que das una imagen apropiada de cómo se mueve una buena persona si te cuesta subir las escaleras o coger la bolsa de la compra? ¿Crees que se sienten seguros y queridos dejando que tu relación de pareja se desmorone en la mesa del comedor?

Cuídate. Por ellos. Por ti. Porque serás mejor padre si estás sano, feliz y sabio. No lo pospongas. No es algo egoísta. Es algo esencial.

6 de junio
Hay que trabajar en equipo

Es imposible llegar a todo, ¿verdad? Tenemos todas las tareas, responsabilidades y aspiraciones que siempre hemos tenido —comer, dormir, trabajar, pagar nuestros impuestos, sacar la basura, perseguir nuestros sueños, etc.—, pero ahora, aparte de todo eso, tenemos que cuidar a unas personitas pequeñas e indefensas con necesidades infinitas. ¿Cómo podemos abordarlo todo?

Úrsula Le Guin era escritora a tiempo completo. Fue prolífica y publicó veintitrés novelas, trece libros infantiles, doce volúmenes de poesía, cinco colecciones de ensayo y cuatro traducciones importantes. Además, trabajó como editora e impartió clases en la universidad.

Ah… y también fue madre de tres hijos y esposa de un profesor de historia, Charles Le Guin.

¿Cómo pudo abarcar con todo ella sola? No pudo.

«Una persona no puede hacer dos trabajos a tiempo completo —admitió Le Guin—. La escritura es un trabajo a tiempo completo, y también lo es la crianza. Pero dos personas sí pueden hacer tres trabajos a tiempo completo… Por eso soy tan partidaria de la cooperación. Puede ser la clave».

Ser padre, o madre, es una empresa titánica. Durante demasiado tiempo, muchas madres tuvieron que hacerlo a solas, se vieron obligadas a sacrificar su vida. Pero, por supuesto, nos hacemos más fuertes cuando nosotros, los padres y madres de nuestros hijos, los criamos juntos. Juntos llegamos más lejos. Es una de las únicas maneras de hacer que las matemáticas funcionen, no solo en beneficio de los hijos, sino también de sus progenitores.

7 de junio
Tómate tu tiempo

Siempre había alguien que lo necesitaba para algo: su esposa, uno de sus trece hijos, un cortesano, los urgentes asuntos de Estado. Pero durante unos minutos o una hora cada día —a veces por la mañana, a veces por la tarde— era imposible de localizar a Marco Aurelio. El filósofo estadounidense Brand Blanshard se maravillaba de lo que aquel emperador logró allí en la «penumbra de medianoche», a solas con su diario y sus pensamientos. No importaba dónde estuviera o que estaba ocurriendo: siempre encontraba tiempo para sentarse, pensar y escribir.

Y tú, ¿lo haces?, ¿te tomas ese tiempo?

James Clear, autor del maravilloso bestseller *Hábitos atómicos*, dice que desde que es padre se toma «dos horas sagradas» por la mañana para escribir. A veces más, pero nunca menos. Esas dos horas determinan si tiene un buen día o un mal día, si es productivo y progresa... o si flojea.

Unos minutos o unas horas —por la mañana, por la noche o en mitad del día— pueden convertirse en un tiempo sagrado muy importante. Tienes que rebuscar para encontrarlos. Tienes que respetar ese horario a rajatabla, como si fuera una cita médica o una reunión importante. Por supuesto, no es el único tiempo que vas a necesitar. Es el mínimo. Así que asegúrate de brindártelo.

Te maravillarás de lo que puedes lograr en esos pocos minutos sagrados que has reservado.

8 de junio
Así eres más feliz

Antes de su trágica muerte, Anthony Bourdain concedió una entrevista en la que explicaba que «nunca fue más feliz que cuando estaba en el patio trasero siendo un papá de película». Antes de la paternidad, su vida había sido muy exótica. Viajaba mucho, tenía fama y dinero, y, por supuesto, disfrutaba de comidas fabulosas. Pero su vida también estuvo marcada por las adicciones, la depresión y algunas pérdidas. Sin embargo, como solía decir, su vida se volvía muy normal cuando pasaba el tiempo con su familia en el patio trasero cocinando hamburguesas. «Cuando hago eso», dijo en esa entrevista, «me siento absurdamente feliz».

Poco tiempo después, Bourdain abandonó ese idílico patio trasero para empezar un nuevo proyecto. Por desgracia, la depresión y las adicciones también viajaron con él y, finalmente, lo separaron de lo que más amaba: su familia. La historia de Bourdain es un recordatorio para todos nosotros. Primero, nos invita a disfrutar del presente. Segundo, nos recuerda lo poco que necesitamos para ser felices y lo fantásticos que pueden ser los momentos de la vida cotidiana. Y, tercero, nos ayuda a comprender lo rápido que podemos perderlo todo.

Si estás luchando contra alguna adicción, si estás en el agujero oscuro de la depresión, por favor, has de saber que, por difícil que se presente dicha batalla, las alegrías, la ternura y la compasión que encontrarás en la victoria con tus seres queridos vendrán con la misma facilidad y te traerán esa «absurda» felicidad.

9 de junio
Tus hijos necesitan unas normas (y tú también)

> Si una persona se esfuerza, aunque sea un poco, en seguir el ritual y las normas de la rectitud, obtendrá el doble en recompensa.
>
> Xunzi

Si hablas con un experto en sueño sobre cómo enseñar a dormir a tu bebé, te dirá que los niños necesitan unas normas y una rutina. Si hablas con un experto en educación sobre cómo ayudar a tu hijo en la escuela, te dirá: normas y rutina. Si hablas con un experto en comportamiento para ayudar a tu hijo con su comportamiento, te dirá: normas y rutina. Y, si hablas con un entrenador de perros, te dirá lo mismo sobre tu mascota: normas y rutina —y ejercicio—.

Sea cual sea el problema, unas normas y una rutina son la solución. Lo cual tiene sentido. El mundo da miedo. Para tus hijos, casi todo es nuevo y sobrecogedor. Pero, si les brindas unas normas y una rutina, pueden relajarse porque tienen menos de qué preocuparse. Y, en lugar de eso, pueden explorar. Pueden sentirse cómodos y aceptar las cosas como vienen. Pueden sentirse seguros.

Pero ¿y qué hay de ti? ¿Qué hay de mamá y papá? ¿Mantienes unas normas y una rutina? ¿Los acuestas a la misma hora todas las noches, pero improvisas después de eso? Sí, planeas sus cenas con antelación, pero ¿y tus comidas? Los dejas jugar tranquilos por la tarde y tener tiempo libre los fines de semana, pero ¿tienes tiempo para ti? Las normas y la rutina son esenciales tengas la edad que tengas. Son importantes tanto para los niños como para los padres.

Y ¿sabes qué?. Cuando tú mantienes una rutina, es más fácil que la mantengan tus hijos.

10 de junio
Tú puedes cambiar

Ted Williams fue un gran jugador de béisbol, pero durante mucho tiempo fue una persona realmente egoísta y desorganizada. Tuvo una infancia horrible, abusiva, y luchó por encontrar la capacidad de amar o preocuparse por alguien.

La historia de Williams es esperanzadora, incluso para los huesos más duros de roer. Porque, con el tiempo, Ted Williams comenzó a cambiar. Como dijo un amigo suyo:

> Fue increíble ver cómo se enamoraba de sus hijos… Sucumbir a la influencia de los niños estaba fuera de sus parámetros. Pero el amor se apoderó de él, y se volvió vulnerable. Una vulnerabilidad que nunca había sentido.

Esa ternura empezó a manifestarse en pequeños gestos, en los lugares más extraños y, sin embargo, más personales. Por ejemplo, en las columnas del diario de pesca de Williams, donde, por primera vez, comenzó a escribir sobre los niños, a los que había ignorado durante mucho tiempo. O en el póster firmado que, tras su muerte, su hija encontró bajo una pila de recuerdos: «A mi preciosa hija. Te quiero. Papá».

Ahora tú tienes ese tipo de vulnerabilidad. Con suerte, esas mismas fuerzas poderosas también te están conquistando, y menoscaban ese duro exoesqueleto que desarrollaste para protegerte del mundo. Puedes dejar que la paternidad te cambie. Puedes dejar que te haga mejor. Puedes incluso empezar —no importa lo lejos que estés del camino, como lo estuvo Williams— a enmendar los errores que cometiste al principio de tu paternidad. Nunca es demasiado tarde.

11 de junio
No te olvides de jugar un rato

Douglas MacArthur era un hombre de rutinas, como la mayoría de los militares. Así que no debería sorprendernos que cuando nació su hijo, Arthur, levantara una vida familiar basada en unas rutinas. Pero, a diferencia de muchos padres que hacen de la rutina una forma de control, la rutina matutina de MacArthur se basaba en la alegría. Como detalla William Manchester en su libro *El César americano*, era una especie de juego divertido:

> Hacia las siete y media de la mañana, la puerta de la habitación del general se abría y el niño entraba a trompicones con su juguete favorito en la mano. MacArthur saltaba de la cama y se ponía en posición de firmes. Entonces, marchaba por la habitación a paso largo mientras su hijo contaba la cadencia. ¡Bum! ¡Bum! ¡Bum*!* Después de haber pasado por la cama varias veces, el niño se tapaba los ojos con las manos mientras MacArthur sacaba el regalo del día: un caramelo, un lápiz de colores o un libro para colorear. Ese ritual terminaba en el baño, donde MacArthur se afeitaba mientras Arthur lo miraba y ambos cantaban a dúo».

Nadie es demasiado importante ni está demasiado ocupado como para no jugar un buen rato en casa. Nadie tiene una excusa para impedir que su hijo asalte de improviso en su la cama. Ningún padre debería dudar de cantar a pleno pulmón mientras se afeita. Esos son los mejores momentos. Si son pocos, hay algo que estás haciendo mal.

Deben ser frecuentes, deben ser rutinarios.

12 de junio
Todos somos complicados

Todos queremos ser perfectos para nuestros hijos, en gran medida porque sentimos que, durante los primeros años de sus vidas, no podemos meter la pata. Pero como también sabemos que no somos perfectos, es inevitable que nos sintamos culpables o insuficientes cuando los defraudamos. Aunque ni ellos sean conscientes. Ese sentimiento de ineptitud puede ser tan fuerte que nos lleve a ocultar nuestros errores o a mentir; o, peor aún, a actuar como hipócritas.

Podrías pensar que, para el comediante Pete Davidson, que perdió a su padre en el 11 de Septiembre, fue devastador darse cuenta de que su padre estaba lejos de ser perfecto. El matrimonio de sus padres no había sido maravilloso —razón por la que se habían divorciado poco antes de aquel trágico día—. Su padre había consumido drogas y se había metido en problemas en más de una ocasión. A medida que Pete crecía y descubría más cosas sobre su heroico padre, que murió salvando a otras personas en el derrumbe de las Torres Gemelas, no se sintió decepcionado, sino reconfortado.

Estos defectos y debilidades humanizaron a su padre, algo que no habían conseguido sus amigos y familiares contándole historias sobre él —Pete tenía entonces siete años—. «Me hizo entender que él tenía sus propios problemas», explica Pete a Judd Apatow en *Sicker in the Head*. «Tenía problemas como todo el mundo. Pero también entendí que, a pesar de todo, su moral se mantenía intacta, y sus defectos no le impidieron ser un héroe».

Nadie es perfecto, y mucho menos tú. Todos somos complicados. Todos somos proyectos en construcción —sí, reitero, *en construcción*—. No tienes por qué ocultarlo. No te sientas culpable por ello. Nada de eso te impedirá ser fantástico en tu trabajo más importante... ni ser un héroe si la situación lo requiere.

13 de junio
Que esta no sea tu herencia

Todos tenemos problemas, de eso no cabe duda. Pero nuestro objetivo como padres es no transmitirlos. Detener el ciclo de la disfunción. No dejar que los demonios con los que luchamos encuentren blancos más frágiles en nuestros hijos.

Pero, sobre todo, no podemos dejar que nuestros demonios traigan nuevos invitados a la fiesta. Debemos evitar infligir más daño y crear más problemas. Este poema de Philip Larkin expresa perfectamente esta cuestión:

Te joden, tu madre y tu padre.
    Puede que no sea su intención, pero lo hacen.

Peor aún, dice, es que no solo nos regalan sus propios defectos, sino algunos más.

Los budistas hablan del *samsara*, la forma en que el sufrimiento se transfiere de generación en generación. ¿Por qué ocurre esto? ¿Por qué el sufrimiento rara vez se desprende completamente de una generación, dejando a la siguiente libre para crecer sin barreras? Es porque no hacemos bien nuestro trabajo. Porque, a veces, ni siquiera somos conscientes de nuestro propio sufrimiento. Y, cuando lo somos, no hacemos lo que hay que hacer al respecto, porque solemos decirnos que no podemos hacer nada.

Es cierto, vamos a meter la pata. Es inevitable. Somos seres imperfectos, y es imposible que criemos a unos hijos perfectos. Aun así, eso no significa que estemos indefensos ante los demonios que llaman a nuestra puerta. Podemos trabajar nuestro interior. Podemos ir a terapia para que ellos no tengan que hacerlo. Podemos intentar mantenernos sanos para que ellos crezcan pensando que eso es lo normal. Podemos intentar superar nuestra propia rabia, la frustración y el dolor para que, al menos, ellos no hereden nuestros lastres.

14 de junio
Mantén la cabeza alta y no te rindas

> Y ahora que no necesitas ser perfecto, ya puedes ser bueno.
>
> JOHN STEINBECK

Nadie tiene un currículum impecable. Desde luego, ningún padre lo tiene. Todos hemos metido la pata. Todos nos hemos quedado cortos. Hemos cometido errores y, de vez en cuando, perdemos los nervios y la paciencia. Todos nos hemos arrepentido de haber gestionado algunas situaciones de un modo inadecuado.

¿Existe alguna sensación peor? ¿Saber que has cometido un error? ¿Que puedes haberles hecho daño?

Shane Parrish, creador del popular blog *Farnam Street*, compartió lo siguiente:

> Recuerdo que una noche llamé a mi difunta madre, agotado y totalmente abrumado. Había perdido la calma con los niños. Y ella en aquel momento me dio un consejo que se me quedó grabado: «Si no aprendes a olvidar tus errores hoy, se te acumularán mañana. Duerme un poco y, mañana, vuelve a empezar». Aún me acuerdo de eso cuando me siento mal padre. Mañana tengo que levantarme y volver a empezar.

No puedes volver atrás y deshacer el pasado. No puedes borrar de su memoria esa vez que perdiste la calma o esa vez que no elegiste bien las palabras, pero sí puedes hacer que se convierta en un recuerdo entre otros muchos mejores y más positivos. Sí que puedes mostrarles que ese momento no representa todo lo que tú eres. Puedes esforzarte por mejorar.

Mantén la cabeza alta. Da un paso adelante. Y vuelve a intentarlo mañana.

15 de junio
Este es el secreto

Cuando observamos a personas de éxito que tienen hijos, es fácil que admiremos todo lo que han logrado. ¿Cómo lo hacen? ¿Cómo logran llegar a todo?

Por suerte hay una respuesta y definitivamente no es mágica: tienen ayuda. Tienen niñeras, tutores y encargados de la casa. Tienen jefes de personal, asistentes, entrenadores personales. Así es como consiguen llegar a todo. Si pudieras permitírtelo, serías tan eficiente y te comportarías de forma tan despreocupada como ellos.

Ahora bien, no pretendo que sientas envidia o mostrarte las desigualdades de nuestra sociedad. De hecho, intento todo lo contrario: quiero animarte a que sigas sus pasos. Por supuesto, contratar a un asistente a tiempo completo va más allá de las posibilidades de la mayoría de nosotros, pero seguro que algunas de las cosas que haces no tienes *necesariamente* que hacerlas tú. Es decir, podrías pagar a alguien para que las hiciera por ti y, sin embargo, sigues haciéndolas… ¿Por qué? ¿Por qué tu padre cambiaba él mismo el aceite de su coche? ¿Por qué la comida de tu madre era siempre casera? ¿Por qué te sientes culpable cuando delegas cualquier tarea?

Vamos. Olvida los roles de género. Olvida «cómo eran las cosas antes». Porque la forma en que las cosas solían hacerse implicaba casi invariablemente que los padres y las madres pasaran *mucho menos tiempo con sus hijos que ahora.*

Tómate un minuto y calcula cuánto vale una hora de tu tiempo. Piensa en todo el tiempo que podrías disfrutar de tus hijos si tuvieras menos tareas que hacer. No es necesario que contrates a una cuadrilla de asistentes, pero tampoco tienes que *hacerlo todo tú.*

Busca ayuda.

16 de junio
Haz lo que predicas

Un día cualquiera, el padre de Jimmy Carter llamó a su hijo para hablar con él. «Jimmy», dijo (nunca lo llamaba así), «necesito hablar contigo sobre un asunto importante». «De acuerdo, papá», respondió Jimmy. «Quiero que me prometas algo», prosiguió su padre. No quiero que fumes un cigarrillo hasta que no tengas veintiún años».

Eran los finales de la década de los treinta, una época donde cerca del cuarenta por ciento de la población fumaba y los anuncios de cigarrillos todavía podían dirigirse a los niños. El padre de Carter también era un fumador empedernido. «De acuerdo», prometió Jimmy. Entonces, su padre mejoró el trato. «Si cumples con tu palabra, te regalaré un reloj de oro».

A los veintiún años, cuando estaba en la Academia Naval, el joven Jimmy Carter finalmente probó el tabaco. Pero entonces ya era demasiado tarde. Había dejado pasar muchas ocasiones y lo detestaba. Nunca más fumó otro cigarrillo. Desgraciadamente, su madre y tres de sus hermanos siguieron los pasos de su padre. Todos murieron de cáncer de páncreas. En la actualidad, Carter sigue con vida y tiene noventa y ocho años.

Cuando se trata de temas importantes con consecuencias para toda la vida, debes lograr que te den su palabra, como hizo el padre de Carter. Pero también hay que aprender de su fracaso y predicar con el ejemplo. El coste de no hacerlo podría ser todo lo que tienes.

17 de junio
Encuentra a tu gente

> La clave es estar en compañía solo de personas que te eleven, cuya presencia te exija lo mejor.
>
> Epicteto

Michael Chabon, como todos los padres, estaba preocupado por su hijo: andaba solitario y no le interesaban las mismas cosas que a los demás niños. Pero, un día, acabaron en un evento de moda relacionado con el trabajo de Chabon, y su hijo estaba fascinado.

Allí habían asistido personas muy creativas, que en absoluto se parecían a los padres de sus amigos o de los niños de la escuela. El entusiasmo contagioso que lo invadió fue correspondido amablemente por los demás asistentes. Y, después del evento, Chabon miró a su hijo, que de repente parecía poseer una confianza y un propósito inauditos. «Esta es tu gente», le dijo Chabon. «Los has encontrado». Su hijo asintió. Con orgullo y comprensión a la vez, lo único que pudo añadir fue: «Eres afortunado. Los has encontrado muy pronto».

Tenemos que ayudar a nuestros hijos a que encuentren a «su gente», pero sería muy beneficioso que nosotros hiciéramos lo mismo. Hay un proverbio que dice: «Si moras con un cojo, aprenderás a cojear». Nos volvemos como las personas con las que pasamos más tiempo. ¿Quieres ser igual que las personas con las que fuiste a la escuela o conociste en el trabajo? ¡No te conformes!

Encuentra a tu gente. Busca su apoyo. Permite que te hagan mejor persona.

18 de junio
Esto es lo único que importa

Durante mucho tiempo, Flea, uno de los grandes músicos de todos los tiempos, fue adicto al alcohol y a las drogas. Pero, a diferencia de sus compañeros de banda, los Red Hot Chili Peppers, nunca perdió el control. Las drogas nunca arruinaron su vida ni lo convirtieron en un zombi. Sabía que no era sano, pero se decía a sí mismo que controlaba el vicio con éxito: nunca se drogaba cerca de sus hijos ni desaprovechaba oportunidades. Entonces, ¿por qué dejó las drogas y el alcohol?

Lo explicó en una entrevista con el cómico y locutor Marc Maron:

> Recuerdo que tuve esa charla alguna vez... sobre ser padre. Entonces, mi hija tenía unos cuatro años o algo así. Yo me drogaba cuando ella no estaba conmigo, y solía decir: «Nunca me drogo cuando estoy cerca de ella». Pero entonces alguien me dijo: «Pero si lo único que importa como padre es estar con tus hijos. Y cuando no estás con ellos tienes que comunicarte bien. Siempre tienes que estar disponible para ellos. Como si tu espíritu estuviera siempre a su disposición». Esas palabras me afectaron. Y amo tanto a mis hijos que pensé: «Eso es todo, tengo estar disponible ahí».

Estar ahí, estar *presente* es el secreto de la crianza. ¿Y qué son las drogas, las adicciones o los problemas que no afrontamos si no *excusas para no estar ahí*? Por eso tenemos que estar sobrios y enfrentarnos a nuestros demonios, porque, aunque no parezca que se manifiestan activamente en casa, lo hacen. Nos están alejando de nuestros hijos. No nos permiten estar ahí cuando ellos nos necesiten —y *nos* necesitarán—.

Este tipo de desconexiones voluntarias son inaceptables.

19 de junio
Busca la calma

> Todas las cosas profundas y sus consiguientes emociones van precedidas y acompañadas por el silencio. El silencio es la consagración general del universo.
>
> Herman Melville

Esta decisión que hemos tomado lo ha trastocado todo. Es como si nos hubiera golpeado un vendaval. La casa es un desastre. El horario es agotador. Nunca duermes lo suficiente, nunca tienes suficiente tiempo.

En la fresca y tranquila noche se escucha el grito de un hombre que ha pisado una pila de LEGO... y ese grito sale de tu boca. Sin embargo, para ser buenos en nuestro trabajo, para ser buenos como padres, debemos buscar la calma. Porque necesitamos tiempo para reflexionar, para centrarnos, para encontrar la calma que nos devuelva la energía.

¿Dónde la encontraremos? No será durante esas míseras dos semanas de vacaciones ni cortando por lo sano y huyendo. No, debemos encontrar la calma *dentro* del caos. Pensarás que esos momentos de tranquilidad no puedan coexistir con los bebés llorando o los adolescentes discutiendo, pero te equivocas. Sí que es posible.

Solo tenemos que buscar en nuestro interior. Podemos encontrar la calma si aprovechamos las primeras horas de la mañana, antes de que la casa se despierte, o esos preciosos minutos después de que los niños se hayan acostado. Pero tenemos que aprovecharlos al máximo. No podemos malgastarlos mirando nuestros teléfonos o Netflix. Debemos reservar tiempo para escribir un diario. Debemos disfrutar de ese bonito, pero absurdamente lento, paseo del colegio al coche o del coche a casa. Absorbe la calma. Guarda esos momentos en tu alma, para poder disfrutarlos siempre.

Encuentra la calma. Muchas cosas dependen de ella.

20 de junio
Descubre al niño que hay en ti

La oscuridad de la Segunda Guerra Mundial se cernía sobre él. Era un anciano con un millón de responsabilidades. Tenía poder y éxito. Lo había visto todo. Pero en 1944, cuando Winston Churchill se encontró con un joven soldado montando un tren de juguete para su nieto en el número 10 de Downing Street se quedó de piedra.

Como describe Erik Larson en su fascinante libro *The Splendid and the Vile*, el soldado se detuvo para saludar al primer ministro. Churchill le hizo un ademán con la mano y se limitó a mirar. Cuando el soldado terminó de montar el tren, Churchill le pidió que comprobara si funcionaba, y juntos observaron cómo el tren recorría la vía. «Veo que tiene dos locomotoras», dijo. «Ponga también la otra en la vía». El soldado hizo lo que se le ordenaba, y entonces Churchill —líder del Imperio británico, el hombre que se había enfrentado a Hitler y había sacado a su país de la ruina— se arrodilló y con una sonrisa le dijo: «¡Ahora, vamos a estrellarlos!».

Algo maravilloso de tener hijos —y nietos— es que nos permiten recuperar esa parte infantil que nunca desaparece del todo. Nos dan una excusa para tumbarnos en el suelo y hacer chocar dos trenes. Para construir algo original con LEGO. Para disfrazarnos en Halloween. Para hacer el tonto en una merienda. Para escuchar la música de nuestra juventud, para ver las películas que nos gustaban.

Pero eso es algo más que una excusa: es una parte importante de la vida. No olvides disfrutar de la alegría y la diversión. Y, de vez en cuando, puedes invitar a tus hijos a que jueguen contigo.

21 de junio
Preocúpate por esto

Una cosa buena de tener hijos es que te obligan a amar, sin importar si estás preparado para ello.

Michael Ian Black

Hay una pregunta que te toca la fibra sensible, te asalta cuando menos te lo esperas... y, sin embargo, siempre está ahí: *¿Soy un buen padre? ¿Estoy metiendo la pata?*

Tus padres te tranquilizan. «Todos los padres se preguntan lo mismo», dicen. Aunque no es verdad. En realidad, hay dos tipos de padres que nunca se lo preguntan. Aquellos que están convencidos de que son el centro del universo y nunca se cuestionan nada de lo que hacen, y aquellos que no les importa lo suficiente como para preocuparse por ello. Y, aunque las razones son muy distintas, al fin y al cabo, este tipo de padres no son buenos padres.

¿Y tú? ¿Eres ese tipo de padre que siempre está preguntándose *si lo está haciendo bien*? ¿Realmente te importa si estás haciendo un buen trabajo? Entonces tú eres, por definición, un buen padre, porque pones en primer lugar a tus hijos. Y eso es una prueba de que te importan, de que eres consciente de tus actos, de que intentas mejorar. Que te plantees cómo estás desempeñando tu papel, que te moleste no poder devolverles la admiración que te profesan, es la evidencia que necesitas para llegar a una conclusión positiva.

Por eso, si alguna vez te asalta este pensamiento negativo, no pierdas la calma. Solo significa que tus hijos los son todo para ti. Significa que estás haciendo un buen trabajo.

22 de junio
Solo tienes que acostarte

> La vida debe considerarse un préstamo recibido de la muerte, y el sueño es el interés diario de ese préstamo.
>
> Arthur Schopenhauer

Sabes perfectamente que tus hijos son un desastre cuando no duermen. Por eso sigues religiosamente el ritual de acostarlos a la misma hora. Sabes que los niños causan problemas por la noche si no siguen una rutina. Por eso, tu hijo adolescente tiene un toque de queda que debe cumplir escrupulosamente.

Sin embargo, aquí estás, otra vez mirando la televisión hasta altas horas de la noche. Aquí estás, otra vez soñoliento por la mañana porque te quedaste despierto hasta las tantas mirando el teléfono móvil. Podrías haberte ido a la cama, sabías que deberías haberlo hecho, pero no lo hiciste.

¿Y quién paga las consecuencias? Tus hijos. Porque estás de mal humor. Porque no tienes energía. Porque te quedas atrás. Porque tal vez piensan que eres un hipócrita.

Si quieres ser un buen padre, empieza por acostarte temprano. Marca una hora para acostarte que puedas cumplir. Valora el sueño. Cuida tu salud. Todos saldréis beneficiados.

23 de junio
Ahora eres invencible

La crianza, como el ejercicio, es un proceso de crecimiento a través del dolor, una prueba de resistencia. Sería fantástico que educar a un hijo fuera sencillo, que no exigiera apenas esfuerzo. Pero no funciona así.

Hemos dormido poco. Estamos preocupados. Nos han mordido y pateado. Nos han criticado. Nos han pedido ayuda y luego nos han ignorado. Nos hemos quedado despiertos por los lloros o porque llegaban tarde a casa. Nos han culpado, molestado, y hemos sufrido sus deseos y sus necesidades. Hemos librado mil batallas sin ningún tipo de reconocimiento. Y, sin embargo, aquí estamos. Por necesidad, hemos llegado a ser capaces de cosas que nunca habríamos podido imaginar.

Leonardo da Vinci dijo que la paciencia es amarga, pero su fruto es dulce. Y esto es válido para muchas de las virtudes que la paternidad ha exigido que encarnemos. Hemos sido pacientes, resilientes, valientes, desinteresados, abnegados, firmes y silenciosos... y nada de eso fue especialmente divertido en su momento.

Pero el resultado ha sido que nos hemos hecho más fuertes. Nuestras familias han sobrevivido y prosperado gracias a ello. Ahora están donde están gracias a lo mucho que hemos progresado como padres. No hay ninguna medalla al final del camino; sin embargo, tienes una familia feliz, sana y unida. Y ese es el premio más dulce de todos.

24 de junio
Recupera las fuerzas

Es posible que últimamente no hayas ejercido de padre como te habría gustado. Has pasado mucho tiempo al teléfono. Has dejado que tu temperamento aflore con demasiada facilidad. Has puesto tu trabajo en primer lugar. Las expectativas te han cegado, has sido demasiado duro y te has negado a abrir los ojos.

¿Y bien? No pasa nada. Todo eso ocurrió en el pasado. No deberías haberlo hecho, pero así lo hiciste. Y no hay nada que puedas hacer para remediarlo. La pregunta es: ¿Y ahora qué? Tenemos el poder, en cualquier momento, de retomar la senda adecuada. Siempre podemos optar por recuperar nuestros principios.

Es como cualquier dieta. Puedes tener un descuido; luego, otro, y finalmente, comerte una caja entera de galletas. No pasa nada. Es un hecho consumado. Pero el mañana todavía no ha llegado. Puedes elegir. ¿Quieres hacerlo mejor? ¿Harás lo que es correcto? ¿Seguirás la dieta que habías planeado antes de engullir una caja entera de galletas?

Ningún padre tiene tiempo para relamerse las heridas. Nadie puede justificar sus errores. Metemos la pata. No cumplimos con nuestras expectativas. No somos como queremos ser, lo que prometimos ser, lo que deberíamos ser para nuestros hijos. ¿Y bien? No pasa nada. Podemos optar por volver al buen camino. Podemos elegir, ahora mismo, hacerlo mejor.

25 de junio
Consejos doy, para mí no tengo

> Pero no podía hablar de mi sueño sin hacer una aclaración. «No sé», le dije, «cuando acabe la carrera tendré cincuenta años». Me sonrió. «Vas a tener cincuenta de todas formas», respondió.
>
> Doctora Edith Eger

Resulta difícil imaginar una situación en la que estés hablando de tu hijo a la desesperada. Un padre jamás diría: «Tienes razón, es demasiado tarde, eres un fracasado». Si tu hijo no progresara al mismo ritmo que los demás en matemáticas, le dirías que es solo cuestión de trabajo y tiempo. Si intentara abandonar su carrera como jugador de béisbol, le dirías que muchos deportistas despegan más tarde, que todavía es muy joven, que el año que viene puede ser más fuerte y mejor, que las cosas pueden cambiar. Incluso si le diagnosticaran un cáncer con unas probabilidades de éxito nefastas, le animarías a luchar, a no rendirse nunca, a demostrar que los escépticos se equivocan.

Y no se lo dirías por decir algo. Se lo dirías en serio. Porque es verdad: nada está escrito en esta vida, nada es permanente. Especialmente, cuando una persona, en el fondo, es buena, honesta y competente.

Perfecto. Entonces, ¿por qué te susurras exactamente lo contrario? ¿Por qué te propones aceptar que tus sueños se han acabado? *¿Por qué te dices que antes estabas en forma, pero que eso es cosa del pasado?*

Te equivocas. Nunca es demasiado tarde. Todavía tienes mucho por delante. Tienes mucho potencial, muchos objetivos por cumplir. Tú decides cómo acabará tu historia. Solo depende de ti. Pero esta es la parte más importante: la historia que elijas para ti afecta directamente a las historias de tus hijos. Tu historia es la brújula y el mapa del viaje que los llevará a ser optimistas, realistas, escépticos, cínicos o pesimistas.

¿Qué historia vas a elegir?

26 de junio
Asume tus defectos

Todos cargamos con los problemas de nuestra infancia. Todos tenemos problemas. Cargamos con nuestro equipaje, con nuestros defectos. La decisión de tener hijos significa que tenemos que enfrentarnos a esos defectos. Cuando le preguntaron a Jessica Lahey, la maravillosa autora de *El regalo del fracaso* —un libro estupendo para padres y profesores—, qué había aprendido durante la maternidad, respondió:

> Que tenía que enfrentarme a esos defectos que intentaba mantener ocultos, porque quería ser mejor para esta nueva persona... Esos defectos que tan bien había sabido esconder detrás el éxito académico o de mi carisma empezaron a salir a la luz porque afectaban a otra persona que no era yo. Y, en mi caso, esos defectos eran, o son, el ponerme a la defensiva ante mis posibles defectos —imagínate—, mi tendencia a desconectar y a distraerme de lo que está sucediendo delante de mí anticipándome a lo que viene después y, sobre todo, el abuso de sustancias. Si no hubiera tenido hijos, probablemente podría haber mantenido esos defectos enterrados, pero la maternidad me exigía enfrentarme a ellos... para poder enseñarles un modelo de persona sana, cariñosa y feliz.

Si quieres criar bien a tus hijos, tendrás que saber qué hacer con tus propias miserias. No puedes cargar con las mochilas del pasado, porque cuando tienes a un niño cerca es demasiado peligroso. Te arriesgas a que se le caigan encima. Ya no puedes esconderte ni aplazar más tus problemas. Hay que saldar las cuentas: haciendo terapia, hablando con tu pareja o en las páginas de tu diario. Tienes que enfrentarte a tus defectos. Porque hay unas personitas que no eligieron vivir en la misma casa que tú y que no deberían estar atrapadas con un monstruo o un témpano de hielo.

27 de junio
No pierdas la cabeza

> Si quieres encontrar algo perverso en internet, lo vas a encontrar.
>
> Judd Apatow

Existe un término en la cultura actual que describe lo que sucede cuando una persona dedica demasiado tiempo a su teléfono móvil. Vale tanto para un adulto que está deslizando hacia abajo los mensajes de las redes sociales como para un niño que pasada demasiado tiempo pegado a la pantalla mirando YouTube. Se llama *adicción a las pantallas*, o *screensick*, en inglés.

Ya sabes, es esa demencia temporal que experimentan tus hijos cuando de repente apagas la televisión. O esa catatonia en la que parecen estar sumidos cuando juegan a un videojuego que les impide pestañear. O esa incapacidad para discernir la realidad del mundo de fantasía de ese videojuego en el que tu hijo parece tener una segunda vida. ¿Y tú? ¿Conoces estos síntomas? Después de navegar por los crueles mares de las redes sociales, ¿acaso no te cambia el estado de ánimo? ¿No puedes dejar de revisar la bandeja de entrada de tu correo electrónico? ¿Las vibraciones fantasmas de tu teléfono no dejan de importunarte?

No pasa nada. La buena noticia es que parece una enfermedad de fácil curación. Un día sin teléfono puede curarla. Salir al aire libre durante un par de horas puede volver a enfocar tu mente y restablecer tu espíritu. Sin embargo, la mala noticia es que los creadores de contenidos también saben cómo llamar tu atención. Por eso han invertido tanto tiempo, energía y dinero diseñando formas de mantenerte enganchado. Así que tienes que luchar contra eso.

No puedes dejar que la tecnología se aproveche de ti; siempre tienes que ser tú quien le saque partido. Es la única forma de tener una relación sana con tu teléfono y evitar que esa plaga se propague.

28 de junio
El placer de mejorar

Es muy triste ver a un padre que ha tirado la toalla. Engorda. Se separa. Quizá haya empezado a beber más. Se resigna a seguir odiando su trabajo. No le importa las notas que sus hijos traen del colegio. Convierte sus problemas en algo ajeno a su persona.

Los vemos y pensamos para nuestros adentros: *No quiero ser cómo él.*

Perfecto. Está bien. ¿Pero estás tomando las medidas para no acabar así? En el mundo de las empresas emergentes se suele decir que, si una empresa no crece, está agonizando. En cierto modo, también nos sucede algo similar. Si no progresas o mejoras, ¿qué está pasando? Te atrofias. Estás empeorando. La entropía está ganando terreno.

A Epicteto le gustaba citar a Sócrates, quien decía que se deleitaba observando sus mejoras. Es una reflexión brillante. Perfecta. ¿Cómo mejoras en tu día a día? ¿Haces ejercicio? ¿Lees? ¿Te marcas objetivos? ¿Estás cumpliendo tus metas en el trabajo y en casa?

Tus hijos serán más felices con un padre que se supere a sí mismo día a día. Y lo que es más importante, tu ejemplo les servirá de inspiración. Muéstrales que no has tirado la toalla —que nunca dejarás de intentarlo—, y ellos seguirán tu ejemplo.

29 de junio
Todavía no se ha acabado

Cuando Susan Straight estaba ayudando a su madre a hacer una mudanza, encontró un viejo cuadro tirado en el cubo de la basura. Presintiendo que no era algo que su madre hubiera comprado, le preguntó por él. «Era para un curso de pintura en el centro cívico», recuerda Straight que le explicó su madre. Luego, Straight también encontró un libro, *Aprende a pintar por ti mismo*. «Mi madre era una artista. Hizo unos bocetos preciosos de nuestro jardín y de nuestra casa en Suiza».

Entonces, sorprendidas por el hallazgo, empezaron a hablar del cuadro. ¿Era una afición secreta que Susan desconocía? ¿Tenía su madre un lado creativo que nunca había compartido? ¿Había pintado otros cuadros? Por desgracia, no. «Justo después de terminarlo», le dijo su madre con naturalidad, «te tuve a ti y no volví a pintar nada. Mi vida se acabó».

¡Vaya!

Una parte de nosotros comprende esa sentencia, ¿verdad? Esa parte de nosotros que, cuando de repente nuestra casa se llenó de pañales y nuestras rutinas se vieron afectadas por los viajes a la escuela y los entrenamientos de fútbol, sintió que la vida se había acabado. O al menos esa parte *divertida*, libre y alegre. Ya no había tiempo para aficiones, ni energía para la autoexploración y, mucho menos, para la autorrealización.

Es cierto, hemos sido sometidos a una carga de trabajo que no esperábamos. Pero no podemos arrojar la toalla. No podemos poner de excusa la crianza. Al contrario, como nuestros hijos nos observan, tenemos que seguir esforzándonos. Tenemos que superar la barrera del sentido común. Tenemos que seguir creciendo. No podemos renunciar a nosotros mismos ni a nuestros intereses.

Nuestra vida no ha terminado. Ni mucho menos. En cierto modo, acaba de empezar, de volver a empezar.

30 de junio
Cómo puedes ayudar a los otros padres

Existe el yo profesional y el yo familiar. Es lógico que intentemos mantener ambos conceptos bien diferenciados y separados. Incluso tenemos un nombre para esta distinción. Es lo que llamamos «límites» o «conciliación familiar». Y está bien que, cuando regresamos a casa, intentemos olvidarnos del trabajo.

Y hay una forma de ayudar a los otros padres, o futuros padres: asegurarnos de que no ocultamos a nuestros hijos en casa… en sentido figurado, claro. Al hablar de nuestros hijos —al colgar sus fotos en la oficina, al ser honestos y francos sobre nuestros intentos de conciliar trabajo y familia—, nos ayudamos mutuamente.

Durante demasiado tiempo, los padres han tenido que lidiar con esto en silencio. Se han sentido desbordados y agotados. Han luchado por llegar a todo. Se han preocupado, se han lamentado, se han preguntado *qué demonios van a hacer*. Lo han hecho solos, incluso cuando el compañero de oficina estaba pasando por el mismo infierno o cuando el jefe se preguntaba exactamente lo mismo sobre sus hijos.

Si acabamos con esta farsa, todos saldremos ganando. Si creamos un entorno de trabajo abierto y seguro, que nos permita dejar de fingir que llegamos a todo y todo lo hacemos bien, estaremos echando una mano a los demás padres con quienes trabajamos.

JULIO

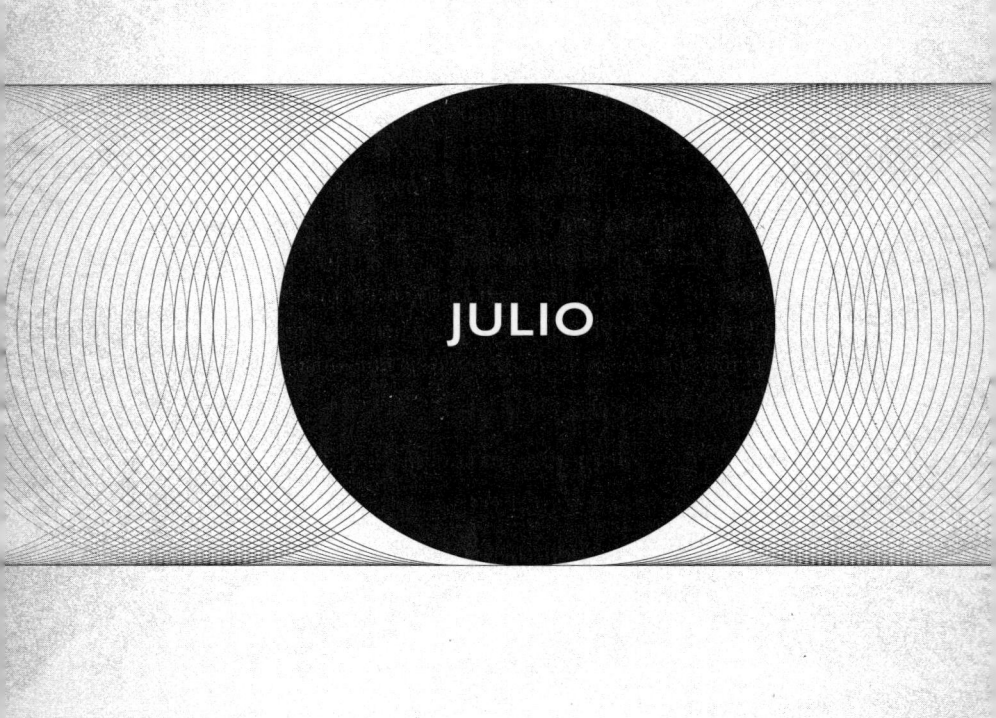

CÓMO AYUDARLOS A SER QUIENES SON

(LECCIONES SOBRE FORMACIÓN Y AUTOCONOCIMIENTO)

1 de julio
¿Naturaleza o formación?

Plutarco nos cuenta cómo Licurgo reformó la sociedad espartana, que pasó de ser rebelde, escandalosa y voluble, a ser disciplinada, moderada y valiente. Nos cuenta que Licurgo eligió dos perros de la misma camada y, luego, crio a uno en su hogar y al otro en los campos de caza. Cuando estuvieron completamente adaptados a su espacio, los llevó a la asamblea pública para ponerlos a prueba. Entonces, dispuso la comida del perro doméstico y la del perro de caza. Sin embargo, antes de liberar a los perros, soltó una liebre. El perro doméstico fue hacia su comida. El perro de caza fue tras la liebre.

«Ya ven, conciudadanos», dijo Licurgo, estos perros pertenecen a la misma camada pero, en virtud de la disciplina a la que han estado sometidos, han resultado totalmente diferentes entre sí, lo que verifica que la formación es más efectiva que la naturaleza».

Tras haber demostrado que la formación tenía más peso que la naturaleza, Licurgo añadió: «Así sucede también en nuestro caso, conciudadanos, el noble nacimiento, tan admirado por la multitud, y el hecho de ser descendientes de Heracles, no nos otorga ventaja alguna, a menos que hagamos el tipo de cosas por las que él era manifiestamente el más glorioso y noble de toda la humanidad, y a menos que practiquemos y aprendamos lo que es bueno durante toda nuestra vida».

Y así funciona también en tu propia familia. Si quieres que tus hijos sean maravillosos, entonces debes hacer bien tu trabajo. Has de cultivar los rasgos que quieres que tengan, y corregir aquellos que no ves apropiados.

2 de julio
Ayúdales a ser quienes son

> Muchos padres y madres harían cualquier cosa por sus hijos, excepto dejarlos ser ellos mismos.
>
> Bansky

En su autobiografía, Bruce Springsteen nos cuenta una anécdota de cuando tenía siete años y miraba el controvertido aspecto de la superestrella Elvis Presley en *The Ed Sullivan Show*:

> Me senté allí fascinado enfrente del televisor con mi mente encendida. Yo también tenía dos brazos, dos piernas, dos ojos; aunque me veía horrible, pero ya resolvería esa parte… entonces, ¿qué me faltaba? ¡LA GUITARRA! Al día siguiente convencí a mi madre para que me llevara a la tienda de música de Diehl, en la calle South de Freehold. Allí, sin dinero para comprarla, alquilamos una guitarra.

Nuestro trabajo como padres no es moldear a nuestros hijos para que sean nuestros sucesores o unas superestrellas. Es ayudarlos a ser lo que están destinados a ser. Los hacemos partícipes de distintas situaciones y dejamos que descubran qué les interesa. Y luego les apoyamos en sus intereses. No debemos apresurarnos, no debemos criticarlos. Hemos de confiar en ellos, animarlos, estar orgullosos de ellos… y estar listos para agarrarlos si se caen o fallan en el camino para convertirse en lo que están destinados a ser.

3 de julio
Ayúdales a descubrir el mundo

Casi todas las personas talentosas y exitosas pueden recordar su primer contacto con aquello que *les apasiona*. En *Maestría*, Robert Greene explora incontables ejemplos de este maravilloso proceso mediante el cual algunos de los más notables expertos del mundo descubrieron «el trabajo de sus vidas». Por ejemplo, Greene habla sobre la primera vez que Marta Graham presenció un espectáculo de danza, y cuenta también la historia de la brújula que a Albert Einstein le regaló su padre cuando tenía cinco años:

> Inmediatamente, el niño quedó hipnotizado por esa aguja, que cambiaba de dirección cuando la brújula se movía. La idea de que había una fuerza magnética, invisible a los ojos, que operaba sobre la aguja, caló hondo en la consciencia del pequeño Einstein.

En el centro de casi todas estas historias hay unos cuantos ingredientes comunes: suerte, apertura, curiosidad. Y, por supuesto, con frecuencia una madre o un padre que permitieron activamente que su hijo estuviera expuesto a diferentes estímulos.

Es trabajo de tus hijos descifrar qué es lo que quieren hacer en la vida. Como padre no puedes, ni debes, hacer de tus hijos sean los mejores en nada. Pero sí que es tu trabajo —especialmente cuando son jóvenes— abrir sus ojos, introducir factores a la ecuación, exponerlos a todas las posibilidades que la vida puede ofrecerles.

Muéstrales qué hay ahí afuera. Ayúdales a descubrir.

4 de julio
No amarres a tu águila

Cuando la joven Florence Nightingale comenzó su voluntariado en hospitales, sus aristocráticos padres estabas horrorizados. Ya había resultado bastante difícil criar a una niña precoz y, ahora, ¿quería humillarse con un trabajo por debajo de su categoría? Estaban avergonzados de ella. ¿Qué iban a pensar sus amigos? ¿Cómo sería visto desde afuera? Igual que muchos padres y madres con hijos decididos e independientes, se sintieron decepcionados.

«Somos patos que hemos criado a un cisne salvaje», se lamentó una vez su madre. Pero, tiempo después, un biógrafo lo entendió perfectamente al escribir que «no era un cisne lo que habían criado, sino que —como reza la famosa frase de los ensayos de Lytton Strachey— se trataba de un águila».

No puedes retener a tus hijos. No puedes resentirte porque sean diferentes. No puedes aferrarlos a nociones anticuadas sobre el género o la clase. Sus decisiones no dicen nada de las tuyas. Son personas autónomas. Se merecen tener sus propias vidas. Se merecen tu apoyo y tu aliento, sea cual sea la dirección para ti o para ellos.

Para eso estamos aquí. No lo olvides.

5 de julio
Pregúntales si les gustaría aprender

Arthur Ashe se convirtió en un tenista brillante y en un ardiente defensor de los derechos civiles gracias a una pregunta. Tenía siete años y estaba sentado en el parque Richmond de Virginia viendo cómo entrenaba un consumado tenista negro llamado Ron Charity. El padre de Ashe era vigilante del parque y mientras él trabajaba, frecuentemente, dejaba a su hijo entrenando solo. Alrededor de una hora después, Ron Charity se tomó un descanso y se acercó al chico. «¿Te gustaría aprender a jugar?», le preguntó amablemente. Con esa simple y generosa pregunta, Ashe y el mundo del tenis cambiaron para siempre.

«De esta forma tan casual», reflexionó Ashe, «mi vida cambió por completo». ¿Te imaginas cuántas vidas han cambiado de manera similar? ¿Porque un adulto se haya tomado el tiempo para percatarse del interés de un niño, porque haya tenido la paciencia para introducirlo en algo o haya estado dispuesto a enseñarle una habilidad o un oficio?

Está claro que no podemos confiar únicamente en la amabilidad de un extraño. Es nuestro trabajo como padre, o madre, tomarnos el tiempo para hacer actividades con nuestros hijos. Tenemos que promover que ese chispazo de curiosidad se transforme en una apasionante historia, tenemos que llevar las energías de nuestros hijos hacia propósitos productivos. Tenemos que enseñarles cosas.

Especialmente, aquellas sobre las que les da miedo preguntar o ni siquiera saben cómo hacerlo. A menudo, allí reside la magia.

6 de julio
Tienes que hacerlo. Es necesario

> Creo que la mayor obligación de padres y educadores es proporcionar a los niños una comprensión del principio divino que existe en ellos.
>
> WILLIAM ELLERY CHANNING

En *La carretera,* la inquietante novela que Cormac McCarthy escribió para su hijo, habla sobre «llevar el fuego». Alanis Morissette le dio un giro propio en la hermosa canción «Ablaze», que escribió para sus dos hijos: «A mi niña, toda tu inocencia y fuego», canta, «mi misión es mantener encendido el brillo de tus ojos». Y a su hijo, a quien por toda su salvaje energía llama «precioso y gentil guerrero», le canta lo mismo.

Nuestra tarea es mantener en nuestros hijos la esencia con la que nacieron; esa esencia que, como demuestra *La carretera,* es *fundamentalmente buena*. Inocente. Pura.

Debemos ayudarles a llevar el fuego. Tenemos que mantener encendido el brillo de sus ojos. No importa cuán oscuro pueda volverse el mundo. De hecho, debemos hacerlo ahora, más que nunca, porque el mundo se ha vuelto oscuro. Ese es nuestro trabajo. Ese es nuestro imperativo.

Si fallamos... Que Dios nos ayude.

7 de julio
Tus hijos serán lo que hagas de ellos

Edith Eger, superviviente del Holocausto, psicóloga y escritora, tiene un hijo con parálisis cerebral atetoide. Un día en la consulta, Eger le expresó al médico sus miedos y sus preocupaciones sobre cómo la enfermedad afectaría el desarrollo de su hijo. El especialista le dio algunos consejos que vale la pena compartir con todos los padres, independientemente de que su familia tenga que enfrentarse a ese tipo de adversidad o no.

«Tu hijo será lo que tú hagas de él», explicó el doctor. «John podrá hacer todo lo que hacen los demás, pero le llevará un poco más de tiempo llegar ahí. Que le exijas más de la cuenta sería contraproducente, pero también sería un error no exigirle lo suficiente. El nivel de exigencia tiene que ir acorde con su potencial».

Tus hijos serán lo que hagas de ellos. Nadie está diciendo que será fácil. Nadie está diciendo que todo lo que ocurre en la vida es justo: la dislexia, las discapacidades, ser refugiado o perder tu trabajo, ser un genio o ser bajito. Lo que importa es cómo motivamos a nuestros hijos —y a nosotros mismos—. Lo que importa es la ternura, el amor y la paciencia que acompañan la motivación y la exigencia.

No podemos hacerlo todo por ellos, pero podemos creer en ellos y ayudarlos a creer en sí mismos. Podemos ayudarlos a alcanzar el nivel más alto de su potencial. Podemos hacer que lleguen a ser lo que son capaces de ser.

8 de julio
¿Qué rasgos de tus hijos vas a cultivar?

> Las circunstancias de tu crianza hacen una diferencia significativa respecto de lo bien que te desempeñas en el mundo.
>
> MALCOM GLADWELL

Existe una teoría interesante, quizás no totalmente avalada por la ciencia, pero bastante cierta desde el punto de vista de la experiencia: llevamos dentro de nosotros, en el nacimiento y en los primeros años de vida, todas las virtudes y los vicios que tendremos en nuestras vidas. Todas nuestras fortalezas y debilidades están ahí, más o menos, desde el principio. Entonces, las preguntas para los padres, y para los educadores y tutores, son: ¿Cuáles de esas fortalezas y virtudes fomentarás? ¿Y qué vicios permitirás que se enquisten?

En su hermosa novela *Memorias de Adriano*, Marguerite Yourcenar hace que Adriano se desahogue con el joven Marco Aurelio, su nieto adoptivo, a quien le explica: «a los veinte años era bastante semejante a lo que soy ahora, pero no de un modo consistente. No todo en mí era malo, pero podría haberlo sido: lo bueno o las mejores partes también daban fuerzas a las peores».

Todos tenemos rasgos positivos y rasgos negativos. Lo importante, en definitiva —tu trabajo como padre— es ayudar a tus hijos a que cultiven sus partes positivas y darles la fortaleza para que modifiquen sus partes negativas. Es necesario que los ayudemos a convertirse en lo que pueden *llegar a ser*. Es necesario ayudarlos a ser consistentes, a ser la mejor versión de sí mismos.

9 de julio
No permitas que deseen ser alguien que no son

Uno de los momentos de mayor vulnerabilidad de Pete Buttigieg durante su campaña presidencial —reconociéndose abiertamente gay— ocurrió en Carolina del Sur cuando habló sobre la lucha con su identidad, con su sexualidad:

> Cuando era joven, habría hecho cualquier cosa por no ser homosexual. Al darme cuenta de lo que significaba sentir lo que yo sentía por los otros, se instaló en mí algo que solo puedo describir como una especie de guerra conmigo mismo. Si la guerra hubiera ocurrido en los términos que yo hubiera deseado en ese momento, no estaría ahora aquí. Si me hubieran ofrecido una píldora para volverme heterosexual, me la habría tragado antes de que tuvieran tiempo de darme un sorbo de agua. Es algo duro de recordar. Es doloroso reconocer que hubo momentos de mi vida en los que, si me hubieran mostrado exactamente qué era eso que dentro de mí me hacía gay, lo habría cortado en pedacitos con un cuchillo.

A ningún padre le gustaría oír que su hijo quiere cortar a pedazos una parte de sí mismo, que su hija está manteniendo una batalla consigo misma. Por supuesto, gran parte de las dudas y la vergüenza que sentía Pete no tenían nada que ver con sus padres, pero sí con la época y la cultura en la que crecía.

Es tu tarea asegurarte de que tus hijos sepan que no quieres que cambien ninguna parte de ellos. Es tu trabajo hacerles saber que los amas como son. Mediante tus palabras, tus acciones y tus decisiones debes enseñarles y demostrarles que ellos hacen que mundo sea un lugar mejor por el mero hecho estar y ser ellos mismos.

10 de julio
Trabaja con ellos para que encuentren su camino

> Cuando educamos a nuestros hijos, hemos de recordar que somos los guardianes del futuro. Mejorando su educación mejoramos el futuro de la humanidad, el futuro de este mundo.
>
> IMMANUEL KANT

Lo que más deseaba el padre de John Adams era que su hijo fuera a la universidad. Pero John Adams quería hacer cualquier cosa menos ir a la universidad. A menudo, se saltaba las clases para ir a pescar, cazar o hacer volar su cometa. No le gustaban sus maestros. Pensaba que no estaba aprendiendo nada útil. No tenía ningún interés en continuar sus estudios.

El día que John Adams le comunicó a su padre que quería ser granjero, este lo llevó a la marisma a cortar paja y le hizo caminar por el estiércol para mostrarle cómo era ese trabajo. Al día siguiente, John volvió a la escuela, pero pronto volvió a sentirse mal. «No me gusta mi maestro», le dijo a su padre. «Es tan apático y malhumorado que jamás podré aprender algo de él». Al día siguiente, el padre de Adams lo inscribió en la escuela privada que estaba sobre la carretera. Allí, gracias a un maestro de la escuela llamado Joseph Marsh, la vida de Adams dio un giro espectacular. De pronto, se puso a estudiar, a leer. Y, en menos de un año, teniendo quince de edad, fue declarado «apto para la universidad». Al otoño siguiente, ya estaba inscrito en Harvard.

Nuestra tarea como padres es ubicar a nuestros hijos en entornos en los que puedan prosperar y florecer. Nuestro deber es trabajar con ellos para que encuentren su camino. Y es posible que el ambiente adecuado no sea el de la primera escuela que elijas. Quizá sean necesarios varios intentos y una buena dosis de experimentación. Definitivamente, es necesario tener paciencia. Pero eso no importa.

Lo que realmente importa es ayudar a nuestros hijos a que sepan quiénes están destinados a ser.

11 de julio
Deja que tomen decisiones

> Si hay algo que deseo para mis hijos es que cada uno se atreva a hacer cosas... cosas que tengan sentido para ellos como individuos... pero sin preocuparse por complacer a los demás.
>
> Lillian Carter

Cuando Will Ferrell estaba en la escuela secundaria, su madre lo inscribió en el programa de enriquecimiento curricular orientado a los estudiantes más talentosos. Pero cuando Will se dio cuenta de ello, le dijo a su madre que había un problema, puesto que ya se había apuntado a clases de danza: solo podría hacer una de las dos actividades.

Para cualquier madre o padre, la decisión es obvia. Ni siquiera cabría discutir al respecto. Sabemos en cuál de las dos aprenderá más, cuál de las dos tendrá más valor para su futuro profesional, cuál es la más seria y racional. Pero nuestros hijos no saben nada sobre la toma de decisiones. Aún no comprenden cómo se moldea la mente. No saben nada de las consecuencias a largo plazo o del pensamiento bilateral. No saben valorar pros y contras. No saben qué es lo mejor para ellos. Solo saben qué les gusta, qué les estimula y les divierte. Y eso es lo que quieren.

Pero, como cuenta la actriz y compañera de reparto en *Saturday Nigth Live* Ana Gasteye, la madre de Will dejó todos sus prejuicios de lado y le dijo a su hijo: «Depende de ti. Tú eliges». Will eligió la danza. «Y, para mí», dijo Gasteye, eso resume por qué Will es el maravilloso Will Ferrell». Para ella, esta anécdota explica cómo Will Ferrell se transformó en uno de los comediantes más extraordinarios de todos los tiempos. Sus padres lo alentaron y le permitieron elegir esa ruta. Jamás se entrometieron para recordarle cuáles eran «las prioridades del mundo real». Simplemente dejaron que se dejara guiar por su corazón.

Si a tus hijos les gusta hacer actividades creativas y enriquecedoras, lo peor que puedes hacer es impedirles que se muevan en esa dirección. Tu trabajo, vale la pena repetirlo, es alentarlos para que sean quienes son, para que sigan sus inclinaciones naturales y decidan por sí mismos qué es lo que quieren hacer después de la escuela.

12 de julio
No los juzgues tan duramente... o tan pronto

En la primavera de 1921, un joven jugador de béisbol llamado Lou Gehrig realizó una prueba con el gran John McGraw, el entrenador de los New York Giants y uno de los mejores cazatalentos en la historia del béisbol.

La prueba no le fue mal. Gehrig hizo algunos tiros largos, y se mostró rápido y dinámico. Su imponente cuerpo era determinante dentro del terreno de juego, pero cuando se dirigió a la primera base... una bola fácil se le coló entre las piernas. Según sus biógrafos, la prueba terminó de inmediato. McGraw ya había visto todo lo que necesitaba ver.

Podríamos llamar a este episodio «la locura de McGraw». En apenas un segundo, dictaminó que ese niño era terriblemente tímido e inexperto. La incapacidad o falta de voluntad de McGraw para evaluarlo íntegramente, supuso dejar escapar a uno de los mayores talentos, y excelente persona, del deporte.

Gehrid llegó a jugar en primera para los Yankees, bateó cientos de jonrones, ganó seis Series Mundiales y ostentó el récord de la mayor racha de inicios consecutivos durante más de cincuenta años. ¿No crees que habría merecido la pena tener un poco más de paciencia, una mente algo más abierta?

Es fundamental que aprendamos de estos errores cuando se trata del talento. Las personas somos, en definitiva, cifras, también nuestros hijos. Los padres y las madres no somos ni la mitad de buenos evaluando habilidades y anticipándonos al futuro de lo que creemos. Tenemos que ser comprensivos. No podemos sacar conclusiones apresuradas. Debemos dar a los niños el beneficio de la duda. Nuestro deber es motivarlos, no eliminarlos.

13 de julio
Enséñales a elegir

Si tus elecciones son hermosas, entonces tú también lo serás.

EPICTETO

Tiene sentido que los padres tomen la mayoría de las decisiones por sus hijos. Los adultos saben más. Los niños básicamente no saben nada sobre la vida, sobre cómo será el mañana, sobre el funcionamiento el mundo.

El problema reside en que estamos privando a nuestros hijos de que adquieran una habilidad importantísima para la vida: la de tomar decisiones. No es de extrañar que, hoy en día, tantos jóvenes se agobien cuando llega el momento de elegir una universidad o una carrera. Para la mayoría, esta es la primera decisión real que deben tomar.

Por este motivo, es mejor que evites tomar todas las decisiones por ellos. Pregúntales si prefieren ir al parque o quedarse jugando a la pelota en el jardín. Pregúntales qué película quieren ver, qué les apetece cenar. ¿Prefieren una ducha o un baño? ¿Se presentarán a la prueba para el equipo de béisbol o para el de baloncesto? Si no quieren cortar el césped, pueden proponer ellos cómo van a contribuir en las tareas domésticas.

Enséñales cómo tomar decisiones. Empodéralos. Asegúrate de que se sientan seguros con sus decisiones, incluso con las malas decisiones. No importa que tú sepas más. Lo que importa es cuánto están aprendiendo.

La vida de una persona puede considerarse que es la suma de las decisiones que ha tomado. Prepáralos para que tomen buenas decisiones, y de ese modo podrán alcanzar por sí mismos una buena vida.

14 de julio
Adáptate a tu entorno

El padre de la científica Jennifer Doudna era profesor de inglés. Pero hasta que no tuvo una hija no se dio cuenta de que todos los libros que recomendaba a sus estudiantes habían sido escritos por hombres. Ser padre de una niña le hizo darse cuenta de lo tremendamente injusto que era aquello, de cómo había impedido que sus alumnos conocieran otras perspectivas igualmente valiosas e inspiradoras. Como cuenta Walter Isaacson en la magnífica biografía sobre Doudna, el padre incorporó a Doris Lessing, Anne Tyler y Joan Didion en su plan de estudios, y comenzó a llevarse a casa libros que pudieran inspirar también a su hija.

Como todo buen padre —y buena persona—, se adaptó. No por corrección política, sino por empatía real. ¿Y cuál fue el efecto? ¿Perdió, acaso, su dignidad y su hombría? ¿Permitió que la censura triunfara? No. ¡La decisión del padre de Jennifer Doudna hizo del mundo un lugar mejor! Sus estudiantes estaban mejor preparados y su habilidad para conectar con su hija también mejoró. Décadas después, el mundo mejoró gracias a ese ajuste: puedes agradecerle a Doudna, y, por extensión, a su padre, las vacunas ARNm contra el COVID-19.

No te quedes anclado en el tiempo. No cierres tu mente. Ábrela… y adáptate.

15 de julio
Siempre ten en cuenta sus intereses

Recuerda que en cada persona vive el mismo espíritu que vive en nosotros.

ARTHUR SCHOPENHAUER

Siempre va a existir un abismo entre los padres y sus hijos, por lo menos en cuanto a los gustos. Y así es como debe ser. Tus gustos están fundados en años de experiencias, y los de ellos en la alegría, todavía pura, del descubrimiento. ¿Por qué debería gustarte lo mismo que a ellos? ¡Tú sabes más!

Aun así, si quieres conectar con ellos e incentivarlos, tendrás que estar atento a sus intereses, porque tu trabajo es descubrir qué les gusta y ayudarlos a que continúen explorándolo.

¿A tus hijos les gusta tal película? Entonces, busca otra similar que puedan disfrutar. ¿Les ha gustado un libro? Regálales la colección de ese autor para su cumpleaños. ¿Son fanáticos de los dinosaurios? Organiza viajes de fin de semana para visitar museos, entusiásmalos con las fotos que se tomarían con el Braquiosaurio de la terminal uno de O'Hare, o pon un video de dinosaurios para verlo juntos.

Cuando sus intereses se convierten en los tuyos, se da una oportunidad para conectar, explorar y compartir. Deja que ellos conduzcan, y encárgate tú de proporcionarles el combustible.

16 de julio
Mejor original que inteligente

Los estudiantes mediocres dirigen el mundo.

HARRY TRUMAN

Todos queremos hijos inteligentes. Por eso controlamos sus notas, pagamos clases particulares o los ayudamos a estudiar para los exámenes más importantes. Incluso les soltamos elogios de este tipo: ¡*Qué listo eres*!

Pero ¿realmente crees que eso es útil para que triunfen en la vida? El emprendedor y ensayista Paul Graham nos advierte de los peligros de intentar que nuestros hijos entren en las mejores universidades para que, luego, consigan buenos trabajos. Einstein no fue especial por ser *inteligente*, escribe Graham, sino por tener *ideas originales*.

Piensa en las personas que destacan; todas tienen en común esa característica. No las admiramos por ser extraordinariamente inteligentes, sino porque tuvieron una manera diferente de entender la realidad. Tenían una mirada única —a menudo acompañada de inteligencia— con la que hicieron grandes cosas. Por ende, si estás intentando moldear a tus hijos, quizás lo mejor sería dejar de hacerlo y, en vez de eso, ir guiándolos a medida que crecen.

Fomenta su originalidad, su forma única de ver el mundo. Anímalos a explorar, a descubrir cosas nuevas. El mundo está lleno de personas inteligentes... y la mayoría de ellas son insufriblemente aburridas y nada ingeniosas. Lo que necesitamos son pensadores lúcidos y mentes creativas. Gente con ideas originales.

17 de julio
Muéstrales que es posible

Que los hijos de padres exitosos se vuelven malcriados y perezosos es un cliché que a lo largo del tiempo ha demostrado ser más cierto de lo que a ninguno de esos padres le gustaría admitir, pero tampoco faltan los ejemplos que contradicen esta idea preconcebida. Por ejemplo, hay muchos hijos de atletas profesionales que llegan a convertirse en auténticos deportistas. Tanto John Quincy como George W. Bush siguieron los pasos de sus padres hacia la Casa Blanca. Hay muchísimos hijos de escritores y artistas que se han ganado un lugar reconocido en el mundo del arte.

¿Cómo funciona esto? Obviamente, en ningún caso falta el talento natural, y tampoco algo de nepotismo. A las habilidades innatas de esos niños se sumaron unas circunstancias privilegiadas. Pero hay otro factor que entra en juego, uno en el que cualquier padre o madre debería pensar. ¿Es posible que el mayor privilegio de esos niños haya sido el poder observar a sus padres dedicarse con pasión y desarrollar una carrera que para la mayoría sería imposible imaginar? ¿Y si el verdadero regalo que recibieron fue ver que perseguir tus sueños *es realmente posible*; que no es cuestión de suerte, sino de mucho esfuerzo y compromiso?

Muchos padres dedican tiempo, consciente o inconscientemente, a decir a sus hijos que no piensen a lo grande, que sean realistas, que consideren las probabilidades. Pero vivir en la misma casa que un atleta profesional, un presidente o un autor premiado muestra algo muy poderoso: ¡Sí se puede! Solo se requiere trabajo, dedicación y, por supuesto, seguridad.

Este es realmente tu trabajo, no importa a qué te dediques. Demuéstrales que es posible y procura que vayan a por ello, *sea lo que sea*.

18 de julio
Que no hereden esto de ti

El mayor impedimento para alcanzar la felicidad es algo que muchos de nosotros aprendimos demasiado pronto: la vergüenza.

La vergüenza es la prima malvada de la culpa. Si la culpa aparece cuando te sientes mal por algo que has hecho, la vergüenza aparece cuando te sientes mal por *quién eres*, por cosas que tienen que ver contigo y sobre las que no tienes ningún control: por tener necesidades biológicas normales, por ser algo torpe, por tener gustos artísticos especiales, por no entender fácilmente los códigos sociales, por tener un paladar poco sofisticado o extremadamente refinado. Somos capaces de avergonzarnos por miles de rasgos personales.

Sin embargo, lo trágico de la vergüenza es que no surge naturalmente. Observa jugar a un niño inocente con su comida o fingir que es un dragón o un pirata, y no verás ni la más mínima señal de vergüenza, porque todavía no está preparado para sentirse así.

La vergüenza siempre es heredada. La transmitimos, a menudo los padres, mediante comentarios agudos, juicios innecesarios y elecciones irreflexivas. De ti depende que tus hijos no hereden la vergüenza.

De ti depende que lleguen a ser ellos mismos, que se sientan cómodos con sus propias características, fingiendo ser dragones, moviéndose al ritmo de una música que a ti no te gusta, probando cosas que tú jamás has probado, no importa… si es importante para ellos.

Acepta a tus hijos, para que ellos también acepten esos rasgos que los hacen únicos y singulares. No hay de qué avergonzarse.

19 de julio
Anímalos a ser los mejores

Algunos padres solo se preocupan de que sus hijos se diviertan. Otros, de que hijos sean ganadores. Hay padres que creen que la competencia no importa, pero hay otros que creen que la competencia es lo único que importa. Como en la mayoría de los debates que involucran dos posturas polarizadas, existe una tercera opción que ambos bandos pasan por alto y que es, de hecho, muy superior a cualquiera de los dos, aunque mucho más matizada.

El gran John Wooden, uno de los entrenadores de baloncesto universitario con más partidos ganados, cuenta lo que aprendió de su padre:

> Su mensaje sobre el baloncesto y la vida fue este: «Johnny, no intentes ser mejor que los demás, pero nunca dejes de intentar ser lo mejor que tú puedas ser. Sobre eso sí tienes el control. Sobre los otros no». Fue un consejo simple: trabaja duro, muy duro, en lo que puedes controlar, y no pierdas el sueño fijándote en todo los demás.

Cuando pones a tus hijos a jugar al futbol o los inscribes en el grupo de debate, cuando hablas con ellos sobre sus notas o sobre el tiempo que necesitan para completar una vuelta en una pista de atletismo, asegúrate de hacerles saber que compararse con los demás es mucho menos importante que compararse con *su propio potencial*. Alguien que pone todo su esfuerzo en lo que hace va a llegar mucho más lejos en la vida —y tendrá una vida más feliz— que aquel que está obsesionado con alcanzar el primer lugar o que aquel que ni siquiera intenta llegar por miedo a fallar.

Así que incentiva a tus hijos para que saquen *lo mejor de sí mismos*. Enséñales a compararse con su propio potencial y con sus propios avances. Esto es lo que te lleva a la victoria, lo que hacen los triunfadores.

20 de julio
Enséñales a seguir su olfato

Un día, el joven Kwame Onwuachi estaba cocinando con su madre en su apartamento del Bronx cuando de repente un olor particular invadió todo el apartamento. Como Onwuachi escribe en sus memorias, ese «olor espeso y perfumado del curry entró con tanta intensidad que los dos dejamos lo que estábamos haciendo y nos miramos». Pero en realidad no era el olor lo que recordaba, sino lo que su madre hizo a continuación.

«Vamos a averiguar de dónde viene», dijo ella entusiasmada, y luego juntos recorrieron los pasillos de cada planta del edificio para identificar el origen del olor. Tan pronto como se abrieron las puertas en la tercera planta, supieron que la fuente de aquel olor estaba cerca. Sin dudarlo demasiado, la madre golpeó la puerta que estaban buscando. «Soy Jewel», dijo confiada. «Este es mi hijo Kwame. Vivimos en el sexto y no pudimos evitar sentir el olor de lo que estáis cocinando».

La mujer que les había abierto la puerta se quedó paralizada. El miedo atravesó su rostro. ¿Acaso venían a quejarse? ¿A decirle algo ofensivo? No, ese no era el estilo de la madre de Onwuachi: «Huele de maravilla», dijo. «No sé cómo decirlo, ¡pero nos gustaría probarlo!».

¿Cómo es posible que Kwame empezara su propio servicio de catering, se graduara en el Instituto de Cocina, trabajará en Per Se y fundara uno de los restaurantes más reconocidos de América antes de haber cumplido los veinticuatro años? Podemos encontrar la explicación en aquel surrealista episodio. Su madre en ese momento le enseñó muchas cosas importantes: curiosidad, confianza, asertividad, capacidad de improvisación y sentimiento de comunidad.

Hay cosas que, a nuestra manera, podemos y debemos enseñar a nuestros hijos. Podríamos empezar por enseñarles a seguir su olfato.

21 de julio
No intentes cambiarlos

> Nuestro trabajo, el de mi esposa y el mío, es proveer, proteger, amar, facilitar... es descubrir quiénes son nuestros hijos, entender qué les gusta y qué no, ayudarlos a transitar por la vida, a descubrir quiénes son. No son como nosotros.
>
> Dwyane Wade

Siempre debemos intentar aprender de los padres y madres que lo han tenido más difícil que nosotros, que lo han pasado realmente mal.

Brandon Boulware es hijo de un ministro. Es abogado, cristiano confeso, esposo y padre de cuatro hijos. En 2021 pronunció un discurso conmovedor ante la Cámara de Representantes de Missouri sobre las dificultades que había tenido que afrontar con su hija transexual. Dijo a los legisladores que durante mucho tiempo había intentado —por temor, por amor y por protegerla— evitar que su hija vistiera ropa de niña o jugara en equipos de niñas. Hasta que un día, ella le preguntó si podía ir a jugar con los vecinos. «Es hora de comer», respondió él. «¿Y si voy vestida de hombre, me dejarás ir?», contestó ella. Entonces fue cuando se dio cuenta: sin querer, había estado enseñando a su hija que ser alguien diferente de quien era supondría alguna ventaja.

Lo que Boulware comunicó tan acertadamente en su breve testimonio es una lección para todos los padres y las madres. «Dejad que vivan su infancia», manifestó. «Dejadles ser quienes son».

Tal vez tú tienes un perfil artístico y tu hijo no. Tal vez tú eres una persona atlética y tus hijos no. Tal vez tú no eres religioso y tus hijos sí. Sea como sea, déjalos ser ellos mismos. Déjalos experimentar. Permíteles que descubran quién son, que descubran sus propias verdades. Déjalos vivir su infancia.

Puede que no te agraden los resultados de sus exploraciones. Puede que desafíen profundamente tus convicciones. Pero, ¿sabes qué?, ese es tu problema.

22 de julio
No saben lo que quieren

Nadie sabe nada.

WILLIAM GOLDMAN

Como padre, es realmente fácil lograr que tus hijos hagan lo que tú quieres. Eres mayor que ellos, controlas el dinero, tienes la autoridad legal y moral para que tus hijos hagan lo que tú consideras mejor para ellos. Pero, cuando ejerces ese poder sin demasiada conversación, estás enseñándoles que ellos no tienen ningún poder, ningún control, que sus deseos no son verdaderamente importantes en tu hogar, en esta vida.

Además, te estás creando un mal hábito. No siempre tendrás ese poder sobre ellos. No querrás que se acostumbren a infravalorar lo que ellos creen que desean. Porque un día ellos querrán cambiar de carrera universitaria, mudarse al otro lado del país, cambiar su estilo de vida o torcer algunas tradiciones familiares, y tú estarás tan habituado a pensar que tú sabes más, que tú eres quien toma las decisiones, que no sabrás cómo manejar la situación. Especialmente, la parte de que ellos no tienen por qué escucharte. Pero lo peor de todo es que la relación con tus hijos se resentirá a causa de tu rutina egoísta.

Tus hijos no siempre sabrán qué es lo que quieren. Pero, ¿sabes qué?, nadie lo sabe. Así que tienes que encontrar la manera de estar al mando sin ser un tirano, de mostrarles que sabes más sin ser un sabelotodo. Tienes que aprender a usar el peso de tu experiencia para guiarlos suavemente en la dirección correcta, en lugar de usar tu autoridad para forzarlos a tomarla.

No será fácil, claro… pero así funciona la educación.

23 de julio
¿Cuántas veces dices «no»?

Incluso los que no nos consideramos padres, o madres, estrictos deberíamos detenernos a pensar con qué frecuencia nuestros hijos nos oyen decir la palabra «no». Por ejemplo: «No, deja eso». «No, no puedes salir esta noche». «No, así no se hace». «No, sal de ahí». «No, tenemos que ir a casa». «No, no te voy a comprar eso».

No es que seamos demasiado exigentes, sino que nos importan demasiado. Estas negativas podrían mantenerlos a salvo, pero el inconveniente es que desde la perspectiva de un niño de dos años —o desde la de un joven de veinte— significa que básicamente todo lo que oyen decir a sus padres es no. No, no, no, no.

Harry Truman, padre de una hija, Margaret, tuvo una ingeniosa ocurrencia sobre esto: «He descubierto que la mejor manera de aconsejar a tus hijos es averiguar lo que quieren y luego aconsejarles que lo hagan».

Truman evidencia de este modo que a nadie le gusta que le digan lo que tiene que hacer. Y tu trabajo no es obligarlos a hacer todo lo que tú quieres que hagan; es ayudarlos a que hagan las cosas que quieran hacer —siempre y cuando sean seguras y razonables, por supuesto—.

Al fin y al cabo, es su vida. Aprende a decir «sí». Aprende a aconsejarles sobre lo que, de todos modos, van a hacer para que, si no puedes evitarlo, al menos estén preparados. No seas el tipo de padre que solo estorba, sino el que ayuda.

24 de julio
Escúchales

> Tenemos dos orejas y una sola boca, justamente para escuchar más y hablar menos.
>
> Zenón

Al doctor Stewart Friedman, un reconocido psicólogo y destacado investigador del liderazgo, poco tiempo después del lanzamiento de su libro *Parents Who Lead*, le preguntaron qué grandes descubrimientos o saberes había obtenido durante el proceso de escritura. «Mi favorito», dijo él, «es lo ventajoso que le resulta a los padres aprender a escuchar qué es lo que realmente necesitan sus hijos». El doctor Friedman lo explicó así:

> A menudo, resulta sorprendente escuchar qué tienen en la cabeza tus hijos, y pensar cómo puedes ser un mejor líder para tu familia cuando sabes qué hay en los corazones y las mentes de esas preciadas personas que tanto te admiran. Un padre, que intentaba inculcar a su hijo la importancia de la curiosidad y el estudio, le preguntó qué le interesaría aprender. Muy convencido, el hijo le respondió: «Quiero aprender a usar la aspiradora». Su hijo quería ser útil, quería contribuir en las tareas domésticas y tener un propósito propio. Conclusión, nunca sabrás verdaderamente qué piensan tus hijos hasta que no les prestes atención, de manera dedicada y compasiva, como hacen los auténticos líderes.

Ese pequeño individuo que es tu hijo está continuamente intentando decirte cosas. Por supuesto, no siempre de modo explícito. A veces, traducen un «quiero aprender a ser útil» como un «quiero aprender a usar la aspiradora». A veces, «quiero ser un buen amigo» se descifra de un «¿podrías llevarme a la casa de Bobby?». A veces, «quiero ser escritor» se deduce de un niño algo torpe que no quiere ver deportes contigo.

Sea como sea, ellos siempre están diciéndote cosas. Y solo las oirás si realmente los escuchas.

25 de julio
No intentes que sean lo que tú fuiste

Tim Hardaway Jr. es el hijo de un miembro del Salón de la Fama de la NBA. Crecer siendo el hijo de un jugador de tan alto nivel fue duro; especialmente, cuando practicaba el mismo deporte.

Un día, en el coche, regresando a casa después de un partido, el padre de Tim empezó a analizar los errores que su hijo había cometido, los pases que tendría que haber hecho o aquellos movimientos que no llegó a hacer. «Tienes que jugar a otro nivel», le dijo. «O mejoras o tendrás que dejar el baloncesto». Además, cuando Tim Jr. no quería ver un partido de baloncesto en la televisión, su padre negaba con la cabeza y le recriminaba: «No te gusta lo suficiente este deporte».

Más adelante, el padre de Tim diría que presionó tanto a su hijo porque lo amaba: «Quería que él jugara como yo, que se tomara el juego tan en serio como yo, que lo entendiera como lo entendía yo».

Claro que «funcionó», en el sentido en que Tim Hardaway Jr. También es un gran jugador de baloncesto. Pero ¿es gracias a las amenazas y a los desagradables comentarios de su padre? ¿No es posible que acabara jugando en el Instituto John Beilein porque medía más de metro noventa? Y, si no hubiera funcionado o hubiera salido mal, ¿no crees que padre e hijo, en retrospectiva, habrían aceptado un cambio si eso hubiera significado una mejor relación?

Como venimos diciendo, nuestro trabajo es el de ayudar a nuestros hijos a ser quienes son. No el de ayudarlos a ser lo que nosotros fuimos. No tienen la responsabilidad de continuar con tu legado, jugar el deporte que tú jugabas o llevar el mismo número de tú camiseta.

26 de julio
¿Qué les estás exigiendo?

Hay una frase de Aristóteles que nos llega adaptada por el historiador Will Durant:

> Somos lo que hacemos repetidamente. La excelencia, por lo tanto, no es un acto sino un hábito.

La verdadera pregunta que debemos hacernos como padres es: *¿Qué les estamos exigiendo a nuestros hijos?*

La excelencia no es una meta. Es algo que buscamos con nuestros hábitos. Día tras día, tanto en los pequeños detalles como en las cosas importantes. Es algo que emerge cuando convertimos esa búsqueda, a través de nuestros actos, en un hábito. Y, como padres, debemos ayudar a nuestros hijos a que lo comprendan. Ayudarlos a que se den cuenta de quiénes son a partir de lo que hacen cada día, de lo que han hecho hoy.

Somos lo que hacemos rutinariamente.

27 de julio
¿Por qué? ¿Por qué? ¿Por qué?

> Prefiero las preguntas sin respuesta, antes que las respuestas que no se pueden cuestionar.
>
> Richard Feynman

Como padres no hay otra pregunta más recurrente: ¿Por qué? ¿Por qué no? ¿Por qué no puedo? ¿Por qué tengo que hacer esto? ¿Por qué las cosas son así? ¿Por qué? ¿Por qué? ¿Por qué?

Se hace pesado, sin duda, pero asegúrate de que nunca frenas su curiosidad. Mucho de lo que damos por sentado es arbitrario y está débilmente fundamentado. Tal vez se deba a que a una edad temprana nuestro propio impulso de cuestionar y explorar fue reprimido. No nos enseñaron que la mayoría de las reglas y limitaciones del mundo no tienen una base real en la lógica, la razón o, incluso, la moral.

Alguna vez preguntamos «¿por qué?», y nos respondieron «porque sí». Punto final. Nadie nos alentó a desafiar esas suposiciones, a cuestionar el *statu quo* o aprender por qué las cosas son como son. Y ese acceso limitado a la sabiduría y la verdad también nos limitó a nosotros.

Cortemos esa tradición. Pasemos página con esta nueva generación, a la que debemos educar para convertir en una mejor versión que la nuestra. Queremos que nuestros hijos hagan de este un mundo mejor, que mejoren las cosas, que sean mejores que nosotros.

Y eso no sucederá si nuestros hijos son complacientes, crédulos; si no asumen que tienen la facultad de someter su realidad a todo tipo de cuestionamientos, por muy simples que sean, y a demandar respuestas consecuentes.

«¿Por qué?» es una maravillosa pregunta. Ayúdales a que lo sepan.

Y, después, ayúdales a responderla.

28 de julio
Dales su espacio

Si no vas con cuidado, a tus hijos no les queda tiempo libre en su agenda. Clases de fútbol, escuela, lecciones de violonchelo, tareas domésticas. No quieres que se pasen todo el día frente a la pantalla, no quieres que desperdicien su vida o se queden atrás. Lo que quieres es que hagan algo por sí mismos.

Pero debes ir con cuidado. Incluso dos mil años atrás, Plutarco advirtió a los padres sobre no sobrecargar o planificar en exceso la vida de sus hijos. «Los niños necesitan un respiro entre tarea y tarea» escribió, «porque es importante saber que nuestra vida se divide entre la actividad y el descanso».

¿Trabajas mejor cuando estás exhausto y con poco tiempo? ¿Eres realmente feliz cuando tu agenda está desbordada? ¿No estás cansado de ir corriendo de un lado a otro con tus hijos? ¡Imagina cómo se sienten ellos! Ni siquiera entienden qué es el estrés. Te corresponde a ti, por ende, protegerlos de ello.

Dales su espacio. Dales la oportunidad de relajarse. Ese es tu trabajo.

29 de julio
No te interpongas en el camino de sus inclinaciones primarias

Quieres que tus hijos vean tus películas favoritas, que escuchen tus bandas favoritas, que conozcan aquellos lugares que de niño te encantaban, esos deportes que te gustaba ver o practicar.

Eso es algo especial y maravilloso, porque no solo estás compartiendo experiencias, visiones, sonidos o gustos, sino partes de ti mismo. Esas experiencias definen a quién eres ahora y cómo llegaste a convertirte en esta persona, y compartirlas con ellos significa brindarles una perspectiva más profunda acerca de quién está criándolos. Pero sé precavido en ello.

Del mismo modo que no debes presionar abiertamente a los hijos para que sigan un determinado camino, como decía el escritor Robert Greene, los padres deben tener cuidado con las formas menos evidentes de presión: como fomentar que tengan tus mismos gustos, obligarlos a practicar un deporte; calificar sus actividades artísticas de «locas», o sus iniciativas emprendedoras de «arriesgadas». En palabras de Robert:

> Como padre, tienes que dejar que tu hijo ande. Debes dejar que tu hijo avance, pensar en *él* como si fuera una planta que quieres que crezca de forma natural, sin ponerle obstáculos. Tienes que dejar que tu hijo elija la dirección que quiere tomar. Cuando el niño se muestre proclive a algo, anímalo a que siga por el camino que lo conduce hacia allí. Porque ese interés interno revela algo sumamente poderoso, revela lo que yo llamo *inclinación primaria*. No te interpongas en el camino de sus inclinaciones primarias de ninguna manera. Es lo más importante que puedes hacer.

Deja a un lado tus expectativas. Tu responsabilidad es animarle a ser quien es, no a lo que tú quieres que sea o lo que a ti te habría gustado llegar a ser. No le impongas tus intereses. Presta atención a su naturaleza, a sus inclinaciones primarias, y fomenta su crecimiento.

30 de julio
Qué está bajo su control

No podemos decidir la estatura de nuestros hijos, ni ellos tampoco. Está fuera de su control si son grandes o pequeños, si tienen reflejos, los músculos más fuertes o el ingenio más afilado. Ellos no controlan si el entrenador los quiere… o si es un imbécil. No controlan casi nada de lo que ocurre en el aula o en el vestuario. Como Cheryl Strayed escribe en *Pequeñas cosas bellas*, «no tienes derecho a las cartas que crees que deberían haberte tocado».

Entonces, ¿en qué les decimos a nuestros hijos que se centren? ¿Qué es lo que siempre depende de ellos?

Pues su respuesta ante las circunstancias externas. Lo que depende de ellos es intentar hacerlo lo mejor posible o no. Depende de ellos esforzarse lo suficiente. O encontrar la manera de disfrutar del proceso y sacar a la luz todo su potencial.

Así que después del entrenamiento, después del partido, después de un examen importante, tienes que asegurarte de que tus preguntas y tus criterios para juzgarlos reflejen eso. Es decir, no debes preguntar «¿habéis ganado?» o «¿aprobaste el examen?», sino «¿te has divertido?», «¿diste lo mejor de ti?» o «¿crees que podrías habértelo preparado mejor?».

No controlamos las cartas que nos han tocado. Nuestra condición biológica no depende de nosotros, ni tampoco nuestro lugar en el mundo —geográfica y socioeconómicamente—. Pero sí depende de nuestros hijos —de nuestra familia— cómo van a jugar esa mano. Decidimos qué hacemos con ellas. Decidimos darlo todo o no. Decidimos en quién nos convertiremos.

Enséñales esta lección.

31 de julio
Prepáralos para responder a la llamada

Winston Churchill dijo: «A cada uno nos llega ese momento único en el que, en sentido figurado, una varita mágica te toca el hombro y te ofrece la oportunidad de hacer algo muy especial, único y acorde a nuestras capacidades. Sería una lástima que ese momento te encuentre desprevenido o poco preparado para lo que podría haber sido el propósito de tu vida».

Es más apropiado decir que la vida presenta muchos de estos momentos: para servir, para correr riesgos, para enfrentarse a algún peligro mientras los demás corren en otra dirección, para hacer algo que la gente piensa que es imposible.

Nuestros hijos tendrán muchas razones para pensar que lo que están planeando no es la ruta correcta. A menudo, los presionarán para que dejen de perseguir sus sueños. El miedo hará mella en ellos. ¿Dejarás que el miedo los disuada y no puedan afrontar el momento? ¿El destino los pillará desprevenidos? ¿Dejarán pasar esa gran oportunidad como pasa un avión por la noche?

Sería bastante trágico. Como padres, vamos a asegurarnos de que eso no ocurra. Tenemos que ayudarlos a acercarse, paso a paso, hacia aquello que están destinados a hacer, ayudarlos a convertirse en lo que están destinados a ser. De nosotros se espera que preparemos a nuestros hijos para que sepan responder en ese momento en que suene el teléfono, cuando les toquen el hombro, porque si algo sabemos con seguridad es que esa llamada les llegará.

¿Estarán preparados para contestar?

AGOSTO

CONFÍA EN ELLOS

(EL MEJOR REGALO QUE PUEDES HACERLES)

1 de agosto
Un regalo indispensable

Jim Valvano aún no había terminado el bachillerato cuando le explicó a su padre a qué se quería dedicar resto de su vida. No solo quería ser entrenador de baloncesto universitario: «Voy a ganar un campeonato nacional, papá», le dijo.

Unos días más tarde, su padre lo llamó a la habitación. «¿Ves aquella maleta?», le preguntó señalando el equipaje que había en una esquina. Confundido, Jim le respondió «Sí, pero ¿adónde vas?». «Ya tengo la maleta hecha», le explicó su padre, «cuando ganes el campeonato nacional, allí estaré».

«Mi padre», diría más tarde Jim en su legendario discurso para ESPY, «me hizo el mayor regalo que alguien podía ofrecerme: *creyó en mí*».

¿Les has hecho ese regalo? Nuestro trabajo consiste en animar a nuestros hijos a que sueñen a lo grande, en alentarlos para que persigan esos sueños. Y el mejor regalo que puedes darles es confiar en ellos. Porque si tú no crees en ellos, ¿quién va a hacerlo?

2 de agosto
Simplemente, sé su mayor seguidor

Es posible que a tu hijo le gusten cosas que no comprendas. Quizá tenga una banda de heavy metal que es un desastre o su talento como rapero sea casi ofensivo. Quizá no puedas soportar los programas que le gustan o su sueño sea, en el mejor de los casos, inverosímil. O, quizá, tu hijo sea sumamente hábil y tenga lo que hace falta para convertirse en un experto. A lo mejor, con el estímulo y el apoyo necesarios, pueda llegar a ser realmente especial; tú tienes que asegurarte de que no ceje en su empeño, ni pierda las oportunidades de que esto ocurra.

Pero ¿es esa tu tarea más importante? No, tu primera tarea es ser su mayor seguidor. Un auténtico fan suyo. De sus talentos o de sus carencias. De sus oportunidades o de sus impedimentos.

Tus hijos no necesitan un sargento dando instrucciones en el salón. No necesitan que alguien los llame constantemente al orden. No necesitan que les estén diciendo la verdad. Ni siquiera necesitan tu dinero para entrar en esa distinguida liga deportiva. No necesitan que te pelees con sus maestros o pidas para ellos un trato especial. No necesitan que estés obsesionado con su vida.

Lo que tus hijos necesitan es un auténtico fan. Alguien que los apoye, los ame y los incentive. Necesitan un fan que tenga una relación sana con lo que sea que ellos elijan, no un acosador o un tirano.

Simplemente, sé su mayor seguidor. No es tan difícil.

3 de agosto
¿En qué te vas a centrar?

Puedes ver siempre el lado negativo de las cosas. Puedes centrarte en los nubarrones del cielo, o puedes buscar los haces de luz, los puntos luminosos. Ya conoces la expresión de ver el vaso medio lleno o medio vacío, entonces, ¿qué visión del mundo vas a transmitir a tus hijos?

¿Vas a llenar tu casa de fatalidad y pesimismo? ¿O vas a enseñar a tus hijos a tener esperanza, a creer en su capacidad para marcar la diferencia, a encontrar las oportunidades en medio de todos los obstáculos que presenta la vida?

En una ocasión, el autor Alex Haley dijo que su trabajo como escritor era «encontrar el bien y engrandecerlo». Esto sirve perfectamente para describir el trabajo de un padre. Siempre tendremos más éxito recompensando el buen comportamiento de nuestros hijos que penalizando el malo. Analizar qué es lo que queremos ver en nuestros hijos y enfocarnos en ello nos llevará mucho más lejos que persistir en la búsqueda del conflicto y la crítica. Este principio se extiende también a nuestras percepciones y a nuestra visión del mundo. Es mejor para todos hablar sobre lo que nos gustaría ver mejor en el mundo, en lugar de estar constantemente lamentando todo lo malo y los errores de los que aparentemente no podemos escapar.

Podemos elegir: inspirar o desilusionar, empoderar o desalentar ¿Qué vas elegir?

4 de agosto
Deja de minimizar

> El estilo de crianza que fortalece el carácter también es el estilo apropiado para la mayoría de las cosas: ser muy, muy exigente, y muy, muy comprensivo.
>
> Angela Duckworth

Ed Stack fue un buen niño. Trabajó tranquila y lealmente para la empresa familiar de artículos deportivos, y ahorró suficiente dinero para finalmente poder comprársela a su padre y aumentar el legado familiar. Stack cuenta la historia de la primera tienda de boxeo que abrió. Hasta ese momento, la empresa había abierto tiendas que no superaban los dos mil metros cuadrados, pero esa nueva tienda de boxeo tenía más de seis mil metros cuadrados. Eso dio un giro total al negocio, y las ventas se dispararon.

Un día los representantes de Nike, mientras hablaban con el padre de Ed, el fundador de la empresa, le dijeron que podían imaginarse lo orgulloso que estaba de su hijo, porque había llevado la empresa a otro nivel. Y, como explica Ed, el padre, que difícilmente podía hacer un cumplido alguna vez, los miró y les dijo: «Tenéis razón, mi hijo ha hecho un buen trabajo, pero solo logró aumentar un veinticinco por ciento las ventas del primer mes. Así que realmente no es tan inteligente como él cree».

Tristemente, muchos de nosotros hemos escuchado cosas así de las personas a las que desesperadamente deseamos enorgullecer: esos cumplidos a medias, esa manera de socavar tu autoestima, de buscarte algún defecto, de aprovecharse de tus inseguridades… ¡Menuda tontería! En vez de aprovechar la oportunidad para demostrar su amor, dejan que la frágil percepción que tienen de sí mismos se interponga.

Lo mínimo para ser un buen padre es no minimizar las hazañas de tus hijos. No estar siempre prestando atención a lo que sale mal, sino mirar lo que está bien… ¡y celebrarlo! Engrandécelos, en lugar de reducirlos. Apóyalos. Eso es lo que tus hijos desean más que nada.

5 de agosto
Hay mejores formas de motivar

En los deportes, la política, los negocios e incluso en las artes, vemos un mismo impulso en las personas más ambiciosas, más trabajadoras, las que están dispuestas a correr más riesgos. Sean hombres o mujeres, todos parecen estar buscando o alcanzar algo más: la aprobación paterna, o el amor de sus familias. Siempre quieren refregar su éxito en la cara de los que alguna vez dudaron de ellos; o, tal vez, escaparse inconscientemente de un viejo trauma.

Es difícil no ver que se trata de un combustible real y productivo para el desarrollo de una persona. Pero, como padre, no puedes verlo, y punto. Porque existen mil tipos de combustible que no implican dolor, o lo que en muchos casos es una forma de abuso. El padre de Tiger Woods educó a su hijo para que triunfara en el golf mediante una supervisión constante, aunque descuidada en otros aspectos. ¿Lo ayudó realmente? Seguro. Pero teniendo en cuenta lo increíblemente talentoso, inteligente y dedicado que es Tiger, ¿no crees que podría haber alcanzado el éxito sin la necesidad de experimentar las mismas tácticas que se aplican a los prisioneros de guerra?

Es posible que, si sometes a tus hijos a situaciones extremas, eso les ayude a tener éxito. Probablemente, eso haya funcionado contigo. Gritos, verdades crueles, entrenamientos interminables, manipulación... Todas estas cosas funcionan, pero también tienen un costo emocional muy alto. Por otro lado, los estímulos y el auténtico apoyo funcionan igual de bien, y tienen el beneficio añadido de acercarte más a tus hijos y de convertiros, a ellos y a ti, en mejores personas.

Elige la forma correcta de motivación. No la más severa.

6 de agosto
Rara vez debe oírse la voz del desaliento

> La inocente e indefensa criatura que el cielo les había concedido, a la que criarían para el bien, y cuyo futuro destino podían encauzar hacia la felicidad o hacia la desdicha.
>
> Mary Wollstonecraft Shelley

Si no estás atento, es muy fácil caer en una especie de negatividad recurrente e irreflexiva, pasar los días entre reproches y censuras: ¿Por qué está tan sucia tu habitación? ¿Por qué estás de tan mal humor hoy? ¡Oye, deja de hacer eso! No lo toques. No, no puedes ver televisión ahora. ¿Por qué has dejado ese desorden en el salón? No, no puedes comprarte eso. ¡Me han decepcionado tus notas! Eso que quieres es imposible, intenta pensar en otra cosa. No estoy de acuerdo. Ya sabes la respuesta… y la respuesta es «no».

Esto no ocurre porque seas un mal padre, sino porque quieres hacerlo bien. Tienes unas reglas que tus hijos deben cumplir para crecer. Tienes unas expectativas y procuras que tus hijos las alcancen. Tú sabes qué es lo mejor. Quieres mantenerlos a salvo y tienes un hogar que sostener.

Pero, aun así, si no vas con cuidado, puede que todas las interacciones con tu hijo sean negativas. Desde su punto de vista, para él se trata de una interminable cascada de decepciones. Y, entonces, antes de que te des cuenta, te habrás convertido en la voz del desaliento, sin siquiera habértelo planteado.

¿Es eso lo que verdaderamente eres? ¿Es ese el tipo de relación que quieres tener con tus hijos? Si tu respuesta es «no», entonces estate atento a ello. Mide tus palabras. Contabiliza los *síes* y los *noes*. Sé consciente de dónde estás poniendo el foco. Deja pasar los detalles insignificantes. Sé más positivo.

7 de agosto
Jugar con tus hijos lo es todo

Para Ulysses S. Grant, los años precedentes a la Guerra Civil fueron duros. Luchaba por sacar adelante a su familia. Su vida era triste, un interminable peregrinaje de frustración y decepción, una carrera fracasada, una dificultad tras otra.

El único respiro para Grant era cuando, al volver del trabajo, abría la puerta de su casa y se encontraba a su hijo Jesse esperándolo para desafiarlo a una pelea. A Jesse le encantaba jactarse de que podía vencer a su padre. Grant, con una seriedad fingida, miraba al pequeño y respondía a la provocación: «No me siento con ánimos de pelear, Jesse, pero no puedo tolerar que me derrote un hombre de tu tamaño». Y Jesse entonces se le lanzaba encima hasta derribarlo. En el suelo, Grant rogaba clemencia y gritaba que no era justo atacar a un oponente que había caído.

Unos cuantos años después, la tenacidad y la rudeza de Grant salvaron la nación. Fue Grant quien quebró la espalda del ejército confederado, librando una brutal batalla tras otra; aunque quienes mejor lo conocían sabían que era un hombre tierno que, por encima de todo, amaba a su familia.

No importa cuál sea tu trabajo o lo muy oscuras se pongan las cosas, jugar con tus hijos siempre será algo maravilloso. Juega con ellos de pequeños, juega con ellos de mayores, aunque tú seas mayor. Diviértete con ellos. Sed niños juntos. Jugad. Jugad todo el tiempo.

8 de agosto
Muéstrales cuánto los admiras

La historia del niño que intenta una y otra vez ganarse la aprobación de sus padres, que no llega nunca, es tan antigua como la crianza misma. Hay dolor, resentimiento, desconcierto. Solo al final, después de tanto dolor, resentimiento y desconcierto, se revela la verdad: el niño siempre había hecho lo que sus padres habían deseado, pero él nunca lo supo.

Así fue la historia de Claudia Williams, hija de Ted Williams. Tras la muerte de su padre, entre una pila de recuerdos, encontró enterrada una nota que ese hombre imposible de complacer le había dejado: «A mi hermosa hija. Te quiero. Papá».

También fue así la historia del brillante editor Sonny Mehta, en cuyo obituario escribió Roger Cohen:

> Cuando el padre de Mehta, que era diplomático, murió en Viena, Mehta encontró en su escritorio una carpeta con cada uno de los artículos que se habían publicado sobre él. El orgullo de su padre, que jamás había felicitado a su hijo, era evidente.

Estas historias nos rompen el corazón. ¿Por qué esos padres jamás pudieron expresar sus sentimientos? ¿Se trata de algo generacional? ¿Pensaron que ayudaban a sus hijos a ser mejores, más fuertes? ¿Por qué no pudieron comportarse como el padre de Jim Valvano y regalarles su admiración?

Nunca podremos responder a estas preguntas. Lo que sí sabemos es que no debemos hacer eso con nuestros hijos. No debemos esperar que llegue el día de sentirnos orgullosos. No debemos ocultar nuestros sentimientos bajo una pila de papeles en el cajón de un escritorio remoto. Tenemos que demostrarles nuestro orgullo ahora. Tenemos que decírselo ahora: que los apoyamos, los amamos, creemos en ellos, nos sentimos orgullosos. Y ellos merecen saberlo antes de que sea demasiado tarde.

9 de agosto
No estamos criando el césped

Harmon Killebrew, en su discurso de ingreso al Salón de la Fama del béisbol en 1984, contó una historia de su infancia. Una vez, cuando estaba jugando en el jardín delantero con su padre y su hermano, su madre salió de la casa para decirles que era la hora de cenar y los regañó por arrancar el césped. «No estamos criando el césped», le respondió el padre, «estamos criando a niños».

El éxito en la crianza no significa tener un coche con los asientos traseros impecables. Ni tener una casa perfectamente decorada y repleta de cosas frágiles, con las que hay que andar con cuidado de que no se rompan. La habitación de un niño debe verse como un lugar donde se ha jugado. La casa debe respirar vida. Tendríamos que ver las huellas de los niños por todas partes, en sentido literal y figurado.

¿Es tu trabajo es criar a un niño que nunca protesta? ¿Que va por la vida de puntillas? ¿O es, más bien, criar a un niño con sus propias opiniones y sus propias metas, con la confianza para expresarlas y la capacidad de hacerlas realidad?

El jardín está para jugar. La bicicleta, para utilizarla, no para permanecer en perfectas condiciones guardada en el garaje. El suelo se va a rayar. La comida se acabará. La suciedad se acumulará. Y los ruidos nunca cesarán.

Y así está bien. No buscamos tener una casa impoluta y silenciosa. Estamos criando a niños saludables y bien adaptados, a niños felices.

10 de agosto
Juega con el *slime*

Durante mucho tiempo, una de las reglas arbitrarias de Jeannie Gaffigan tenía que ver con dónde, cuándo y cómo podían hacer *slime*. Puede que tus hijos ya sean demasiado mayores para jugar con el *slime*, pero no es tan difícil empatizar con Jeannie. Claro que a los niños el *slime* les parece divertidísimo, pero es un fastidio limpiarlo, y ¿quién crees que, cuando se termina el juego, se queda con el estropajo y las toallas de papel en las manos?

Sin embargo, en un momento dado, Jeannie Gaffigan —madre de cinco hijos, esposa y colaboradora del cómico Jim Gaffigan— dio la vuelta a todas esas reglas; especialmente, después de haber combatido un tumor cerebral que había puesto su vida en juego: «Me di cuenta de que jamás les había preguntado a mis hijos "¿Me enseñáis a hacerlo?". Nunca había intentado hacer *slime*. Y aprendí a elaborar *slime*».

La vida es demasiado corta para dejar de lado los intereses de tus hijos porque no quieres lidiar con el desorden que queda después. Piensa un momento: ¿cuántas reglas prohibitivas establecemos? No puede haber comida en la sala de estar, ni zapatos sobre la alfombra, ni juguetes fuera de la habitación de los niños. Las normas suelen diseñarse para que nuestro día a día como padres resulte más cómoda, pero uno de sus efectos colaterales es que la vida de nuestros hijos se vuelve más aburrida.

Al mismo tiempo, también parece que tengamos pocas reglas positivas para nosotros mismos. ¿Por qué no ponemos unas reglas para estar atentos por sus cosas? ¿Por qué no unas reglas para jugar y divertirnos juntos? ¿Por qué no fomentamos la fascinación de los niños, en lugar de restringirla?

Trabajemos con el *slime*, no vayamos en su contra.

11 de agosto
Vigila tu voz interior

Siempre la oyes. Ahí ha estado toda tu vida: una voz en tu cabeza que te dice qué es lo correcto, qué es lo que tendrías que hacer. Esa voz también puede ser algo perversa, susurrándote que no eres bastante bueno, que los otros se dan cuenta de qué está pasando en todo momento, que nunca vas a estar a su altura.

El psicólogo del rendimiento Jim Loehr, que ha estudiado innumerables casos de atletas y líderes de élite, afirma que esa voz es la clave del éxito. «Empecé a darme cuenta», explica en una entrevista, «de qué es lo realmente importante: el tono y el contenido de la voz que solo uno escucha. Llegué a comprender que el coach más importante en nuestra vida es esa voz interior».

Pero ¿de dónde viene? ¿Cuándo se originó? En gran medida, de tus padres. Como dice Loehr, «sabemos que empieza a formarse a partir de los cinco años, y proviene principalmente de las figuras de autoridad en tu vida… ya sean funcionales o disfuncionales».

Como padres, por lo tanto, debemos ser conscientes de ello. Somos los responsables del tono de voz que va a instalarse en la mente de nuestros hijos. Nosotros decidimos si va a ser la de un antecesor sabio y paciente o la de un fantasma impredecible y cruel. Si va a ser una voz de conciencia y verdad, o de duda e inseguridad.

Y esta decisión se basa en *qué les decimos* y *qué les mostramos*, en cada instante de cada día.

12 de agosto
Qué importa realmente

> El mejor medio para hacer buenos a los niños es hacerlos felices.
>
> Oscar Wilde

Al autor Rich Cohen le encanta el hockey, por eso le gusta ver jugar a sus hijos. Como cualquier padre, lo último que quiere es que sus hijos sufran o, peor aún, que se les robe protagonismo o tiempo de juego.

En su adorable libro *Pee Wees: Confessions of a Hockey Parent* cuenta la historia de una conversación que tuvo con el entrenador de su hijo. Para Rich, a su hijo no le estaban dando el tiempo de juego sobre la pista de hielo que él creía que merecía, así que intentó defenderlo. El entrenador, por su parte, le contestó sin ningún rodeo: «Déjame preguntarte algo. ¿Está contento Micah?», dijo. «Sí», respondió Rich. «¿Crees que Micah se está divirtiendo?», le preguntó luego el entrenador. «Sí», tuvo que admitir Rich. Y fue ahí cuando el entrenador acabó diciéndole algo que los padres deberíamos tener en cuenta: «Entonces, ¿a ti qué te importa?».

Si nuestros hijos se están divirtiendo, si están contentos, si están aprendiendo cosas nuevas o creando vínculos con sus compañeros de equipo, eso es lo que realmente importa. Nuestro deber como padres no intentar por todos los medios que nuestros hijos sean unos triunfadores. Es enseñarles a vivir el presente, a descubrir qué les gusta, a ser buenas personas, a responder ante las situaciones que les presenta la vida. Eso es todo.

Y ¿qué nos importa todo lo demás?

13 de agosto
Mide el efecto de tus palabras

El rey Jorge VI se refería a sus hijas como su «orgullo y alegría». Para ser más preciso, de la princesa Isabel decía que era su «orgullo» y de la princesa Margarita su «alegría». Solo con el tiempo ambas se dieron cuenta de las tristes implicaciones que tenía aquella expresión: que estaba orgulloso de una y se divertía con la otra; por lo tanto, se sentía menos alegre con la primera y menos orgulloso de la segunda. Si hubiera sido un simple comentario ingenioso, sin un significado real —si sus acciones no lo hubieran confirmado—, habría poco que interpretar.

Es demasiado fácil bromear sobre nuestro hijo «fácil» y nuestro hijo «difícil», sobre nuestro «favorito», el «especial» o el que «nos llevará a la tumba» con sus ocurrencias. Dios sabe cuántas bromas irreflexivas sobre nuestros hijos han salido de nuestras bocas en una conversación casual.

Tenemos que considerar los efectos de esas palabras que soltamos sin más. Porque nuestros hijos nos oyen, y *nos escuchan de verdad*. Están intentando constantemente comprenderse a sí mismos y encontrar su lugar en el mundo. Las cosas que decimos hoy, cuando todavía son jóvenes, regresarán a su mente cuando sean mayores, y ellos las introducirán, para bien o para mal, en la narrativa de sus propias vidas.

14 de agosto
No confundas sus oportunidades con las tuyas

Joan Didion no pudo entrar en Stanford. Y, cuando llegó a casa, destrozada, su padre la miró y se encogió de hombros. Podríamos pensar que esa falta de empatía se sumó a su dolor y frustración, pero con el tiempo Joan comprendió que su padre había acertado reaccionando así en aquel momento.

«Pienso en su gesto de encoger los hombros con mucho cariño cada vez que oigo a los padres hablando de las posibilidades de sus hijos», escribió Joan Didion en uno de sus clásicos ensayos sobre la universidad en 1968. «Lo que me inquieta es la sensación de que están confundiendo las oportunidades de sus hijos con las suyas propias, exigiéndole a un niño que haga las cosas bien no solo para él mismo, sino para la mayor gloria de su padre y su madre».

Su padre se encogió de hombros porque no había proyectado nada de su identidad en las aspiraciones de ingresar en Stanford de su hija. Tal vez podría haber sido más comprensivo y reconocer cuánto de la identidad *de ella* estaba en juego en esa aspiración. Pero, quizás, esa era la clave. Quería mostrarle lo poco que en realidad importaba aquello: que su éxito y su fracaso en la vida se iba a basar en algo mucho menos superficial que una admisión a la universidad.

Lo mismo puede sucedernos a nosotros. Alentamos a nuestros hijos. Queremos prepararlos para que triunfen, pero no debemos confundir su gloria con la nuestra. No dejemos que ellos piensen que tienen que impresionarnos, enorgullecernos o que se sientan mal por habernos defraudado. En definitiva, no podemos dejar que crean que la universidad a la que vayan —o a la que no vayan— *cambiará* algo lo que ellos significan para nosotros... o lo que pueden hacer con sus vidas.

15 de agosto
Debería ser lo más fácil del mundo

La crianza es exigente: mantener a nuestros hijos a salvo, alimentarlos, procurarles la mejor educación posible e intentar que obtengan buenas calificaciones. Todo esto lo hacemos mientras nos movemos en un mundo donde la Ley de Murphy es real, donde hay que pagar facturas, donde tenemos que lidiar con nuestras propias miserias, ya que nadie lo hará por nosotros.

En ese sentido, ser padres es una tarea imposible con expectativas inalcanzables. Sin embargo, en otro sentido muy genuino, se padre es el trabajo más fácil del mundo. Porque, ¿qué necesitan realmente nuestros hijos? ¿Qué es lo que realmente te exigen? *Que los quieras. Que los aceptes. Que los apoyes y animes. Que los alientes. Que seas su mayor fan.*

Nada, literalmente nada salvo la muerte, puede impedirte que hagas esas cosas. En serio, ¿tan difícil es creer en ellos? ¿Tan difícil es motivarlos? ¿Tan difícil es recordarles que no te importa lo que haya pasado, ni lo que digan los demás, porque tú sabes que en su interior son buenos y competentes?

Y esta es la cuestión: ni siquiera la muerte puede impedirte que hagas esas cosas, porque si las haces ahora —muy a menudo, dándoles lo que necesitan con cariño y sinceridad—, se les quedará grabada esa voz interior mientras vivan, ellos y sus propios hijos.

16 de agosto
Necesitan que alguien lo haga

Quizá pienses que Muhammad Ali fue una persona que no necesitaba a alguien creyera en él, piensas eso porque solo conociste la última etapa de su vida. Conociste a un boxeador seguro de sí mismo, que sabía encumbrarse a sí mismo, un maestro de su arte, un guerrero intrépido.

Pero hubo un tiempo en que Ali fue un niño asustado, como cualquier otro niño. Era un joven negro llamado Cassius Clay que vivía en un país segregacionista, lidiando a duras penas con la realidad escolar en el Instituto Central de Louisville, Kentucky. Sus padres, agotados por la vida y el trabajo, no esperaban mucho de él; el mundo, mucho menos.

Sin embargo, una persona sí creyó en Cassius Clay, y eso fue suficiente para cambiarlo todo.

«¡Aquí está, damas y caballeros!», gritaba el director de su escuela, Atwood Wilson, cada vez que lo veía. «¡Cassius Clay! ¡El próximo campeón mundial de los pesos pesados! ¡Este muchacho será millonario!». Cuando algunos profesores quisieron expulsar a Cassius, cuya prioridad era el deporte y no los estudios, Wilson intervino con un discurso que pocos olvidarían: «¿Creéis que voy a ser yo el director de la escuela que no dejó terminar los estudios a Cassius Clay?», les preguntó. «Cassius Clay no va a fracasar en mi escuela. Al contrario: diré con orgullo al mundo entero que yo fui su maestro».

Todos los niños necesitan a alguien así, alguien que crea en ellos. ¿Por qué Muhammad Ali se convirtió en el mejor boxeador de todos los tiempos? Porque alguien luchó por él. ¿Sabes quién puede hacer esto por tus hijos? ¿Quién tiene que ser el mejor, el que más los aplauda y más los admire? Tú.

17 de agosto
Dales muchas palmaditas en la espalda

> Nunca está de más hablar bien de tu jugador.
>
> Bill Russell

La reina Isabel II tenía un trabajo extraño. Es difícil decir cuáles eran sus obligaciones diarias; en cambio, resulta bastante fácil hablar de todo lo que no hacía. No aprobó una ley. Nunca decidió sobre los líderes electos. Jamás expresó su opinión.

Sin embargo, sí que entregó muchos premios. Literalmente, cientos de miles de premios en el transcurso de sus setenta años de reinado. Al respecto dijo una vez:

> La gente, de vez en cuando, necesita que le den una palmadita en la espalda. Si no, sería este un mundo muy mezquino.

Muy cierto.

Quien más necesitan esa palmadita en la espalda son tus hijos… las tuyas son sus palmaditas preferidas. Hoy tómate un tiempo extra para hacerles saber lo especiales que son. Dales esa palmadita en la espalda.

18 de agosto
El juguete eres tú

Saber jugar es un gran talento.

Ralph Waldo Emerson

Tu hijo te pide que juegues con él a los trenes, así que bajas las vías de la estantería. Tu hija quiere montar un rompecabezas, así que empiezas a colocar piezas. Entonces, por alguna razón incomprensible para todos los padres del planeta, en el momento en que haces lo que ellos quieren que hagas, de pronto, pierden el interés. O no quieren seguir las reglas del juego, o te piden alguna otra cosa, o resulta que ahora quieren moverse al salón.

Si pierdes la paciencia y les gritas —¡¿*Qué es lo que quieres?!*—, no has entendido nada. O al menos lo has malinterpretado. Verás, lo que pasa es que el juguete eres tú. Lo que quieren es jugar contigo. No quieren que les des una marioneta, quieren coger los hilos de la tuya.

Cuando comprendes esto, todo se vuelve más fácil, no importa la edad que tengan. ¿Por qué es tan rebelde tu hija adolescente? En gran medida, para fastidiarte. ¿Por qué tu hijo en plena pubertad se pasa de listo constantemente? Para ver cómo respondes. ¿Por qué tu hijo pequeño te pide agua desde su habitación, solo para después cambiar de parecer y pedirte un zumo, y luego decirte que era *otro* zumo el que quería, y luego explicarte que lo que en verdad quiere es ir al baño? Porque es divertido. Porque es un juego. Porque están experimentando con la pequeñísima cuota de poder que tienen en este extraño e incontrolable universo: el poder sobre los adultos que tienen el poder sobre ellos.

Así que relájate. Déjate llevar. Intenta entender qué está pasando. No es algo que tenga que ver con el rompecabezas o con el zumo. En verdad, no tiene que ver con nada. El juguete eres tú.

19 de agosto
Cúbreles las espaldas

Cuando sir Archibald Southby cuestionó el historial de guerra de Randolph Churchill en el Parlamento, no buscaba nada personal. De hecho, justo después, intentó estrechar la mano de Winston Churchill con la intención de dejar claro que había sido una cuestión meramente política.

Pero para los Churchill no existía tal concepto.

«No me hable», le dijo fríamente Churchill. «Ha llamado cobarde a mi hijo. Así que usted es mi enemigo. No me dirija la palabra».

Desde luego, Randolph Churchill no era perfecto, pero eso no impidió que su padre le defendiera y le cubriera las espaldas.

El propio padre de Winston Churchill jamás había confiado o apoyado a su hijo. Y este, dispuesto a hacerlo mejor, no quería caer en el mismo error. Protegió a su hijo. Peleó por él. Le hizo saber a Randolph que siempre podría contar con él.

Nosotros tenemos que hacer lo mismo. Nuestros hijos van a meter la pata, pero necesitan saber que nunca renegaremos de ellos. Tienen que saber que siempre estaremos de su lado, que lucharemos por ellos, que jamás dejaremos que alguien abuse de ellos o los ataque sin escucharnos decir algo al respecto.

20 de agosto
Alimenta sus sueños

No es que los padres no crean en sus hijos. Es que saben que el mundo es duro, que surgen muchas dificultades. Y, sobre todo, quieren evitar que sus hijos sufran o experimenten terribles decepciones. Por eso, los disuadimos de abandonar los estudios para dedicarse a la música o de dejar su trabajo para emprender un negocio propio. Simplemente, nos preocupa su bienestar.

Will Ferrell — como ya hemos comentado, uno de los mejores humoristas de todos los tiempos—desafió a sus padres en ese sentido. *¡¿Cómo!? ¿De verdad piensas dedicarte a la comedia?* Incluso su padre, músico de profesión, tenía reservas acerca de la carrera tan inestable e incierta a la que su hijo aspiraba. Por fortuna, incluso antes de que Will acudiera a pedirle consejo, entendió algo importante. Roy Lee Ferrell, dejando de lado sus comprensibles y naturales preocupaciones, lo apoyó y creyó en él: «¿Sabes qué? Creo que tienes el talento, pero hace falta también mucha suerte. Si no lo consigues, no te preocupes. Siempre podrás intentar otra cosa».

Roy Lee le hablaba desde su propia experiencia, la que había ganado al recorrer un camino duro hacia el éxito en uno de los campos profesionales más soñados, y también más inestable e incierto, del mundo. Lo que en verdad le estaba diciendo era: *Tienes talento y yo creo en ti, pero va a ser realmente duro; tan duro que, si no funciona, tienes que entender que ese resultado dirá algo de la industria y no de ti como persona.*

Es un regalo increíble para tus hijos… el permiso para que lo intenten… más el permiso para que fracasen. Hazles saber que los apoyarás de cualquier manera, que nada cambiará en función del camino que elijan, de las cotas de éxito que alcancen o de las que no alcancen.

21 de agosto
No te preocupes más que ellos

En otra escena del maravilloso libro de Rich Cohen sobre la paternidad a través de la lente del hockey juvenil, Rich va a consolar a su hijo porque no ha podido entrar en el equipo tras un proceso de selección extremadamente injusto. Rich espera que su hijo esté enfadado o, al menos, que sea consciente de lo que había pasado, pero escribe: «El niño estaba algo tocado, pero no completamente enfadado o alterado. Y eso me molestó. ¿Por qué me importaba más a mí que a él?».

Esa es una gran pregunta: *¿Por qué te importa más a ti de lo que les importa a ellos?* ¿Por qué gastas tanto tiempo hablándoles del daño que les han hecho cuando ellos ni se sienten dañados? ¿Por qué necesitas que se lo tomen todo tan en serio como tú?

A medida que nuestros hijos vayan creciendo, van a encontrar sus propios obstáculos. Pero ¿de momento? Dejémosles disfrutar de su infancia. Son jóvenes. Perciben y sienten las cosas de forma diferente a ti. No asumas que la «perspectiva adulta» para mirar la realidad es necesariamente la correcta. Hay una sabiduría en su inocencia. Atrévete a reconocerla, o al menos respétala lo suficiente como para no corromperla.

22 de agosto
Un equilibrio difícil

Como padres debemos encontrar el equilibrio entre apoyar a nuestros hijos y exigirles que avancen.

Es como esos días en el parque cuando se suben al columpio por primera vez. Al principio, se trata de ayudarles a que se sienten bien y se adapten al movimiento pendular del columpio. Cada vez vas empujando un poquito más fuerte porque, si empujas muy fuerte demasiado pronto, corren el riesgo de salir volando por delante o sufrir un latigazo en la espalda. Con el tiempo se acostumbran al vaivén, encuentran la manera de agarrarse a las cadenas con confianza, saben cómo reaccionar a la fuerza de los empujones cada vez mayores y a los consiguientes balanceos en dirección contraria. Y, cuando por fin eso ocurre, es cuando con sus propias piernas empiezan a hacer fuerza, consiguiendo llegar lo más alto posible… más alto de lo que tú pensabas que podrían llegar sintiéndose tan cómodos.

Como padres, ese es el equilibrio que debemos encontrar —y mantener— en todo momento si queremos hacer lo correcto por nuestros hijos, porque nadie llega a ningún lado en la vida simplemente quedándose donde está.

Michael Dell, el fundador de la compañía Dell Computers, sigue un gran mantra en su empresa relacionado con esta idea: «Contento, pero nunca satisfecho». Quizá esta sea una buena manera de pensar sobre la ambición, el progreso y el desarrollo personal que deberíamos enseñar a nuestros hijos y, con algo de sensibilidad, aplicar también a nuestro propio estilo de crianza.

Recuerda: los mejores entrenadores son más duros con sus equipos cuando *ganan* que cuando pierden. Están contentos, pero nunca satisfechos; porque conocen el potencial real del equipo y quieren ayudarles a desarrollarlo. De igual manera debes actuar tú con tus hijos.

23 de agosto
No necesitan un sermón

> ¿Quién será preceptor más digno [...] aquel que sea verdugo de sus discípulos, si les es infiel la memoria, si su vista no es bastante rápida para leer sin vacilar, o aquel que para instruirles y corregirles prefiere reprenderlos y avergonzarles? Dame un tribuno o un centurión cruel: hará desertores que merecerán perdón.
>
> SÉNECA

Mientras John Steinbeck escribía *Al este del Edén*, su hijo Tom no se tomaba en serio los estudios. Su esposa creía que lo que Tom necesitaba era un buen sermón, pero Steinbeck, que estaba escribiendo sobre dos hijos muy distintos y rebeldes, sabía que esa no era una buena idea. «Él necesita algo más que eso», escribió en su diario. «Necesita infinita paciencia y disciplina».

Y eso no solo es lo que tus hijos necesitan, sino lo que todos necesitamos: paciencia y disciplina, amabilidad y firmeza, en grandes cantidades. Nadie quiere ser sermoneado. Lo que todos necesitamos es que nos comprendan y nos den responsabilidades.

Piensa en los problemas que tú mismo tenías cuando eras niño. Cuando te portabas mal, cuando no te tomabas en serio la escuela, cuando te metías en líos, ¿te ayudó que te gritaran? Lo que en realidad querías —lo que necesitabas— era que alguien entendiera por qué estabas haciendo todas esas cosas. Necesitabas que alguien te guiara de regreso al camino correcto y te ayudara a reconocer las consecuencias que tenía el haberte desviado.

Paciencia y disciplina era todo lo que necesitabas. Así que dales eso a tus hijos. Se lo merecen.

24 de agosto
Ser algo y alguien

E. H. Harriman fue un magnífico hombre de negocios y un padre sorprendentemente bueno. Tenía la reputación de ser un empresario voraz, pero en casa era tierno y comprometido con sus hijos. Era paciente y les inculcaba buenos valores.

Una vez, Harriman escribió al director de la escuela de su hijo para saber cómo llevaba los estudios. «Le va bien en sus estudios», fue la respuesta, a la que se sumó la grata noticia de que «el joven Averell avanza a paso firme». Entusiasmado, escribió a su hijo preguntándole si podría intensificar sus esfuerzos con el inglés. «Sé que puedes hacerlo como en las otras asignaturas», le dijo. «Es alentador que hayas mejorado tanto, y estoy seguro de que te pondrás al día, y seguirás y seguirás *hasta ser algo y alguien*».

Es una frase perfecta. No le estaba pidiendo a su hijo que obtuviera calificaciones excelentes. No le estaba diciendo que no valía nada por no sacar buenas notas en una asignatura. O que el éxito tenía que ver necesariamente con ser mejor que nadie. Al igual que el padre de Jim Valvano, lo que Harriman estaba diciendo a su hijo es que sabía que era capaz de conseguirlo y, algo más importante, le transmitía unas expectativas a la altura de su potencial: *ser algo y alguien*.

No es imprescindible que nuestros hijos tengan gran éxito financiero, mucho poder o que alcancen la fama. Lo que esperamos es que hagan algo de sí mismos, que sean alguien, ya sea un miembro respetado de su pequeña iglesia o el jefe de un órgano legislativo. Y esperamos que hagan algo, porque la vida es un regalo.

¿Desperdiciarla? ¿Hacer lo mínimo indispensable? Nunca, eso sería un fracaso para nuestros hijos y para nosotros. Así que redoblemos nuestros esfuerzos y nuestras expectativas.

25 de agosto
¿Qué les estás diciendo?

Cuando Susan Straight era una joven novelista, su mentor, el grandioso James Baldwin, le dijo: «Tienes que seguir escribiendo. Es indispensable». Imagina cuánta diferencia entre este ejemplo y que le dio su propia madre, quien —como antes hemos comentado— pensaba que su propia creatividad había terminado el día en que tuvo hijos.

Las preguntas que tenemos que hacernos son: ¿Qué camino estamos siguiendo? ¿Estamos diciendo a nuestros hijos que deben seguir desarrollando su potencial, que es algo *imperativo*? ¿O mediante nuestras acciones —o inacciones— les estamos transmitiendo todo lo contrario? ¿Nos hemos transformado sin saberlo en destructores de sueños o estamos convirtiéndonos activamente en constructores de sueños?

Esa es la cuestión. Y es definitivamente indispensable.

No obtenemos ningún beneficio en renunciar a ser nosotros mismos. Claro, puede que tengas que afrontar los hechos y elegir una carrera en vez de otra, pero eso *no significa tirar la toalla*. Ganar dinero con esa actividad que te gusta no es tan importante como ser cada vez mejor haciéndola, maximizando tu potencial.

Como padres y madres, es indispensable que los apoyemos, que seamos sus fans. Tenemos que alentarlos, decirles que no pueden detenerse, que tienen que seguir intentándolo. Que surgirán cosas mejores. El mundo va a encargarse de poner los obstáculos y provocar suficientes preocupaciones. No es necesario que echemos más leña al fuego. Tenemos que hacer justo lo contrario. *Tenemos que creer en ellos.*

26 de agosto
Es tu tarea chequear cómo están

Nadie representa mejor una escena en *Seinfeld* que los padres de George, Frank y Estelle Constanza. Y, naturalmente, nadie enerva más a George que ellos. Son unos padres desquiciados y absurdos.

En un episodio, George, como cada semana, tiene que llamarlos. Pero esa tarea le resulta tan engorrosa que se tiene que preparar los temas de conversación de antemano. El giro, por supuesto, es que sus propios padres también temen esas llamadas semanales: «Ahí está otra vez la bendita llamada de todos los domingos», terminan lamentándose.

En realidad, esto es precisamente al revés. ¿Por qué George tiene que preocuparse por el bienestar de sus padres? Esa tendría que ser una tarea de sus padres.

Tus hijos no eligieron esta vida. Tú sí. ¿Y qué significa esto? Significa que a medida que tus hijos crecen no debería existir jamás una de esas quejas, un «¿por qué nunca nos llamas?». Esa es tu responsabilidad.

Dicho esto, si tú quieres una relación en la que tus hijos *te llaman* y te *cuentan* lo que les pasa, empieza a crearla desde que son pequeños, cuando no puedes simplemente esperar a que ellos se abran y compartan sus problemas contigo, cuando eres tú quien debe preocuparse por cómo están porque *ellos no saben decir que se sienten mal* o darse cuenta de que hay algo que merece la pena compartir. Los niños no tienen aún la experiencia o la perspectiva para saber una u otra cosa.

Cuando se trata de cosas así, no basta con «estar ahí». Tienes que ir a su encuentro. Tenderles la mano. Conseguir con suavidad que se abran. Debes ayudarlos a darse cuenta de sus propios sentimientos. Tienes que hacer mucho más que «estar ahí». Tienes que ser proactivo.

27 de agosto
Otras personas también lo intentan

La gente con o para quién trabajas, o la gente que trabaja para ti, también tiene una vida fuera del trabajo. Igual que tú, son madres o padres, hijas o hijos. Igual que tú, tienen niños y relaciones y luchan por conciliarlo todo. Igual que tú, intentan poner la familia por delante y ser el sostén de los suyos.

El legendario entrenador de la NBA, Gregg Popovich es un líder severo y exigente, pero hace todo lo posible por ayudar a las personas con y para quién trabaja. Su antiguo ayudante Mike Brown cuenta un incidente que ocurrió cuando se estaba separando. Sus dos hijos vivían con su madre en Colorado, pero habían pasado unos días con él en San Antonio. Pero, cuando Brown los llevó al aeropuerto antes de tomar su propio vuelo para un partido fuera de casa con los Spurs, sus hijos empezaron a llorar y suplicar. No se querían marchar, querían pasar más tiempo con él. Entonces, Brown llamó al entrenador Pop para decirle que estaba teniendo algunos problemas y le pidió que retrasara el vuelo del equipo durante unos minutos más. Pop le dijo a Brown que se quedara con sus hijos. «No, no, no», dijo Brown, «los niños estarán bien».

«Si subes a este avión», le dijo Pop, «estás despedido». «¡Venga ya! Estaré allí en unos minutos», protestó Brown. «Recuerda, si te veo en este avión, te despediré». No dijo nada más. Brown y sus hijos perdieron los vuelos y pasaron tres días más juntos.

¿Te imaginas que alguien hiciera esto por ti? Puede que no. Pero quizás podrías volver ese sentimiento un poco más real *haciéndolo por otra persona*.

28 de agosto
No utilices a tus hijos

Las redes sociales se aprovechan de la parte más vulnerable de nuestra mente: la necesidad de ser vistos, oídos y validados. Los brillantes programadores de estas redes han descubierto la manera de recompensar este impulso adictivo mediante «Me gusta», comentarios y seguidores. Han convertido nuestra vulnerabilidad en un juego.

Eso es algo que a los padres debería preocuparnos. Cuando te sientas inseguro y necesites validación, resiste al impulso de publicar más fotos de tus hijos. Pregúntate: *¿Esto es realmente lo que mis hijos quieren? ¿Es realmente sano o apropiado para ellos? ¿O explotar su belleza es, más bien, una forma rápida de llamar la atención para sentirte mejor contigo mismo?*

Ser un fan de tus hijos no significa sobreexponerlos o intentar impresionar a la gente con su atractivo, ni en las conversaciones con tus amigos ni en las redes sociales. No se trata de presumir sobre la universidad a la que van o sobre lo guapos que estaban vestidos para su cumpleaños. Nuestra tarea es cuidar de ellos, no utilizarlos. No conviertas a tus hijos y las preciosas experiencias que tienes con ellos en carne de cañón.

29 de agosto
Enséñales a ser unos buenos deportistas

La manera de cómo alguien afronta las victorias y la derrotas revela mucho sobre su carácter. Mientras antes se enseñe esto a los niños, más preparados estarán para el mundo real —que incluye mucho de ambas cosas—.

En su ensayo *De la ira*, Séneca expone algunos consejos específicos para los padres cuando están enseñando a sus hijos a ser unos buenos deportistas:

> En las contiendas con sus compañeros no debemos permitirle que se ponga de mal humor o se enfurezca: procuremos que esté en buenos términos con aquellos con los que compite, para que en la lucha misma aprenda a desear no herir a su antagonista sino conquistarlo. Siempre que haya ganado o haya hecho algo digno de elogio, debemos permitirle que disfrute de su victoria, pero no que se precipite en arrebatos de alegría: porque la alegría conduce al júbilo, y el júbilo conduce a la fanfarronería y a la excesiva autoestima.

Esto es muy importante. Deseamos que nuestros hijos intenten ganar, pero no que estén poseídos por esa idea. Queremos que se sientan satisfechos cuando ganan, sin volverse tan dependientes o adictos a ese sentimiento que no puedan mantenerse enteros cuando, inevitablemente, pierdan. No queremos que las victorias alimenten su ego, ni que sus pequeñas derrotas en el campo de juego les provoquen inseguridad o autodesprecio.

Se trata, como siempre, de encontrar el equilibrio. Y, sobre todo, de ser respetuosos, ser responsables y disfrutar más del proceso que del resultado.

30 de agosto
Hace falta esto para prosperar

Varios años atrás, el escritor Malcom Gladwell señaló cuán sorprendente es que incluso en la NBA, que está llena de atletas de élite objetivamente talentosos, a veces sea preciso un cambio de equipo o de entrenador —o un especialista en salud mental— para que un jugador prospere. Puede haber pasado por dos o tres sitios sin éxito, haber tenido varias temporadas decepcionantes y, de pronto, cuando el entorno que lo rodea es el adecuado, cuando tiene el apoyo que necesita, ¡zas!, aparece el jugador genial.

Desde luego, el entorno lo es todo. El grupo adecuado lo es todo. El momento correcto lo es todo. En el camino, tenemos que ser pacientes. Tenemos que ser flexibles. No podemos dejar de incentivarlos, de creer en ellos. Sería grandioso seguir el ejemplo de esos equipos deportivos que, comprendiendo que tienen un activo muy valioso en sus manos, no se desesperan cuando las cosas no encajan inmediatamente y a la perfección. Más bien al contrario: cuando las cosas no están funcionando, se implican todavía más en la causa. No culpan a la estrella. Culpan al sistema… y procuran repararlo. Y los seguidores, mientras tanto, siguen alentándoles todo el tiempo.

Pues bien, nuestros hijos son todavía más importantes que cualquier jugador de baloncesto. Y su educación es aún más importante que jugar bien un partido.

31 de agosto
Ser un verdadero fan no es nada fácil

Era una época en la que las mujeres no trabajaban, y mucho menos se convertían en autoras publicadas. Al menos, no las mujeres respetables.. Y, sin embargo, allí estaba el padre de Jane Austen enviando sus escritos a un editor. «Como soy muy consciente de las consecuencias que tiene que una obra de este tipo aparezca por primera vez publicada bajo un nombre tan respetable, me dirijo a usted», escribió al reconocido editor Caller, según cuenta Claire Tomalin en su libro *Jane Austen: A Life*.

Ser fan de tus hijos no tiene que ver solo con apoyarlos ocasionalmente en un partido de futbol. Ni con decirles lo especiales que son. Tiene que ver, también, con exponerte, arriesgarte por ellos. Estar dispuesto a desafiar las convenciones y alentarlos para que las desafíen *ellos* mismos si sienten que su vocación se lo exige.

Pasarás toda tu vida intentando criar niños que se sientan a gusto con ellos mismos, confiados, dispuestos a tener éxito. Cuando tus esfuerzos empiecen a dar frutos, traerán aparejados los mayores desafíos. A medida que tus hijos trasciendan los límites de su zona de confort, puede que rechacen tu ayuda. ¡Pero eso es algo positivo! ¡Es justo lo que deseamos!

Tenemos que creer en nuestros niños, ser su mayor fuente de aliento, estar dispuestos a asumir riesgos por ellos. Porque si nosotros no creemos en nuestros hijos, ¿quién lo hará? Sé su auténtico fan. No es sencillo, pero ¿qué sería del mundo si todos los padres de la historia hubieran tomado el camino más fácil?

SEPTIEMBRE

CULTIVA LA LECTURA

(LECCIONES SOBRE CURIOSIDAD Y APRENDIZAJE)

1 de septiembre
El mejor nivelador

No todos tenemos la posibilidad de criar a nuestros hijos en la opulencia o facilitarles contactos influyentes. Ni siquiera podemos garantizarles una genética excepcional. ¿Significa esto que nuestros hijos juegan con desventaja? ¿Que están condenados al fracaso? En absoluto. Porque ahí fuera hay un excelente nivelador, uno que podemos enseñarles para que lo usen cuando lo necesiten.

El prestigioso entrenador de baloncesto de Princeton, Pete Carrill, solía decir a sus jóvenes atletas:

> Mi padre, que era de Castilla y León, trabajó durante treinta y nueve años en los altos hornos de la fábrica de acero Bethlehem. Cada día, antes de irse a trabajar, nos recordaba a mi hermana y a mí la importancia de ser inteligentes. «En esta vida», decía, «los más fuertes siempre se aprovechan de los más débiles, pero... los más inteligentes se aprovechan de los más fuertes».

Es, simplemente, sabiduría ancestral: usa tu cerebro. Es el arma secreta de los desposeídos del mundo, disponible para todos y, por supuesto, gratuita.

2 de septiembre
Así es cómo se les enseña

Dicen que cuento muchas historias. Y estoy de acuerdo; pero he aprendido por experiencia propia que a la gente común y corriente debes tomarla como es, más fácil de influenciar con una historia graciosa que de cualquier otro modo.

ABRAHAM LINCOLN

Si tomamos la Biblia como ejemplo, Jesús pocas veces decía lo que realmente quería decir. Prefería usar historias sencillas, parábolas y pequeñas anécdotas que hicieran pensar. Contaba historias de siervos y de amos poderosos. Contó la historia del hijo pródigo, la del buen samaritano, la del grano de mostaza y la de la oveja perdida. Resulta que es una manera bastante eficaz de transmitir una idea y hacer que perdure.

Lo mismo sucede con nuestros hijos. Todos aprendemos a través de las historias que nos cuentan. Aprendemos más cuando las personas comparten sus experiencias y los aprendizajes de esos momentos duros. No nos gusta que la gente vaya *directo al grano*, deseamos que se explayen y nos *muestren* más de esa experiencia.

Así que deja de pensar en darles todas las respuestas correctas y empieza a pensar qué historias puedes contarles para que las respuestas se revelen naturalmente. Es la mejor manera de enseñar.

3 de septiembre
Introdúcelos en el (amigable) mundo de las ideas

> Nuestro principal trabajo, nuestra primera responsabilidad, es inculcar a nuestros hijos el sentido del aprendizaje, las ganas de aprender.
>
> BARACK OBAMA

El general de los Marines y exsecretario de Defensa de los Estados Unidos, Jim Mattis, ha hablado en alguna ocasión sobre su idílica niñez en Pullman, Washington. Allí pasó mucho tiempo al aire libre, explorando, metiéndose en problemas... viviendo una típica infancia norteamericana. Recordaba con cariño una casa llena de libros, con unos padres que estimulaban a sus hijos no solamente a leerlos, sino también a cuestionarlos y dialogar con ellos: «Nos introdujeron en el mundo de las ideas, que no era un lugar temible, sino un lugar para disfrutar».

¡Qué maravilla poder decir eso! Tendría que ser el objetivo de cada uno de nosotros con nuestros propios hijos.

Enséñales a ser curiosos, a estar abiertos y dispuestos a explorar. Tu tarea consiste en enseñarles a formar sus propias opiniones, a decidir por sí mismos, a tratar con naturalidad los temas incómodos. Las ideas son nuestras grandes aliadas. Les serán muy útiles a tus hijos, y tus hijos serán muy útiles con ellas, si abrimos su curiosidad pronto y a menudo.

El mundo es un lugar lleno de grandes ideas. No hay nada que temer... salvo al miedo y a la ignorancia.

4 de septiembre
Edúcalos pronto (mientras puedas)

Aprender es, sencillamente, admitir influencias. Dejarse persuadir con rapidez es propio de los menos capaces para oponer resistencia.

Plutarco

Aunque parezca que son demasiado pequeños, tenemos que empezar a enseñar las cosas importantes a nuestros hijos lo antes posible. Porque, si nos demoramos, serán capaces de oponernos resistencia. Contarán con los argumentos y la resolución suficiente para resistirse a las lecciones que sabemos que necesitan para la vida y para afrontar las dificultades que todavía no pueden ver venir.

Tenemos que aprovechar mientras todavía son pequeños y están abiertos a recibir nuestra influencia. Tenemos que atravesar el umbral de sus reservas. Claro que ellos siempre preferirán los videojuegos. Claro que es más divertido hacer el tonto. Pero el momento es ahora, antes de que puedan oponerse con completa determinación, antes de que el cemento se seque del todo.

5 de septiembre
¿Haces esto durante la cena?

El que no sabe congelar sus pensamientos no debe acalorarse en la discusión.

FRIEDRICH NIETZSCHE

Algunas familias ven la televisión mientras cenan. Algunas familias cenan por separado. Algunas familias conversan distraídamente de su día. Pero las cenas en casa de Agnes Callard son distintas. Ella y sus hijos *debaten*.

Como Callard es filósofa, muchos de sus debates son filosóficos. Si uno de dos hermanos siameses comete un crimen, ¿habría que castigar a ambos? ¿Sería posible que el otro hermano fuera completamente inocente? Pero otras veces los temas son más triviales, como el debate que ofició su hija de siete años sobre cuál sería el mejor modelo de guante.

Por supuesto, no es el contenido del debate lo que importa, sino la actividad. Es algo que hacen como familia. Y como la mayoría de las estrategias de crianza valiosas, no es algo forzado o formal. No es una obligación o un deber. Estos debates empezaron como discusiones entre ella y su marido en las que sus hijos querían participar, y evolucionaron con el tiempo. Las normas se establecieron *ad hoc*; siempre ha sido una tradición orgánica. Pero al final, esa actividad habrá moldeado a esa familia y sus vidas intelectuales.

¿Puedes decir lo mismo de las cenas con tu familia? Tal vez tendrías que tocar ese tema. Incluso podríais debatirlo.

6 de septiembre
Cómo conseguir que lean (o que hagan cualquier cosa)

> Un lector vive mil vidas antes de morir. Aquel que nunca lee vive solo una.
>
> George R. R. Martin

En su clásico poema «Tula» de *Los libros tienen forma de puerta*, Margarita Engle define los libros como «portales», ocurrencia que además de ser muy cierta es muy bella. Los libros nos llevan a través de océanos y siglos, escribe, con el beneficio extra de hacernos sentir menos solos. Como dijo Stephen King, los libros son «una magia portátil única».

Queremos que nuestros hijos tengan acceso a esa magia; que atraviesen esos portales. *Queremos que lean.*

Al fin y al cabo, leer cualquier cosa es mucho más positivo que ver la tele, jugar con la consola o pasarse horas enviando mensajes con el teléfono móvil. Pero ¿hacemos lo suficiente para motivarlos a que empiecen un libro? ¿Predicamos con el ejemplo?

¿Con qué frecuencia te sorprenden tus hijos leyendo? ¿Cuántas veces te han visto con un libro en las manos? Quieres que sean buenos lectores, pero ¿realmente les lees a menudo? Les dices que los libros son importantes, que son divertidos, pero ¿haces que eso sea evidente?

Si quieres que tus hijos lean más, si de verdad deseas acompañarlos a cruzar esas puertas mágicas, muéstrales qué significa ser un buen lector. Habla con ellos sobre libros. Haz que los libros ocupen un lugar central en vuestra casa…y en vuestras vidas.

7 de septiembre
La vida de los grandes importa

¿Por qué contamos historias a nuestros niños? ¿Para qué les hablamos de historia? ¿Por qué les hablamos sobre la vida de Martin Luther King, George Washington, Porcia Catón, Florence Nightingale, Jesús o Marco Aurelio? Porque es importante.

Como escribió Longfellow:

> Las vidas de grandes hombres nos recuerdan:
>   podemos hacer nuestra vida sublime,
> y, al partir, dejar detrás de nosotros,
>   huellas en las arenas del tiempo.

Tenemos que enseñar a nuestros hijos la más importante y urgente lección de todas: *que pueden marcar la diferencia, que pueden cambiar el mundo.*

Contarles historias que los inspiren. Ese es el objetivo de leer antes de acostarse. No se trata de cansarlos para que se duerman más rápido. Necesitamos que nuestros hijos entiendan que el propósito de las clases de Historia no es torturarlos con las andanzas de unos hombres blancos que ya están muertos. Queremos que sepan que la vida de un individuo puede tener un impacto en la de los demás, que las personas pueden llegar a tener vidas extraordinarias, dejar huellas en la arena del tiempo.

No solo los héroes, los ricos o los miembros de la realeza, sino también *tus hijos*. Ellos de verdad pueden hacerlo. Y, cuando les ayudas a que se den cuenta de eso, estás causando tu propio impacto.

8 de septiembre
¿Llevas juguetes a casa?

Un niño aprende más en una fracción de segundo tallando un palito, que en días enteros escuchando a un maestro.

SIMÓN RODRÍGUEZ

Los hermanos Orville y Wilbur Wright eran vendedores de bicicletas en Ohio. No eran ingenieros. No fueron a la universidad ni tuvieron ninguna formación técnica. Mientras tanto, grupos enteros de ingenieros de las universidades más prestigiosas trabajaban en el desarrollo de un vehículo aéreo. Uno de esos equipos estaba financiado por el Departamento de Guerra de los Estados Unidos.

¿Cómo pudieron los hermanos Wright superar a aquellas mentes privilegiadas, financiados por grandes bolsillos, y convertirse en los famosos pioneros de la aviación moderna?

Todo empezó con un juguete, escribe David McCullough en *Los hermanos Wright*, «un pequeño helicóptero que llevó a casa su padre, Bishop Milton Wright, que era un acérrimo defensor del potencial educativo de los juguetes... Era poco más que un palo con dos hélices y bandas elásticas alrededor. Probablemente valía menos de cincuenta céntimos».

Hay quienes piensan que un juguete no puede cambiar la vida de un niño, pero se equivocan. Como dijo el maestro de Simón Bolívar muchos años antes del helicóptero de los Wright, un niño aprende tanto de un palo como de un maestro. Los juguetes son mucho más que objetos para entretenerse. Son mundos para descubrir. Son cosas de las que hay que responsabilizarse y cuidar. Son artefactos que hay que montar y desmontar. Son laboratorios de la vida.

Pasamos mucho tiempo introduciendo a nuestros hijos en el mundo de las ideas, cultivando su intelecto. Saquemos también algo de tiempo para traerles a casa juguetes interesantes, juguetes educativos, juguetes que les enseñen sobre otras culturas, juguetes que despierten su interés por la aviación, por las ciencias, por las matemáticas, por la historia o por la tecnología... Juguetes que sean, en sí mismos, recipientes de ideas.

Quién sabe qué puede salir de sus lúdicas exploraciones.

9 de septiembre
Enséñales a prestar atención

> Presta atención. Se trata de prestar atención. Se trata de captar lo máximo posible de lo que hay ahí fuera. La atención es vitalidad.
>
> Susan Sontag

Cuando el exdiplomático y exsecretario de Defensa Robert Lovett era un niño, él y su padre hacían rutas similares para ir al trabajo y a la escuela. El hecho de que salieran a horarios ligeramente distintos les permitía jugar a un interesante juego.

Por la noche después de cenar, según los biógrafos Walter Isaacson y Evan Thomas, el padre de Lovett le hacía preguntas sobre qué había visto en el camino. ¿Cuántos caballos tiraban del carro?, le preguntaba refiriéndose a una construcción que se estaba levantando en el centro. ¿Cuántas vigas llevaba el carro? o ¿cómo estaban enganchados los caballos al carro? Si el joven Robert acertaba, le daba unas monedas como recompensa; si se equivocaba, podía descontarle una cuarta parte de sus ganancias.

Era algo más que una actividad tonta que compartían, aunque esos momentos también sean maravillosos. Lo que su padre le estaba enseñando era *el arte de prestar atención*. Robert estaba aprendiendo a abrir los ojos, a fijarse en los detalles y a no dar por sentado todo lo que lo rodeaba, a estar presente. Fue una habilidad que utilizó con gran provecho a medida que ascendía en escalafón diplomático del Departamento de Estado.

Por supuesto, no tienes que jugar al mismo juego, pero puedes encontrar el tuyo para inspirar y recompensar a tus hijos por prestar atención. Las monedas y los elogios que puedan recibir en el momento serán agradables, pero se convertirán en insignificantes cuando, más adelante, se den cuenta del verdadero valor del regalo que les has hecho, que les durará toda la vida.

10 de septiembre
Lo que sea, es hermoso

A principios de la década de los ochenta, un anuncio de LEGO mostraba a una pequeña pelirroja con coleta sujetando su creación con los bloques de construcción. ¿Qué es? Honestamente, parece difícil de explicar. Son bloques aleatorios encajados entre sí. Uno de los muñecos LEGO tiene un árbol en la cabeza. No hace falta decir que ningún arquitecto aprobaría ese proyecto. Pero la adorable sonrisa en el rostro de la niña lo dice todo.

«¿Viste alguna vez algo parecido?» reza el texto del anuncio. «No solo lo que ha conseguido fabricar, sino lo orgullosa que se siente. Es la mirada que verás siempre que un niño construya algo por sí mismo. No importa lo que sea… Los juegos universales de construcción LEGO ayudarán a tus hijos a descubrir algo muy importante: a sí mismos».

Como padres —o adultos— es más fácil decirles a tus hijos cómo se supone que funcionan las cosas. *¡Los árboles no crecen en la cabeza de las personas! ¡No tiene sentido poner una ventana ahí! Pero ¿dónde van a dormir? ¡Los perros y los gatos no son amigos! ¡No hay aire en el espacio!* Pensamos que estamos ayudándolos y enseñándoles cosas básicas de la vida, pero lo que realmente estamos haciendo es pisotear su capacidad de crear e imaginar. Posiblemente, estamos censurando esa hermosa mirada de orgullo que mostraba la niña del anuncio; esa que es fruto de haber hecho algo por ti mismo. Y de descubrir una parte de ti en el proceso.

El tiempo de juegos es para jugar. Se supone que es algo trivial. Se supone que ha de ser divertido. No hay reglas. El verdadero funcionamiento del mundo y de las cosas no importa… salvo que ellos quieran que importe. Así que dales su espacio. Fomenta su creatividad. Simplemente, observa. Déjalos hacer cosas hermosas.

11 de septiembre
Así cultivas su inteligencia

> No tengo ningún talento especial, simplemente soy apasionadamente curioso.
>
> Albert Einstein

En el estupendo primer libro de Evan Thomas, hay una historia sobre Sandra Day O'Connor. «Durante una de las salidas de cigarras que se dan cada diecisiete años en Washington», escribe Thomas, «O'Connor recogió muchos de esos grandes insectos muertos y los envió en una caja de zapatos a sus nietos de Arizona».

Su asistente estaba desconcertado, pero O'Connor le explicó: «Una de las cosas más importantes para mí es que mis hijos y mis nietos sientan curiosidad. Porque, si no eres curioso, no eres inteligente».

No podemos controlar el nivel de inteligencia que tienen nuestros hijos. Ni siquiera podemos controlar a qué universidad quieren ir. ¿Matemáticas o artes? ¿Hemisferio cerebral izquierdo o derecho? Eso no depende de nosotros. Pero en lo que sí podemos influir es en su curiosidad. Podemos fomentarla planteándoles preguntas y recompensando su curiosidad. Podemos alimentar ese instinto hasta que se convierta en un rasgo de su personalidad, eligiendo todo tipo de materias interesantes y mostrándoselas a nuestros hijos. Y la mejor manera de demostrarlo —y prender la llama de la curiosidad— es comprometernos con aquellas cosas que a nosotros como adultos nos generan curiosidad.

No podremos convertirlos en genios, pero podemos cultivar su inteligencia… enseñándoles el hábito de ser curiosos.

12 de septiembre
Algo en lo que tienes que invertir

> Cuando tengo un poco de dinero, me compro libros. Si me sobra algo, me compro comida y ropa.
>
> Erasmo de Rotterdam

Te pasas la vida trabajando duro para tu familia. Sabes bien cuánto te ha costado ganar cada uno de tus dólares, lo que puede hacer más difícil el gastarlos. Sobre todo, si tienes la intención de invertirlos: cada dólar que gastas ahora tiene un coste de rentabilidad en el futuro.

Esa es una manera de verlo, pero *no la única*. Marco Aurelio escribió que una de las enseñanzas de su bisabuelo fue «evitar escuelas públicas, contratar buenos profesores privados y aceptar los costes como dinero bien invertido».

De lo que Marco Aurelio estaba hablando es *de invertir* en la educación de tus hijos, sea cual sea la forma que tú elijas para ello. ¿Necesita un profesor particular que le enseñe inglés un par de veces a la semana? ¿Clases de piano? ¿Un pase anual para el museo de la ciudad? ¿La gasolina y los traslados hasta la prestigiosa escuela del otro lado del centro, en vez de la que queda más cerca y tiene un nivel más bajo? ¿Educación privada? ¿Educación en casa?

Nada de todo eso es barato, pero no lo veas solo como un gasto. Piensa en ello como en una inversión, la más importante que puedes hacer. Es una inversión en sus conocimientos, en su educación, en su futuro. Los está haciendo mejores. Vale lo que cuesta.

13 de septiembre
Tienen que estrenarlo lo antes posible

Hasta que no llegó a la Facultad de Derecho, el futuro secretario de Estado Dean Acheson no era una persona plenamente adulta. Allí, con la ayuda de sus profesores, hizo un «tremendo descubrimiento». Estas fueron sus palabras:

> Descubrí el poder del pensamiento. No solo tomé consciencia de este poderoso órgano y de sus mecanismos, sino también de la masa ilimitada de material repartida por el mundo a la espera de ser introducida en el cerebro.

Es descubrimiento impulsó a Acheson a convertirse no solo en una de las mentes jurídicas más brillantes de su época, sino en el diplomático más importante del país. Pero también hay una parte triste en esta historia. Acheson pasó por Groton y Yale antes de entrar a la Escuela de Leyes de Harvard. Sus padres también eran gente inteligente. Pero, en cierta medida, nadie fue capaz —o nadie tuvo el interés— de ayudarlo a descubrir *el poder del pensamiento* hasta que cumplió veintitantos años ¡Qué lástima!

Así como tenemos que introducir a nuestros hijos en el mundo de las ideas, también tenemos que ayudarlos a descubrir el increíble poder del pensamiento. Es nuestro trabajo hacer que entiendan el ilimitado potencial humano que se almacena en ese kilogramo de materia blanda que tenemos entre las orejas. Primero hay que mostrarles el poderoso mecanismo que se les ha dado. Luego, enseñarles cómo utilizarlo.

Tenemos que desbloquear su cerebro... lo antes posible.

14 de septiembre
No se trata de leer, sino de hacerlo críticamente

> La lectura con precisión, sin contentarme con unas consideraciones globales.
>
> Marco Aurelio

Un mundo analfabeto no es bueno, pero un mundo en el que la gente acepta y cree irreflexivamente lo que lee no es mucho mejor. Es estupendo que enseñes a tus hijos a leer, pero ¿les estás enseñando a hacerlo con una *mirada crítica*?

Es importante que sepan que los autores se pueden equivocar, que pueden ser cuestionados, que un libro no es una conversación unidireccional, sino un diálogo entre un lector y un escritor, entre el presente y el pasado. Enséñales cómo hacer anotaciones, cómo estar en desacuerdo, cómo cuestionar lo que tienen enfrente, cómo participar en ese diálogo que se ha iniciado en las páginas que tienen en sus manos.

Es importante que aprendan que ningún libro es definitivo, que ninguna escuela o sistema ofrece todas las respuestas. Entrénalos para leer libros de pensadores que piensan distinto. Leed juntos un libro… luego leed uno que presente otro punto de vista. Háblales de la importancia de debatir, de cómo comparar y contrastar opiniones. Enséñales a ser algo más que lectores, a abrir sus mentes y ser lectores críticos. A cuestionar. A criticar. *A pensar*.

15 de septiembre
No frenes sus inquietudes

El famoso fotógrafo francés Henri Cartier-Bresson era un auténtico problema para sus profesores. Le aburría todo lo que le enseñaban en la escuela. No prestaba atención. Lo pillaban constantemente leyendo libros que no tenían nada que ver con la actividad escolar; libros a menudo inapropiados para su edad.

Un día, cuando estaba a punto de empezar el sexto curso, el director de la escuela lo sorprendió leyendo a Mallarmé y a Rimbaud, dos poetas franceses excepcionales. El director parecía estar harto. «Que esto no perjudique tus estudios», le espetó usando un *tono rudo e informal* que siempre iba seguido por algún tipo de castigo. Pero, de pronto, la voz del director se tornó amable. «Usarás mi despacho para leer», añadió, y condujo al niño hasta allí. Henri iba a ese sitio una y otra vez, como el lector precoz y curioso que fue hasta el último de sus días en la escuela.

Fue aquella conversación, esa pequeña cuota de protección intelectual, la que ayudó a Henri a forjar las bases y el sentido de libertad que le llevarían a convertirse en uno de los más grandes fotógrafos de la historia.

Debemos recordar que nuestro trabajo como padres —y educadores— no es mantener a raya a nuestros hijos porque sí. No es frenar su iniciativa porque nos resulte molesta, incómoda o provocativa. Nuestro trabajo es estimularlos. Darles su espacio, para que puedan hacer sus propias búsquedas individuales.

¿Quieren leer? ¡No lo dudes, déjales leer! ¿Quieren saltar o desviarse del camino tradicional? ¡Anímalos! Quién sabe, tal vez hayan encontrado su propia ruta.

16 de septiembre
Ha de ser en el momento adecuado

> Hay un selecto grupo de escritores que son accesibles para cualquiera, a cualquier edad o etapa de la vida —Homero, Shakespeare, Goethe, Balzac, Tolstói—, y luego están aquellos cuyo significado no se descubre hasta un momento determinado.
>
> Stefan Sweig

Es posible que nuestros hijos lleguen a entender *El juego de Ender* a los once años, o puede que no. Puede que reconozcan el mensaje de *El Gran Gatsby* cuando van a la escuela secundaria, o quizá tengáis que leerlo más adelante en una especie de club de lectura familiar. Puede que pronto se conviertan en aficionados a la poesía, o puede que no. Quizás les guste *El Principito* o *La telaraña de Carlota* tanto como a ti, o tal vez aún no haya llegado el momento.

Stefan Zweig tenía veinte años cuando cogió por primera vez los increíbles *Ensayos* de Michel de Montaigne, pero en aquel entonces no tenía «ni la menor idea de qué hacer con ellos». No fue hasta el último año de su vida, después de dos guerras mundiales y un exilio forzoso, cuando Zweig retomó a Montaigne. Esta vez la conexión fue instantánea. El impacto fue enorme. Porque era el momento adecuado.

Recuerda, nuestro objetivo es *criar* a buenos lectores. Pero, como ocurre con la jardinería, hay un tiempo y una estación para que ciertas semillas echen raíces. Hasta que lo consigas, has de tener paciencia.

17 de septiembre
Tienes que darles acceso

> La historia de Theodore Roosevelt es la historia de un niño pequeño que leyó sobre grandes hombres y decidió que quería ser como ellos.
>
> HERMANN HAGEDORN

Theodor Roosevelt procedía de una familia privilegiada. Eran gente rica que formaba parte de la élite social y tenían una mansión en Manhattan. Sin embargo, como escribió Doris Kearns Goodwin, su principal ventaja era en realidad bastante simple:

> Pocos niños leían tanto o tenían el acceso a tantos libros como el joven Roosevelt. Solo tenía que elegir un volumen de la vasta biblioteca de su casa o expresar interés por un libro y este se materializaba como por arte de magia. Durante unas vacaciones familiares, Teedie con orgullo les dijo a sus padres que él y sus hermanos pequeños, Elliott y Corinne, ¡habían devorado cincuenta novelas! Thee, el padre de Theodore Roosevelt, leía en voz alta a sus hijos por las noches después de cenar... Fundamentalmente, intentaba inculcarles principios didácticos sobre el deber, la ética y la moral a través de cuentos, fábulas y máximas de personajes célebres.

Sería maravilloso tener la oportunidad de brindar a nuestros hijos un apellido famoso, una admisión a Harvard o un fondo fiduciario, aunque eso es bastante difícil de conseguir. En cambio, lo que puedes —y debes— hacer es ofrecerle el acceso a una biblioteca, a un ilimitado número de libros. Criarlos en un hogar que, a pesar de que carezca de riqueza y fama como el de los Roosevelt, al menos sea rico en amor por la lectura.

18 de septiembre
Dos importantes habilidades que debes enseñarles

Al rememorar su asombroso camino hacia la presidencia, Gerald Ford confesó que uno de los principales reproches que se hacía tenía que ver con los estudios que había cursado en la universidad. En sus memorias escribió que, si pudiera volver atrás, las dos materias que habría estudiado serían escribir y hablar en público. Escribir bien y articular con seguridad un discurso frente a una audiencia fueron las dos herramientas principales que utilizó en todas las facetas de su trayectoria como líder. Y, paradójicamente, fueron las dos habilidades que —como la mayoría de estudiantes— menos practicó en la universidad.

A pesar de todos los cambios que ha habido desde que Ford fue a la universidad (promoción del 35), eso poco ha cambiado. Y nada es más importante que la comunicación eficaz.

Los niños tienen que aprender danza en Educación Física, pero las clases de debate y oratoria son opcionales, son actividades «extraescolares». ¿No es una locura? A los niños se los evalúa con exámenes estandarizados como si las habilidades de comunicación pudieran valorarse mediante preguntas de opción múltiple. De hecho, sorprendentemente, las preguntas y los fragmentos de texto que aparecen en esos exámenes a menudo son el epítome de la mala escritura y la comunicación ineficaz.

Y si las escuelas no se ocupan de estos aspectos, somos nosotros quienes hemos de hacerlo. Depende de nosotros que nuestros hijos aprendan estas habilidades, que sean capaces de expresarse por escrito y oralmente. Tenemos que darles la oportunidad de ponerse de pie y hablar en público, y fomentar la confianza necesaria para se sientan cómodos haciéndolo.

Pase lo que pase en el futuro, la comunicación será clave. Es tu trabajo asegurarte de que estén preparados.

19 de septiembre
Lleguemos al fondo del asunto

> ¿Cómo podrían los jóvenes aprender a vivir mejor que probando lo antes posible el experimento de vivir? Creo que esto ejercitaría sus mentes tanto como las matemáticas.
>
> Henry David Thoreau

La escritora Susan Cheever cuenta la historia de Henry David Thoreau, quien antes de convertirse en un gran escritor fue profesor. La escuela en la que enseñaba estaba cerca de un río, que era una fuente inagotable de fascinación para los niños, en especial por los interesantes sonidos que procedían del agua.

En una ocasión, un grupo de alumnos discutía si el ruido del río lo causaban las ranas. «El señor Thoreau, en vez de explicárselos con palabras, capturó tres pequeñas ranas, dos de las cuales estaban croando. De camino a casa, una se puso a croar en su sombrero».

¿No es ideal? Thoreau no se limitó finiquitar la pregunta con una respuesta obvia. Les mostró cómo llegar al origen de las cosas, la importancia de seguir su curiosidad. Thoreau siempre estaba dispuesto a ejecutar demostraciones como esa. Un día, por ejemplo, asignó a cada alumno una parcela de tierra y les enseñó a estudiarla juntos, a cultivar plantas y a observar lo que ocurría con ellas.

Es cierto que estamos muy ocupados. Es cierto que hay cosas que ya sabemos. Pero no basta con simplemente transmitirles lo que sabemos. Tenemos que demostrárselo. Tenemos que arremangarnos, quitarnos el sombrero y escavar juntos hasta llegar al fondo del asunto.

20 de septiembre
Una ventaja excepcional

Más de tres décadas después del famoso primer vuelo de Orville y Wilbur, un periodista les preguntó a los hermanos Wright cómo lo habían conseguido. Cómo dos hermanos «sin dinero, sin influencias y sin ningunas ventajas especiales» lograron lo que no habían podido hacer los especialistas que sí contaban con todos esos privilegios.

«Eso no es cierto», corrigió Orville. «No es correcto decir que no tuvimos ventajas. Sí que tuvimos unas ventajas especiales en nuestra infancia, sin las cuales no habríamos podido llegar demasiado lejos». ¿Y cuáles eran esas ventajas? «Lo que más nos ayudó», explicó Orville, «fue crecer en una familia donde se alentaba mucho la curiosidad intelectual. Si mi padre no nos hubiera animado a perseguir intereses intelectuales sin pensar en sacarles partido, nuestra temprana curiosidad por volar habría sido cortada demasiado pronto para dar algún fruto».

Nosotros tenemos que actuar así. Tenemos que cultivar sus curiosidades, sean cuales sean. Tenemos que estimular los intereses de nuestros hijos sin pensar en si van a sacar algún provecho o no.

No es necesario que seamos especiales, o especialistas, para darles esta ventaja excepcional.

21 de septiembre
Niños que preguntan «¿por qué?»

En el cuento *Cabeza y hombros* de Francis Scott Fitzgerald, el joven prodigio Horacio explica:

> Yo era un niño que preguntaba mucho *«¿por qué?», «¿por qué?»*. Quería saber cómo funcionaban las cosas. Mi padre era un joven profesor de Economía en Princeton. Me educó con un método: contestaba siempre, lo mejor que sabía, a cada una de mis preguntas.

Un niño que siempre pregunta «por qué». ¡Qué maravilla! ¿No es justamente eso lo que estamos intentando fomentar? Un niño que se interese por entender cómo funcionan las cosas. Un niño que no se contente tomándoselo todo al pie de la letra, que no se conforme con explicaciones simples.

¿Resulta algo molesto? Absolutamente. En alguna ocasión, incluso puede meterlos en problemas. Pero ser curioso es mejor que complaciente, y ser molesto es mejor que ser ignorante. Por supuesto, habrá momentos en los que estarás demasiado cansado para responder a sus preguntas. Habrá otros en los que sientas que sus preguntas son inapropiadas. Es entonces cuando debes hacer una pausa y respirar hondo, debes recordar que tienes que sembrar este hábito. Y también tienes que asegurarte de regarlo y hacer todo lo posible para que nunca se marchite.

Cuantas más preguntas hagan, mejor. No solo para ti o para ellos, sino para el mundo en que vivimos.

22 de septiembre
Enséñales los beneficios de los libros

La manera de enseñar a un niño a amar los libros —como ha dicho el gran bibliófilo Robert Greene— es apelando a su interés personal. *Muéstrales lo que pueden obtener de los libros.* De forma tangible, inmediata. Mejor aún, *encuéntrales un libro del que puedan obtener muchos, pero muchos, beneficios.*

El presidente Joe Biden ha hablado de cómo en el pasado la lectura sobre Demóstenes, el orador, y su impedimento para hablar le ayudó a superar su propia tartamudez. ¿No crees que este tipo de experiencias, a una edad tan temprana, convierte a una persona en lectora de por vida? Búscales libros que los entretengan, que los ayuden a conquistar a la persona que les gusta. Eso les hará reír. Molestará a sus profesores. Les ayudará a aprender una nueva habilidad, a resolver un problema o a sentirse menos solos.

Céntrate en los beneficios que obtendrán, porque los libros son como inversiones. Pagas unos cuantos dólares, te dedicas a ello unas horas y obtienes algo a cambio. Para hacer que tus hijos lean, tú tienes que ser un lector, por supuesto. Pero también tienes que mostrarles el provecho real que pueden sacar de los libros. Si no, ¿para qué va a molestarse en abrir uno?

23 de septiembre
No te burles de su pronunciación

Tus hijos harán todo tipo de tonterías. Tropezarán y caerán, y sí, a veces tú te reirás. Te mofarás de ellos por esto o aquello. Cometerán errores graciosísimos. Y, con el tiempo, recordarán su propia torpeza infantil con humor. Tu familia tendrá una gran selección de bromas particulares.

Eso está bien. Es maravilloso. Es lo que une a la gente… la capacidad de bromear los unos sobre los otros, de compartir recuerdos y experiencias.

Uno de los biógrafos de Harry Truman dijo: «El expresidente pronunciaba mal un número considerable de palabras, lo que al principio me desconcertó. Luego me di cuenta de que, aunque las había leído a menudo, rara vez, por no decir nunca, las había pronunciado en voz alta; en muchos casos ni tan siquiera las había escuchado decir a nadie».

Es esencial que tu hogar y vuestra relación sean un espacio seguro para la mala pronunciación de las palabras. No los avergüences cuando lean o cuando aborden temas fuera de su zona de confort. Así crecen. Bromea con ellos y diviértete todo lo que puedas. Pero ¿si pronuncian mal una palabra? Respétalo. Foméntalo… y, si de verdad quieres solucionar el problema, ¡empieza por ampliar tu propio vocabulario!

24 de septiembre
La sabiduría es una búsqueda sin fin

> Vive como si fueras a morir mañana. Aprende como si fueras a vivir para siempre.
>
> Gandhi

Cuando eras niño, ¿qué te parecía lo mejor de ser adulto? Seguro que el hecho de no ir más al colegio. Nuestros padres no tenían que cargar con libros pesados ni hacer los deberes. Tampoco los vimos esforzarse para conseguir entrar en esta o aquella universidad. Es un poco triste que, en general, mostremos a nuestros hijos que la educación termina en un punto concreto. Que la graduación es la meta final. Que, si bien la vida adulta no siempre es divertida, una enorme ventaja es que ya no tienes que ir a clase.

No tiene por qué ser así. Una historia sobre Epicteto cuenta que estaba un día enseñando cuando la llegada de un estudiante causó una conmoción al final de la sala. ¿Quién era? Adriano, el emperador. El ejemplo de Adriano tuvo un claro impacto en su sucesor y nieto adoptivo, Marco Aurelio. A finales de su reinado, un amigo de Marco Aurelio lo vio salir con una pila de libros. «¿A dónde vas?», le preguntó. Marco Aurelio le respondió que se dirigía a una conferencia sobre el estoicismo, ya que «aprender es algo muy bueno, incluso para alguien que se está haciendo viejo. Estoy yendo a ver a Sexto, el filósofo, para aprender algunas cosas que todavía no sé».

Si quieres que tus hijos valoren el aprendizaje, si no quieres que abandonen la educación en la que has estado invirtiendo tanto tiempo, dinero y esfuerzos, entonces, muéstrales cómo es un adulto comprometido con el aprendizaje permanente. Tenemos que mostrarles que aún no nos hemos graduado, que no estamos en unas continuas vacaciones de verano, que no hemos llegado a la meta final de la educación.

La sabiduría, deben aprender, es una búsqueda sin fin.

25 de septiembre
Que pasen tiempo con personas mayores

En su libro *The Vanishing American Adult*, el exsenador Ben Sasse reflexiona sobre qué podría parecerle extraño a una persona del pasado sobre nuestra sociedad. Aparte de la tecnología —dice—, se darían cuenta de la extrema *segregación generacional*. En la actualidad, pasamos prácticamente todo el tiempo con gente de nuestra edad.

Nuestros hijos van al colegio con otros niños. Nosotros trabajamos con otros adultos. Nuestros padres y abuelos residen en residencias de ancianos, en comunidades de jubilados y se embarcan en cruceros para la tercera edad. En el senado de Estados Unidos, donde Sasse trabajó, la edad media es de alrededor de sesenta y un años. En el momento de escribir estas líneas, hay solamente diez senadores más jóvenes que él. De hecho, si hay una mínima presencia de gente más joven, es gracias a los becarios de verano, los ayudantes y los asistentes legislativos júnior.

¿Cuándo fue la última vez que estuviste charlando con alguien que te dobla la edad? ¿Cuántas conversaciones mantienes con personas que crecieron sin todas las condiciones que tú das por sentadas?

En la canción «Humble and Kind», Lori McKenna habla de visitar «al abuelo siempre que puedas». Pero, en realidad, es necesario algo más. No te limites a tu familia. Tienes que asegurarte de que tus hijos no se queden atrapados en una burbuja, viviendo sus vidas lejos de cualquier persona que no sea otro niño.

Procura acercarlos a la sabiduría. Acércalos a personas que recuerden lo bueno y lo malo que los humanos han hecho en el reciente —y no tan reciente— pasado. Acércalos a personas que hayan aprendido lecciones dolorosas. Acércalos a personas que hayan logrado hacer cosas increíbles.

De lo contrario, toda esa sabiduría podría perderse, al igual que tus hijos.

26 de septiembre
Se trata de aprender, no de memorizar

Saber de memoria no es saber.

Michel de Montaigne

Es hora de repasar las tablas de multiplicar, les dices. Echemos un vistazo a tus tarjetas de vocabulario. O tal vez eres uno de esos padres que hacen a sus hijos recitar poesía o las líneas de una obra de teatro, o que los apunta a concursos de oratoria. Quizás ahora mismo os estéis entrenando para un concurso de ortografía.

Todo esto los hace más inteligentes, te dices a ti mismo. Pero ¿es así? ¿O es solo enseñarles a actuar de manera inteligente?

No estamos creando robots. Queremos a niños que puedan pensar, que puedan resolver problemas. ¿A quién le importa que sepan recitar? Queremos que conozcan cualquier *concepto*, así como su *significado*. Queremos que les guste aprender, ¡no perder el tiempo con prácticas triviales! Así que asegúrate de que tus prioridades están alineadas. Asegúrate de diseñar actividades que efectivamente te acerquen a ese objetivo. Asegúrate de ir al grano.

Enséñales a *saber*. Eso es lo que cuenta.

27 de septiembre
¿Qué juego estás enseñándoles?

En esta vida hay dos tipos de juegos: finitos e infinitos. Los juegos finitos son cosas que haces una vez y luego se acaban. Un juego infinito es más como la vida misma: sigue y sigue, y todo se interrelaciona y es independiente a la vez. El primer tipo siempre conduce a la misma solución. El segundo admite múltiples soluciones que no han sido pautadas de antemano.

Tobias Lütke, fundador de Shopify, intenta vivir la vida como un juego infinito. Y también intenta asegurarse de no enviar mensajes contradictorios a sus hijos. Hablamos a nuestros hijos de la educación como un juego infinito, dice Lütke. Les explicamos que el juego se trata del amor por el aprendizaje, de convertirlo en un propósito para toda la vida, de transformarse en la mejor persona que puedan llegar a ser... pero luego los enviamos con las más altas expectativas a ganar el juego finito del primer grado en la escuela.

Te resulta familiar, ¿verdad? ¿Acaso no comparas las notas de tus hijos con las de otros niños? ¿O te encuentras charlando con otros padres sobre el nivel de lectura o de matemáticas que alcanzan en la escuela en relación con el nivel estatal? Nos obsesionamos con la nota media y con los resultados de los exámenes estandarizados como si fueran las llaves del reino... ¿el reino de qué exactamente? Luego interrogamos a nuestros hijos, ya universitarios, sobre si ya han encontrado su especialidad, y sobre si la especialidad que han elegido les reportará un trabajo bien remunerado o no.

Queremos niños que se dediquen de por vida al juego infinito de la educación, niños que no piensen en resultados invariables o en objetivos obvios. Enséñales a jugar al juego infinito jugándolo tú mismo.

28 de septiembre
Haz que estén rodeados de libros

> Ningún hombre tiene derecho a educar a sus hijos sin rodearlos de libros.
>
> Horace Mann

¿Conoces la ecuación de Lewin? Estás experimentando sus implicaciones mientras lees esto:

$$B = f(P, E)$$

El comportamiento (B) es una función (f) de una persona (P) y su entorno (E). Nuestros hábitos, nuestras acciones, nuestra vida están determinados por el entorno que nos rodea.

¿Qué significa esto para nosotros como padres? Bueno, somos en gran medida los arquitectos del entorno de nuestros hijos. Todos tenemos diferentes medios y diferentes fines, pero dentro de esos medios tenemos el control sobre lo que rodea a nuestros hijos. Las influencias. Los colores. Los estados de ánimo. Las personas. Las interacciones. Y, por supuesto, lo más importante que existe para el desarrollo intelectual de un niño: los libros.

Si quieres que tus hijos sean lectores, tienes que diseñar el entorno propio de un lector, tal y como haría un arquitecto. Hay que rodearlos de libros. De los buenos. De los tontos. De los cortos y los largos. De libros usados. De libros nuevos. Tienes que exhibirlos en algún lugar destacado de tu hogar. Tienes que llevar a tus niños a librerías y bibliotecas. Si no, ¿cómo van a convertirse en lectores?

29 de septiembre
No los subestimes cuando se trata de libros

> Los libros modernos para niños son cosas bastante horribles, especialmente cuando los ves a montones.
>
> GEORGE ORWELL

No hace mucho tiempo, los niños aprendían latín y griego para poder leer a los clásicos en sus lenguas originales. Piensa en *Las fábulas de Esopo*, o en *Las vidas paralelas* de Plutarco. Son lecturas bastante pesadas. Pero eso no quita que sean igualmente beneficiosas. Cuando lees esos viejos libros escolares, lo que realmente estás haciendo es familiarizarte con las oscuras, pero sabias, figuras del mundo antiguo, a la vez que manifiestas tu voluntad de abordar temas atemporales y moralmente complejos.

Hoy en día, las secciones infantiles y juveniles de las librerías rebosan de escapismo infantil, melodrama fantástico y, sencillamente, sandeces de todo tipo. Los cascarrabias entre nosotros quieren culpar de esto a los millennials y a la Generación Z. Su pereza y sus gustos esquizofrénicos son la razón por la que estamos inundados de estas cosas, dirán.

¿Pero de verdad crees que nuestros hijos son más tontos que los de la época de Orwell? ¿O que los de una época todavía anterior? Por supuesto que no. Son niños. *Nosotros somos el problema*. Padres. Madres. Adultos. Educadores. Editores. Como colectivo hemos dejado de creer que nuestros hijos son capaces de leer libros desafiantes. Así que preferimos proporcionarles «ediciones infantiles» y estúpidos libros ilustrados, en lugar de ayudarles a desarrollar sus músculos lectores. Luego nos preguntamos por qué les cuesta tanto manejarse ante materiales de lectura más desafiantes.

¡Pues basta ya! Empújalos. Empújate a ti mismo. No son bebés. O, al menos, no deberían serlo después de aprender a leer por sí mismos.

30 de septiembre
¿Tienen un proyecto?

La maestría no se consigue recitando de memoria. Viene de enamorarse perdidamente de algo. Se consigue trabajando duro, sin duda, pero solo cuando el trabajo duro se alinea con un amor apasionado por un tema, un oficio o una disciplina. Olvídate de tus credenciales. Dales algo a lo que dedicarse con gusto.

Como escribió Paul Graham:

> Si tuviera que elegir entre que mis hijos tengan buenas calificaciones o que trabajen con ahínco en sus propios proyectos, elegiría lo último. Y no porque sea un padre indulgente, sino porque he estado en el otro extremo y sé qué es más valioso. Cuando buscaba empresas emergentes para Y Combinator, no me interesé demasiado por los aspirantes con mejores calificaciones. Sin embargo, quise saberlo todo de aquellos que habían levantado sus propios proyectos.

Si quieres criar un niño con auténticas aptitudes y con verdadera pasión en ese á, sería muy recomendable que hicieras lo mismo.

OCTUBRE

LUCHA Y EMERGE

(CÓMO CULTIVAR LA RESILIENCIA)

1 de octubre
La vida de un niño debe ser buena, no fácil

El filósofo estoico Séneca fue testigo en primera fila de uno de los peores ejemplos de educación de los hijos de la historia. En el año 49 d. C., lo reclamaron del exilio para que fuera el tutor de un niño de doce años llamado Nerón. El antiguo historiador Dion Casio nos dice que la madre del niño, la emperatriz Agripina, tenía todo el imperio en la palma de sus manos y utilizó su poder para asegurarse de que su hijo nunca tuviera que luchar por nada. Agripina era lo que hoy llamamos una madre *sobreprotectora* o *helicóptero*. Y en ese intento de despejar el camino —eliminando todos los impedimentos, obstáculos y dificultades imaginables— creó un monstruo, uno de los peores seres humanos de la historia.

No es una sorpresa, pues, que Séneca escribiera sobre la importancia de afrontar y superar las adversidades. El trabajo de «un buen padre», decía, «consiste en actuar como un buen entrenador, poniéndole pruebas sin cesar». El trabajo de un buen padre es hacer que la vida de su hijo sea buena, no cómoda.

Luctor et emergo es una gran locución latina que significa «lucho y emerjo» o «lucho y venzo». Los dioses, escribe Séneca, «desean que seamos tan buenos y virtuosos como sea posible, por eso nos asignan un destino que nos haga luchar». Sin lucha, dice, «nadie sabrá de lo que es capaz, ni siquiera tú mismo».

Es difícil *no* ser un padre sobreprotector o helicóptero. Amamos tanto a nuestros hijos que solo queremos lo mejor para ellos. Nos cuesta soportar la idea, y mucho más la evidencia, de que estén pasándolo mal, luchando contra las adversidades. Pero hemos de dejar que se abran paso entre las zarzas y que se enfrenten los riesgos de madurar. Recordémonos, día tras día, que la vida de un niño debe ser buena, no fácil.

2 de octubre
No puedes evitar que cometan errores

En la novela *Siddhartha*, el protagonista intenta desesperadamente convencer a su hijo de la importancia de tener una vida sencilla, conocimiento que ha alcanzado después de atravesar experiencias dolorosas. Como tú, como todos los padres, veía cómo su hijo ignoraba sus consejos, y se desesperaba al verlo avanzar en la dirección equivocada. Un día, Siddhartha confesó su decepción a su amigo Vasudeva, que le abrió los ojos con esta pregunta:

> *¿De verdad crees que todas las insensateces que has cometido en tu vida han sido para ahorrárselas a tu hijo?*

Sería fantástico que nuestros hijos no tuvieran que aprender por ensayo y error. Ojalá pudieran simplemente aceptar nuestro consejo y empezar desde donde nosotros lo dejamos, en vez de ir ellos mismos a comprobar si la proverbial estufa quema. Pero a estas alturas deberíamos ser lo bastante sabios como para saber que la vida no funciona así. Mucho de lo que sabemos, lo hemos tenido que aprender por nosotros mismos. Hay que cometer algunos errores para comprenderlos plenamente. ¿Acaso no es lo que te demuestra tu propia experiencia? ¿Cuántas de las advertencias de tus padres escuchaste realmente?

No puedes evitar que tus hijos cometan errores. Tienes que dejarles su espacio para que aprendan solos. Pero puede reconfortarte saber que les has inculcado el carácter, la consciencia y la voluntad de pedir la ayuda que van a necesitar para recuperarse de los errores que inevitablemente cometerán.

3 de octubre
La lección más importante

> En eso consiste la tarea principal de la vida. Distingue las cosas, ponlas por separado y di: Lo exterior no depende de mí, el albedrío depende de mí. ¿Dónde buscaré el bien y el mal? En lo interior, en mis cosas.
>
> EPICTETO

Hay una lección que subyace prácticamente en todo lo que queremos enseñar a nuestros hijos. Es una enseñanza profunda... y también muy simple. La lección que tienes que enseñarles es el corazón de la filosofía estoica, y asimismo la clave para el éxito en la vida: *No controlamos nada de lo que nos sucede, pero sí podemos controlar cómo respondemos a lo que nos sucede.*

¿Tu hija piensa que un profesor es injusto y no le cae bien? De acuerdo, puede que sea cierto. Pero ¿qué hará ella al respecto? ¿El entrenador dice que tu hijo es demasiado bajito para jugar al baloncesto? ¿Metió la pata y falló en el examen de matemáticas? ¿Hay un compañero que acosa a tu hijo en el patio de recreo? ¿A tu hija solo la admitieron en la escuela pública del barrio? La pregunta que sigue a todas estas realidades poco satisfactorias es siempre la misma: ¿Qué actitud vas a tomar? ¿Qué vas a hacer al respecto?

Enseña a tus hijos a no obsesionarse en la adversidad, sino a centrarse en lo que viene a continuación. Guíalos para que pongan toda su energía en su respuesta. Porque eso, y solo eso, es lo que depende de ellos. Este es el superpoder que tienen. Si les enseñas la lección principal, lo tendrán.

4 de octubre
No los ates de pies y manos

¡Siéntate y reza para que no te moquee la nariz! O, mejor, límpiate la nariz y deja de buscar un chivo expiatorio.

EPICTETO

Hay una gran historia sobre una joven espartana, Gorgo, que un día se convirtió en reina. A pesar de su real linaje, la criaron —como a todos los espartanos— para que fuera autosuficiente, sin lujos ni ostentaciones.

Así que imagina la sorpresa de Gorgo cuando un día vio que un sirviente le ponía los zapatos a un distinguido señor que visitaba Esparta. «Padre, mira», le dijo inocentemente a su padre, el rey Leónidas. «¡El extranjero no tiene manos!».

Por desgracia, muchos de nosotros podríamos llegar a la conclusión de que nuestros hijos no tienen manos ni cerebro. Los vestimos. Tomamos las decisiones por ellos. Despejamos el camino de cualquier obstáculo o inconveniente. Los vigilamos como auténticos guardaespaldas por si algo sale mal. Lo hacemos *todo* por ellos.

Luego nos preguntamos por qué parecen tan frágiles e indefensos. Nos preguntamos por qué tienen problemas de ansiedad o baja autoestima. La confianza es algo que se gana. Proviene de la autosuficiencia. Proviene de la experiencia. Cuando los malcriamos y los sobreprotegemos, les estamos atando de pies y manos, no les dejamos de fortalecer sus principales recursos.

Y eso no está bien. No es justo.

5 de octubre
No te pongas así

A principios de 2021, el músico John Roderick recibió muchas críticas por cómo educaba a su hija.

Su hija tenía hambre. Él estaba ocupado. Ella quería cocinar frijoles. Él quería que ella descubriera cómo hacerlo sola. Mientras él estaba ensimismado resolviendo un rompecabezas, ella intentaba abrir los frijoles con un abrelatas. Se esforzaba muchísimo, probando una y otra vez, pero no conseguía abrirla. «¿Puedes abrirme la lata?», le pidió al padre. Él se negó en redondo, esperando que eso fuera una lección para su hija. Ella siguió intentándolo, él siguió haciéndole sugerencias —y tuiteando sobre el tema—. Y así siguió, siguió y siguió durante seis horas hasta que la niña por fin consiguió abrir la lata.

Después de esta anécdota, Roderick fue apodado «el padre frijol». Hay una diferencia entre ser un padre sobreprotector y un padre frijol. Hay una diferencia entre dejar que tus hijos se enfrenten a las dificultades por sí mismos para que puedan mejorar y dejar que luchen con una lata durante horas para que tú tengas una historia sobre la que tuitear.

No, nuestro trabajo no es abrirles todas las latas. Ni dejar que luchen en la oscuridad durante seis horas. Lo que tenemos que hacer es intervenir, mostrarles cómo ser autosuficientes. ¡Enseñarles cómo diablos se abre una lata! Abre la lata por ellos la primera vez y déjalos que aprendan a partir de ahí. Sé un guía, no un «padre frijol».

6 de octubre
Ayúdales a estar preparados

> Así como cuando hace buen tiempo hay que prepararse para la tormenta, también en la juventud hay que aprovisionarse de disciplina y autocontrol para la vejez.
>
> Plutarco

Theodore Roosevelt pasó casi cada día de sus primeros doce años de vida batallando con un asma espantosa. Los ataques que tenía por las noches eran lo más parecido a una experiencia cercana a la muerte. Estuvo semanas enteras postrado en la cama. Nacido en el seno de una familia adinerada, Roosevelt podría haber permanecido en la cama y depender del cuidado de los demás durante el resto de sus días; pero un día, su padre entró en la habitación y le dijo algo que cambió su vida para siempre: «Theodore, tienes la mente, pero no tienes el cuerpo, y sin la ayuda del cuerpo la mente no llega tan lejos como debería». La hermana menor del joven Roosevelt, que presenció esa conversación, jamás olvidó cómo aquel frágil muchacho miró a su padre y le dijo con determinación: «Yo haré mi cuerpo».

Fue el comienzo de la preparación para lo que él llamaría «la vida extenuante». A partir de entonces, hacía ejercicio cada día. A los veinte años, su batalla contra el asma estaba concluida, porque Roosevelt había acabado con esa debilidad de su cuerpo.

No todos aceptan las cartas que les tocan. Rehacen sus cuerpos y sus vidas con disciplina y entrenamiento. Se preparan para el camino más duro. ¿Les habría gustado no tener que recorrerlo nunca? Por supuesto, pero era mejor estar preparados.

¿Y tus hijos? ¿Están preparados? Nadie nace con una columna vertebral de acero. Tu trabajo es ayudarles a forjar la suya.

7 de octubre
Enséñales a resolver sus propios asuntos

Robert Lovett, el secretario de Defensa de Estados Unidos durante la presidencia de Truman, dijo una vez: «Tal vez crean que es algo insignificante, pero se sorprenderían con la cantidad de gente que conocí en Washington durante la guerra que nunca habían resuelto nada por sí mismos».

Si quieres que tu hijo destaque, si quieres que tenga éxito, enséñale a gestionar las situaciones o resolver problemas. Eso es lo que lo convertirá en uno entre un millón. Hay un montón de chicos de la Ivy League a los que les cuesta tomar decisiones importantes, que no saben ocuparse de sus asuntos o que tienen dificultades para pensar y expresarse con claridad. Hay genios que, francamente, dicen y hacen cosas por las que te preguntas cómo se las arreglan para cruzar la calle sin que les atropelle un coche.

Esto no quiere decir que debas bajar el listón. Es para recordarte que te asegures de estar apuntando en el sentido correcto. ¿Títulos, acreditaciones exclusivas, comportamientos ejemplares? ¿Qué importa eso si no pueden ser autosuficientes, si no pueden resolver sus propios asuntos?

8 de octubre
Déjalos librar sus propias batallas

Ningún padre quiere ver sufrir a sus hijos. Es casi más doloroso para ti que para ellos verlos atrancarse con las palabras, rascarse la cabeza con sus deberes o avanzar a trompicones en los primeros años de su carrera. Pero, si nunca libraran esas batallas, no crecerían, no aprenderían, no mejorarían.

Thomas Edison, genio y empresario exitoso como pocos, tuvo problemas con exactamente esta cuestión. Era tan brillante, tan obstinado y tenía tan claro lo que quería, que a sus hijos no les dejaba el espacio suficiente para que se desarrollaran y aprendieran. No supo detectar la línea entre el ser jefe y ser padre.

Su mujer le escribió una hermosa carta que puede servir de recomendación para todos los padres:

> Has triunfado inmensamente en tu vida, has erigido con éxito tremendas industrias, así que no tienes nada más que demostrarle al mundo. Ya todos lo saben. *¿No puedes ser feliz dejando que los niños resuelvan los problemas solos?* Deja de actuar como si fueras el jefe de Charlie y sé su padre, ¡un gran padre!

Por supuesto, es maravilloso que te preocupes por tus hijos, que estés dispuesto a dar tu vida por ellos si fuera necesario. Pero tienes que dejar un poco de lado tus sentimientos —como tenía que haber hecho Edison— para que libren sus propias batallas y puedan aprender. Y de esta manera, además, les ahorrarás mucho sufrimiento en el futuro.

9 de octubre
Plantéales algunos retos

> La mayor parte del arte de vivir es la resiliencia.
>
> Alain de Botton

Por supuesto, quieres tener unos niños fuertes: niños activos y resilientes, sanos y competentes. Quieres que sean capaces de superar obstáculos y defenderse, que siempre estén preparados para los altibajos de la vida.

Pero no es suficiente con *querer* tener unos niños fuertes. Tienes que *hacerlos* fuertes.

Theodore Roosevelt era famoso por llevar a sus hijos a dar largos paseos por senderos entre rocas o a través de bosques espesos. Quería habituarlos al esfuerzo y a resolver problemas. Catón el Viejo, bisabuelo del admirado estoico Catón el Joven, un hombre que ascendió hasta convertirse en uno de los ciudadanos políticamente más influyentes de la antigua Roma, hizo lo mismo. Entrenó a su hijo Marco «en atletismo, le enseñó a lanzar la jabalina, a luchar con armadura, a montar a caballo, a pelear con los puños, a soportar el calor y el frío extremo y a nadar por los tramos más rápidos y violentos del Tíber».

Lograrás que los niños sean fuertes desafiándolos, planteándoles retos interesantes y mostrándoles las recompensas de salir airosos. Se les hace fuertes enfrentándolos a los problemas, y acompañándolos en la misión de resolverlos.

10 de octubre
No seas demasiado exigente

Muchos padres demasiado exigentes han tenido que aceptar que cada niño es distinto y necesita cosas diferentes. Catón el Viejo comprendió esto a partir de los retos que diseñaba para su hijo Marco. Como escribió Plutarco, Catón tuvo que darse cuenta de que Marco era un reflejo de su propia persona:

> Como su cuerpo no era lo bastante fuerte para soportar la extrema dureza, Catón se vio obligado a distender, un poco, la extraordinaria austeridad y autodisciplina de su propia forma de vida.

¡Y así ha de ser! Criamos a niños fuertes enseñándoles —con amor, paciencia y comprensión— cómo desarrollarse más allá de sus límites. Sin embargo, tenemos que reconocer y respetar esos límites. Tenemos que plantearles retos, pero no convertirnos nosotros mismos en el reto. Somos sus aliados. Jugamos en su equipo. Los amamos. Trabajamos con ellos y para ellos, no contra ellos.

11 de octubre
Sé así

¿Recuerdas ese video viral del pequeño niño iraní de cuatro años llamado Arat Hosseini intentando saltar al cajón? Arat lo intenta sin éxito nueve veces. Entonces, su padre, Mohamed, aparece en la escena y le regala a su hijo unas palabras de aliento. Al siguiente intento, Arat consigue saltar. Desde lo alto del cajón, busca chocar puños con el padre antes de lanzarse a sus brazos.

De esto se trata la expresión *luctor et emergo* (lucho y venzo). No se trata de hacerlos luchar sin sentido alguno. Se trata de estar a su lado, animándolos, ayudándolos a levantarse *cuando* se caigan, diciéndoles las palabras adecuadas cuando las necesiten. Se trata de ser como Mohamed, el padre del salto al cajón; no como John Roderick, el padre frijol.

12 de octubre
Ellos deciden el final de cada historia

El vicealmirante James Stockdale, después de que su avión fuera derribado durante la guerra de Vietnam, fue tomado prisionero por el ejército norvietnamita. Pasó casi ocho años siendo torturado y sometido a un aislamiento y un terror inimaginables. Cuando fue derribado o cuando fue tomado como prisionero, tenía pocas alternativas. Años después, cuando le preguntaron cómo había podido salir con vida, dijo:

> Nunca perdí la fe en el final de la historia, nunca dudé de que saldría de allí, porque además estaba convencido de que, al final, vencería y convertiría esa experiencia en el acontecimiento más determinante de mi vida; el cual, viéndolo retrospectivamente, no cambiaría por nada.

De lo que Stockdale se dio cuenta —y le ayudó a soportar ese terrible calvario— es de que tenía un poder extraordinario: podía decidir cómo iba a usar esta experiencia durante el resto de su vida, por corta o larga que fuera.

Enséñales eso. Enseña a tus hijos a ver las adversidades como el combustible necesario para avanzar. Enséñales a ver una oportunidad donde otros ven un obstáculo. Enséñales que, a pesar de que prácticamente todo está fuera de su control, tienen un poder asombroso con el que siempre podrán contar: el de elegir el papel que harán con lo que les suceda. Pueden decidir qué papel jugará cualquier desgracia que les ocurra en el camino. Tienen el poder de escribir el final de su propia historia.

13 de octubre
Haz que lo demuestren

En el maravilloso libro *Outdoor Kids in an Inside World*, Steven Rinella cuenta la historia de un día que llevó a sus hijos de acampada a Montana. Uno de ellos estaba convencido de haber visto un escorpión. Como Steven no se lo creía, el niño se enfadaba cada vez más, realmente seguro de que había visto uno. «Le dije que la única forma de hacer que cambiara de opinión», escribe Steve, «era trayéndome el escorpión para que yo lo viera, lo que parecía una cosa perfectamente razonable y segura a sabiendas de que no hay escorpiones en Montana».

Todos los padres que han retado a sus hijos con este tipo de imposiciones imposibles saben qué ocurriría después. *En cuestión de minutos*, los niños estaban de vuelta, con dos escorpiones en una roca. «Una búsqueda en Google reveló que estábamos ante dos ejemplares de la única especie de escorpión de Montana, el escorpión del norte, que se encuentra sobre todo en las áreas rocosas dentro del parque natural del río Yellowstone. Era una novedad absoluta para mí».

Todos aprendemos por las malas a ser un poco más crédulos con lo que nuestros hijos dicen. Aunque se equivoquen con frecuencia, cuando aciertan nos suele salir bastante caro. Pero eso no significa que deban tenerlo todo fácil. Haz que se esfuercen en demostrar lo que dicen. Haz que busquen y encuentren pruebas, que te den una descripción detallada de eso que vieron, que reconstruyan la escena. O mejor aún, hacedlo juntos. Les estás enseñando a mostrar su trabajo, a apoyar su postura, a convencer y persuadir... y, de paso, los mantienes ocupados.

14 de octubre
El dolor forma parte de la vida

> Aunque poseas unos poderes naturales y enteramente tuyos, no los usas porque todavía no sabes que los tienes ni de dónde vienen... Estoy dispuesto a demostrarte que tienes recursos y un carácter fuerte y tenaz por naturaleza.
>
> Epicteto

Cuánto desearías poder garantizarles que nunca sufrirán. Pero sabes que eso no es posible. Como dice el personaje de *Siddhartha*, de Hermann Hesse, no podemos evitar a nuestros hijos el sufrimiento que nosotros ya hemos pasado en nuestra vida. Porque el sufrimiento y el dolor son una parte esencial de la vida.

Nuestra misión como padres es criar a niños lo suficientemente fuertes, lo *suficientemente amados*, para que puedan afrontar lo que la vida les depare. No queremos que sufran, pero cuando el dolor llegue —y sin duda llegará—, queremos que sean capaces de soportar el impacto inicial, que consigan superar las vicisitudes y aprender cuanto sea posible de sus consecuencias.

Piensa en ello hoy mismo. Piensa en fortalecer a tus hijos, piensa en prepararlos para un futuro incierto. Porque eso es lo único que sabemos con certeza: que el porvenir es totalmente incierto. Que las cosas van a ponerse difíciles tarde o temprano. Que algunas cosas irán mal. Que habrá más pandemias y estados de emergencia. Que nos aguardan más recesiones y angustias. Nuestros hijos tienen que estar preparados para ello... y depende de nosotros que así sea.

15 de octubre
Instantes de valentía

En 2006, Benjamin Mee compró un *zoológico* que estaba en ruinas y necesitaba desesperadamente un dueño comprometido. Mee y su familia también estaban pasándolo mal. A ellos las cosas tampoco les habían ido muy bien. Pero, como muestra la escena inmortalizada por Matt Damon en la versión cinematográfica del libro *Compramos un zoológico*, Mee le explicó a su hijo que la vida se define por los momentos en que superamos nuestros límites y nos exponemos a lo que hay allí fuera:

> Ya sabes, a veces lo único que necesitamos son veinte segundos de valor desatado. Literalmente, veinte segundos de absurda valentía.
> Y te prometo que es suficiente para que algo grande salga de ello.

Esta forma de manifestar nuestra valentía en pequeñas porciones es algo que debemos transmitir a nuestros hijos. En general, una persona no es valiente constantemente. Solo podemos ser valientes en momentos concretos, en ese instante específico en que es necesario. Esto es tan cierto para nosotros y nuestros hijos, o para el hijo de Benjamin Mee, como para los soldados más laureados de la armada.

Si nos pusiéramos a leer las menciones de muchos de los condecorados con medallas de honor, por ejemplo, veríamos que la acción que luego se convierte en un acto de heroísmo apenas dura un instante. Normalmente, no ocurre en medio de una lucha contra doce insurgentes durante cinco horas... sino cabalgando en el llano, expuesto al fuego enemigo por los tres lados, para socorrer a un camarada abatido.

Literalmente, solo bastan veinte segundos de descabellada y absurda valentía. Eso es lo que implica el coraje. Así que enséñales a encontrar esos veinte segundos. Diles que algo grande saldrá de ello. Prométeselo.

16 de octubre
Descubre el lado positivo

La paternidad suele presentarnos una situación difícil tras otra. Uno niño está enfermo. El otro tiene problemas en la escuela. Recibes una llamada de tu vecina para informarte de que ayer pillaron a tu hijo tirando piedras a su casa. Tu hija está sufriendo acoso escolar. Hoy, toda la familia llegaréis tarde al partido de fútbol.

¡Uf! Es frustrante, agotador. Lo vemos todo bastante oscuro.

Lo que tenemos que recordar en momentos como este es aquella memorable observación de Laura Ingalls Wilder:

> Hay algo bueno en todo lo que sucede, solo si somos capaces de verlo.

Si nosotros, como padres, vemos cada situación que se nos presenta como un problema, como una carga, nos agotaremos... demasiado rápido. Pero si, en cambio, conseguimos ver lo bueno de cada circunstancia adversa, si logramos centrarnos en la oportunidad que representa cada obstáculo, no solo tendremos más probabilidades de superar las adversidades, sino que también seremos mejores padres.

17 de octubre
Échales una mano, pero no les cortes las alas

Tienes demasiadas tareas por hacer. Tus hijos tienen que vestirse. Tienen que comer. Tienen que ir a la escuela. Tienen que ser buenos estudiantes. Tendrán que ganarse la vida, que ingeniárselas para encontrar una casa, una pareja, para sortear las dificultades del mundo contemporáneo.

Hay tanto por hacer… ¡y ellos son tan inexpertos! ¿Cómo podemos involucramos sin pasarnos de la raya? ¿Cómo podemos saber cuándo hemos de echarles una mano? ¿Qué problemas podemos resolverles, o qué preocupación quitarles de encima? Evidentemente, no existen unas reglas precisas. Nadie tiene la fórmula infalible. Corre con los gastos de la universidad, pero no les regales un coche. Prepárales la comida, pero no les hagas los deberes. Limpia la cocina, pero no su habitación.

Quizá deberíamos seguir un buen principio, y para ello podríamos adaptar la frase de Plutarco sobre el liderazgo:

Un padre debe hacer cualquier cosa, pero no todo.

Un gran líder siempre está disponible. Como cualquier buen padre, *haría cualquier cosa* por su familia o su organización. Pero, al mismo tiempo, sabe que *no puede encargarse de todo*. No es bueno para él ni para los demás.

18 de octubre
Todo tiene solución (parte 1)

> El impedimento para la acción hace avanzar la acción. Lo que se interpone en el camino se convierte en el camino.
>
> MARCO AURELIO

Hay una historia que se repite constantemente en las biografías de la gente más brillante y creativa. Es más o menos esta: de niños se hacen una pregunta, quizás acerca del funcionamiento del motor de un coche o sobre qué hay en la Antártida. En realidad, no importa la pregunta que sea, porque la respuesta de sus padres siempre es la misma: *No lo sé, pero ¡vamos a averiguarlo!* Así que se acercan a la biblioteca o a la ferretería o al ordenador e investigan hasta que encuentran una respuesta.

Lo que esta experiencia inculcó en la mente de esas pequeñas personas que se convertirían en figuras admirables fue algunas lecciones que luego marcarían una dirección: 1) sus padres los escuchaban y se preocupaban por ellos; 2) la curiosidad es el punto de partida para cualquier gran aventura; (3) hay sitios, como una biblioteca, internet, o las palabras de un viejo vecino sabio, en los que se pueden encontrar respuestas.

Sin embargo, lo más importante en esa historia que tantas mentes destacadas han compartido es aprender lo que el título del libro de Marie Forleo expresa perfectamente: *Todo tiene solución*. Podemos resolver los problemas. Podemos deshacernos de la ignorancia. Podemos encontrar respuestas. Podemos convertir lo desconocido en familiar. Podemos descubrir cosas nuevas.

Enséñales cómo hacerlo. Indícales cómo acceder a la biblioteca, al ordenador, al teléfono o al maestro de ciencias. Enséñales que todo se puede descifrar, lo grande y lo pequeño.

19 de octubre
Todo tiene solución (parte II)

Cuando Charles Lindbergh estaba pensando en emprender el primer vuelo transatlántico, se encontró con un problema: no sabía qué distancia tenía el recorrido.

En sus memorias del vuelo hay una conversación increíble que Lindbergh mantiene con un mecánico sobre su plan de vuelo desde Nueva York a París por una ruta determinada.

«¿A qué distancia están las dos ciudades?», pregunta uno de ellos. «Diría que a unos cinco mil kilómetros. Aunque podríamos conseguir una cifra bastante más precisa obteniendo la escala a partir de un globo terráqueo. ¿Tienes idea dónde hay alguno?». Y el primero respondió: «Hay un globo terráqueo en la biblioteca pública. En unos minutos podemos estar allí. Necesito saber cuál es la distancia antes de hacer un cálculo certero. Mi coche está afuera».

Lindbergh era un hombre que sabía solucionar sus propios problemas *investigando y buscando las respuestas* por su cuenta. Él y su compañero, con un trozo de cuerda —que estiraron en el globo terráqueo—, midieron la distancia entre Nueva York y París, y luego trasladaron el resultado a la escala real. E hicieron un cálculo bastante aproximado para que Lindbergh sobreviviera al vuelo.

No tenemos que resolver todos los problemas de nuestros hijos. Tampoco se trata de disciplinarlos para que memoricen cualquier detalle. Lo que tenemos que hacer es que aprendan a buscar sus propias soluciones. Tienen que aprender que todo tiene solución.

20 de octubre
Cuidado con tu ayuda

En el 2016, Jeannie Gaffigan descubrió que tenía un tumor cerebral del tamaño de una pera. La probabilidad de morirse era realmente alta. Además, si salía de esa, tendría una recuperación larga y dolorosa, y quizá no volvería a ser la misma. Fue un momento tremendamente difícil para toda la familia Gaffigan. En una entrevista, Jeannie habló sobre lo asustada que estaba de que su familia no fuera capaz de seguir adelante o, incluso, de sobrevivir sin ella:

> Mientras me llevaban en silla de rueda a la sala de operaciones, iba pensando y dando instrucciones: «La contraseña de mi ordenador es...», «y el número para hacer el pedido de frutas y verduras es...». *Aún hay tantas cosas por explicarles*, pensaba. Cuando estuve en recuperación, me di cuenta de que, al ocuparme de todo, les impedía desarrollar la habilidad de funcionar por sí mismos. De eso aprendí dos lecciones clave. Aprendí que estaba intentando controlar demasiado mi vida, a mi gente y a mis hijos. Y, en segundo lugar, aprendí que ellos se las arreglaban bien por su cuenta. Que no necesitaban formar parte del campamento de entrenamiento militar que yo dirigía.

Naturalmente, la lección aquí no es que tú o tu pareja no seáis importantes en la vida familiar. Eso sería absurdo. De lo que Jeannie Gaffigan se dio cuenta es de que, al aferrarse demasiado al control, al ser tan excesivamente servicial, lo que en realidad estaba haciendo era limitar a sus seres queridos. «Ahí estaba yo, sin poder hacer nada», dice, «y todo el mundo estaba bien. Eran mejores personas. De mi Jim surgían ideas e iniciativas que nunca antes había tenido. Y la vida de mis hijos se desarrollaba fantásticamente, mientras yo los observaba desde lejos. En verdad, no me necesitan, aunque en cierto modo sí».

21 de octubre
Deja que lo descubran por sí mismos

Lo más fácil sería darles todas las respuestas. Incluso hasta podría resultarte divertido. Todo sería más rápido, funcionaría mejor y podrías ocuparte de tus asuntos sin demoras. Pero no es así cómo funciona.

Hemos dicho antes que la meta es criar a nuestros hijos de manera que puedan arreglárselas por sí mismos. ¿Y qué significa eso? Significa que tienes que dejar que ellos resuelvan sus asuntos.

John Stuart Mill recordaba que, en la particular educación que supervisó su padre, «todo aquello que podía descubrirse mediante el pensamiento nunca me fue revelado hasta que había agotado todos los caminos para averiguarlo por mí mismo». No es que su padre no quisiera echarle una mano, sino que incentivaba a su hijo a que diera el primer paso. Más que incentivarlo, simplemente, le dejaba luchando por ello, sin darle la respuesta hasta que no la había deducido o, al menos, había aprendido a aprender. El niño tenía que intentarlo y fracasar antes de que él acudiera a su rescate.

Luctor et emergo, ¿recuerdas? ¿Lucho y venzo? Intentemos que sepan que cuentan con los recursos y las capacidades necesarias para encontrar las respuestas por sí mismos y, si todavía no pueden, la mejor manera de conseguirlo es fomentarlo a través de la experiencia, la curiosidad y la exploración. Dosifiquemos algunas de las respuestas que podríamos darles con facilidad; no para complicarles la existencia, sino porque los queremos mucho. Dejemos que hagan su búsqueda por el camino más espinoso, porque creemos en ellos y porque creemos todavía más en los frutos que ese recorrido dará.

22 de octubre
Lo importante es el punto de vista

> Elige que no te hagan daño, y no te sentirás dañado. No te sientas dañado, y no lo habrás estado nunca.
>
> Marco Aurelio

Hay cosas que nadie quiere que pasen; especialmente, a sus hijos. Pero, de un modo u otro —por ejemplo, rompiéndose un brazo, sufriendo acoso—, la vida las pone en nuestro camino: cosas que frustran, cosas que duelen, cosas que generan conflictos.

Aunque estos sucesos nunca nos pillan prevenidos, tenemos que recordar que, cuando ocurren, siempre tenemos una opción: como comprendió James Stockdale en el infierno que atravesó en la selva de Vietnam, nosotros elegimos cómo posicionarnos ante tales acontecimientos; decidimos cómo verlos. Elegimos cómo vamos a contarnos esa historia a nosotros mismos.

La importancia de esta idea se reveló en las actitudes de los padres durante la pandemia. Muchos optaron por ver que había sido muy perjudicial para sus hijos, ya fuera por la educación a distancia o por no poder ver a sus abuelos. Desde luego, eran unas circunstancias indeseables que *tuvieron unas consecuencias* en la vida de todos. Pero ¿fueron tan «perjudiciales»? Es una manera muy subjetiva de verlo, la mirada que se ha elegido.

¿Afectarán a tus hijos todas las cosas que pasan? ¿Tener que cambiar de profesor a mitad de curso porque tu familia ha decidido mudarse? ¿Tener que usar gafas? ¿Un divorcio? ¿Sus problemas de aprendizaje? Sí. Sería deshonesto afirmar lo contrario. ¿Pero les afectarán *negativamente*? Eso depende de ti. Porque la forma de cómo decidas verlo y —lo que es más importante— cómo decidas responder a ello va a determinar cómo tus hijos perciben los acontecimientos y cómo les afectan.

23 de octubre
Déjales dar el primer paso

El general H. R. McMaster y su hija, millennial, se refieren en broma a los amigos de ella como «la generación no puedo pelar la naranja sola». Es decir, que los niños con los que ella creció ni siquiera podían pelar una naranja sin que sus padres empezaran a pelarla. Y ahora, como adultos, sufren por ello. Porque, desde que tienen consciencia, sus padres han estado resolviendo por ellos innumerables cosas de este calibre. Ya sea improvisando la noche anterior el proyecto para la feria de ciencia o discutiendo con los profesores por las —malas— calificaciones que se han ganado por mérito propio o asumiendo la cuota de alquiler de una casa que no pueden permitirse. De un modo u otro, la hija de McMaster está rodeada de impotencia aprendida.

Muchas razones justifican este estilo de crianza sobreprotectora o helicóptero: narcisismo, miedo, inseguridad, incertidumbre económica y, por supuesto, el amor verdadero. Independientemente de la emoción que haya detrás, el efecto es el mismo.

Nuestro objetivo es criar a personas autosuficientes. Así que dejemos que pelen sus propias naranjas. Eso no significa que tengas que dejar que se agobien en el proceso, como el «padre frijol», sino que los acompañes en el proceso de entender cómo se hace. Significa estimularlos. Significa fijarles unas expectativas. Significa dejar que anden por su cuenta.

24 de octubre
Ellos también pueden tener éxito

Sí, es cierto: muchos de los líderes mundiales, artistas y empresarios más exitosos provienen de entornos adversos. La adversidad los moldeó e incluso impulsó su grandeza.

Entonces, ¿el que tú sigas felizmente casado y puedas enviar a tus hijos a colegios privados y comprarles ropa significa que están, hasta cierto punto, lejos del camino del éxito? ¡En absoluto!

«Algunos sostienen que una infancia infeliz es necesaria», escribió la bailarina y escritora Agnes de Mille en la biografía de Martha Graham. «Es posible que así sea. Sin embargo, muchas infancias son infelices sin producir nada atractivo, siendo un resultado casi seguro de ello es encontrarse con más problemas a lo largo de la vida».

La realidad es que las personas exitosas vienen de todo tipo de entornos. Franklin Delano Roosevelt tuvo unos padres cariñosos. Churchill, no. Ambos, sin embargo, alcanzaron metas impresionantes... y, aunque los dos lucharon por hacer bien su trabajo, cada uno intentó proporcionar un hogar cálido, sano y estable a sus propios hijos.

Crear una infancia feliz para nuestros niños es el punto central de lo que estamos intentando hacer aquí. No lo dudes. Confía en ti y en el trabajo que estás haciendo. La vida de tus hijos tiene que ser buena, pero recuerda que buena no es lo mismo que fácil.

25 de octubre
A nadie le gusta la mercancía dañada

> Hay cierta belleza en los niños; la belleza de la inocencia y la docilidad. Pero no hay nada bello en un niño mimado.
>
> Doug McManaman

No hay nada más adorable y maravilloso que un niño. Su risa. Su alegría. Las ocurrencias bonitas que dicen. Pero, como todo dulce, fácilmente puede volverse amargo.

No les haces ningún favor dándoles todo lo que quieren. No los ayudas en nada apartándoles todas las piedras del camino y evitando que tropiecen. No les haces la vida más fácil peleando todas sus batallas. No los premias mimándolos en exceso.

Lo que estás haciendo es malcriarlos, estropeando su carácter. Y, además, tampoco le estás haciendo un favor al mundo. En cambio, estás llevando a tus hijos hacia un futuro probablemente duro y desagradable. De hecho, tú mismo los estás volviendo muy débiles y desagradables.

No los malcríes. Todo en la vida tiene su justa medida, modérate aunque los ames todo lo humanamente posible. Es un equilibrio delicado, sin duda alguna, pero hay demasiado en juego para no hacerlo bien.

26 de octubre
Cultiva este hábito

> Todas las desgracias del hombre se derivan del hecho de no ser capaz de estar tranquilamente sentado y solo en una habitación.
>
> Blaise Pascal

Nuestro primer instinto es asegurarnos de llenar cada segundo de la vida de nuestros hijos. Tienen que ir a la escuela, a clases de natación, a lecciones de guitarra, y tienen que relacionarse con otros niños. Les decimos que vayan a jugar al aire libre, que lean, que hagan los deberes o que practiquen con su instrumento musical. Les preguntamos qué quieren hacer después. Estamos constantemente obligándolos o incitándolos a hacer algo, cualquier cosa.

Nadie duda de las nuestras buenas intenciones. Pero estamos privándolos de cultivar una facultad indispensable en la vida: la capacidad de estar solos. De sentarse con ellos mismos y permanecer ahí, tranquilamente, con sus propios pensamientos. De saber cómo entretenerse. De sentirse cómodos aburriéndose.

Algunos niños son extrovertidos. Otros son introvertidos. *Pero todo niño necesita saber estar solo y ser feliz en ese espacio*. Hay muchas oportunidades para ayudarles a desarrollar este hábito, dependiendo de su edad y su carácter. Cuando empiezan a animarse por la mañana, no te apresures. Cuando estén juagando tranquilamente en la habitación, espera, no los interrumpas. Permite que se aburran. Deja que se tumben un rato después del colegio o el fin de semana. Deja que pasen tiempo consigo mismos para alimentar su independencia.

Es un aspecto fundamental de la vida —como todo adulto sabe—. Quienes no tienen la capacidad de sentarse tranquilamente en una habitación a solas son desgraciados y propensos a la adicción y a la sobreestimulación. Así que empieza a enseñárselo ahora. O, mejor dicho, dales el espacio para que lo descubran solos.

27 de octubre
Que ellos luchen sus batallas

Major Taylor fue el mejor ciclista de su generación. Nació en 1878, en Estados Unidos, y era negro. Si Major tuvo que luchar para llegar a la cima del ciclismo, también tuvo que lidiar contra el racismo brutal y la injusticia. Las dos batallas pasaron factura a Taylor. Al final, no solo perdió la fama y la fortuna, sino también a su familia, a quienes amaba. Murió solo, en la pobreza absoluta, siendo un completo extraño para su hija Sydney.

Como escribe Michael Kranish en *El hombre más rápido del mundo*, durante muchos años Sydney sintió que su padre le había fallado y, naturalmente, estaba enfadado con él. «Sydney había vivido amargado por lo que interpretó como severidad e indiferencia excesivas de su padre. Solo más tarde, dijo, comprendió realmente las presiones a las que había estado sometido. El esfuerzo físico de las carreras durante décadas. Y el esfuerzo mental y espiritual de enfrentarse al racismo. Esa doble combinación, creía, lo había destruido lentamente».

Sydney no conocía las batallas de su padre. Esas batallas no eran por su culpa… pero sí que era culpable de no haber hablado con su hijo de ellas. Todos peleamos nuestras batallas. Nunca ha existido un padre, una madre —o un ser humano— que no tuviera sus propias batallas. Si no explicamos esto a nuestros hijos, si no podemos ser vulnerables y honestos con ellos, siempre habrá una brecha insalvable entre nosotros. Desperdiciaremos un tiempo y una conexión con ellos que nunca podremos recuperar.

Todos, entonces, habremos perdido lo que Sydney y Major perdieron: la oportunidad de ayudarse el uno al otro, de entenderse, de aprender de sus luchas, de sentirse amados y plenamente valorados por el otro.

28 de octubre
Puedes superarlo todo

> Era el mejor de los tiempos, era el peor de los tiempos.
>
> Charles Dickens

Como padres, dudamos de nosotros mismos. No solo de vez en cuando, sino siempre. Nos preguntamos si estamos haciendo lo suficiente, si lo estamos haciendo bien, si tenemos lo que hace falta tener para criar correctamente a nuestros hijos.

Pues bien, ya podemos dejar todo eso de lado. Los años de la COVID-19 vinieron a resolver el asunto.

Estuviste suficiente tiempo sin ver la luz al final del túnel. Afrontaste una prueba realmente extrema. *Y aquí sigues.*

Lo superaste. Hiciste lo que pudiste de la mejor manera que pudiste. Es posible que tropezaras, pero no te rendiste nunca. Ahora, puede que estés agotado, pero también has ganado una fortaleza inconmensurable.

Séneca habla de que solo debemos compadecer a aquel que nunca ha pasado por alguna adversidad. ¿Y qué hay de los que sí hemos sufrido adversidades? No fue fácil, eso es seguro, pero al menos ahora sabemos que somos capaces.

Si alguna vez te has preguntado si tienes lo que hace falta tener... aquí está la respuesta: lo tienes.

29 de octubre
Míralo de esta manera

Si no has escuchado el famoso discurso de Jocko Willink «Good», deberías hacerlo en cuanto puedas. Porque su mentalidad de Navy SEAL no solo es aplicable a la guerra, al mundo de las empresas emergentes o al liderazgo. También funciona como una receta prodigiosa para la crianza. De hecho, podríamos adaptarlo e incorporarlo como un mantra personal frente a algunos de los problemas a los que, como padres, nos enfrentamos día tras día:

¿Mi hijo se ha levantado enfermo esta mañana? *Bien*, pasaremos el día en casa juntos.

¿El restaurante canceló el pedido de comida en el último momento? *Bien*, esta noche cenaremos el desayuno.

¿Pillaste a tu hijo mintiendo? *Bien*, ahora tienes la oportunidad de hablarle sobre la importancia de la honestidad.

¿Te han parado por exceso de velocidad? *Bien*, enseña a tus hijos cómo hacerse cargo de un error.

¿Tu negocio te está dando problemas? *Bien*, háblales de llevar con elegancia la presión.

¿Se retrasó el vuelo? *Bien*, divertíos en familia en el aeropuerto.

¿Un atasco? *Bien*, podrás pasar más tiempo con ellos.

¿Les va mal en matemáticas? *Bien*, es hora de que retomes tu relación con los números.

Tus hijos cuentan contigo. No te desesperes. No hay tiempo para quejarte. Nadie te sacará el problema de las manos. Solo depende de ti. Es lo que te ha dado el destino o el azar, y ahora tienes que decidir qué haces con ello. Tienes que *hacer* que sea bueno... para ellos.

Tienes que hacerlo por su bien.

30 de octubre
Otórgales este inmenso poder

Cuando tenía unos treces años, Condoleezza Rice llegó un día totalmente desconsolada a casa porque una compañera de clase se había levantado y cambiado de lugar porque no quería sentarse al lado de una niña negra. Lo normal habría sido que su madre y su padre la consolaran diciéndole que a Estados Unidos aún le quedaba mucho camino por recorrer, y le aseguraran que ella era tan importante como los demás. Y es posible que hicieran justamente eso. Pero también, en aquel momento, su padre optó por darle a su hija un consejo bastante constructivo: «Está bien que algunas de las personas que nos rodean tengan la mente cerrada y no quieran sentarse a nuestro lado, *siempre que sean ellas las que se muevan*».

En lugar de hacer sentir a su hija como una víctima, el padre de Condoleezza la *empoderó*. Le dio un obsequio inmenso ese día, un regalo de fortaleza y dignidad. Sí, por un lado, le estaba diciendo que no podía controlar lo que otros desconsiderados, mezquinos o simplemente malvados hicieran o pensaran. Pero también le estaba diciendo que podía decidir en qué medida eso le afectaba. Podía elegir que eso no cambiara su forma de sentirse en la escuela, su forma de vivir la vida. Si algún niño racista —obviamente, hijo de padres racistas— quería cambiar de lugar, esa era su elección. Ella no tenía que doblegarse o cambiar su manera de ser por ello. No tenía que permitir que eso le afectara.

Los demás pueden moverse. Ella no tuvo que hacer nada. Ese era su poder. Tus hijos deberían saber que también tienen ese poder.

31 de octubre
No los críes de esta manera

Los padres sobreprotectores o «helicópteros» siempre están encima de sus hijos. Se niegan a perderlos de vista. Los siguen por el parque para que nunca caigan. No les permiten ir en bicicleta hasta la casa de un amigo para evitar que se pierdan por el camino. Toman todas las decisiones por ellos. Hostigan permanentemente a los profesores para asegurarse de que todo va de acuerdo con el plan. *Su* plan.

Un padre helicóptero nunca se para, siempre lleva la delantera, avanza despejando el camino de todo impedimento y obstáculo concebible entre la adolescencia y la... jubilación. ¿La jubilación? No la suya, la de sus hijos. ¿El entrenador piensa que su hijo no es lo suficientemente bueno como para ser la figura estrella? Los padres quitanieves formarán su propio equipo. ¿Admisión a la universidad? Lo tienen todo bajo control, incluso si eso significa transgredir alguna regla o violar la ley. A base de dolor y pagando un precio muy alto, sus hijos nunca tendrán que luchar, tropezar o ser rechazados.

No hace falta decir que probablemente ninguno de estos dos modelos de crianza deriva en lo que todo buen padre quiere cultivar en sus hijos: autoestima, autosuficiencia, felicidad y flexibilidad. Aunque muchas de las intenciones de los padres sobreprotectores y helicóptero proceden del corazón —aman tanto a sus hijos que lo único que quieren es lo mejor para ellos— están perjudicándolos directamente.

Tu tarea es *estar ahí* para ayudar a tus hijos, no *ser su todo*. Tu trabajo es enseñarles, no estar todo el tiempo evitando que fracasen. Sí, tienes que mantenerlos a salvo, pero que eso no sea a costa de sobreprotegerlos. No a expensas de la vida misma.

NOVIEMBRE

SÉ AGRADECIDO Y EMPÁTICO

(LECCIONES SOBRE GRATITUD Y CONEXIÓN)

1 de noviembre
La paternidad es nuestro vínculo

> Todos nuestros compañeros animales, como observó Aristóteles hace mucho tiempo, procuran mantenerse con vida y reproducir su especie.
>
> MARTA NUSSBAUM

Amas a tus hijos más que a nada en este mundo. Son sumamente especiales para ti. Tu mirada se ilumina cuando piensas en ellos. Tu corazón se enternece. Lo darías todo por ellos. Son las personas más importantes en tu vida.

Piensa en ellos un segundo. ¿Sientes esa calidez que irradian? ¿Percibes cómo te inunda? Solo quieres abrazarlos, ¿verdad? Tal vez sueltes algunas lágrimas de la emoción. Eso es ser padre.

Ahora párate un minuto a pensar en las muchas personas con las que compartes ese sentimiento. Considera que cualquier persona —incluso los asesinos condenados a pena de muerte, incluso la persona grosera que acaba de empujarte en el supermercado, incluso el multimillonario que crees que está destruyendo nuestro sistema político— tiene ese mismo sentimiento hacia sus hijos. Haz lo mismo visualizando hacia el pasado y hacia el futuro. Cleopatra lo sentía por su hija. Frederick Douglass lo sentía por sus hijos. También lo sintieron miles de millones de personas comunes y corrientes en pequeños pueblos, en cavernas, en barcos navegando por océanos tormentosos.

Ser padre es algo especial, y también es algo prácticamente universal. Podríamos ser más amables e indulgentes los unos con los otros y encontrar más puntos en común si lo recordásemos más a menudo.

2 de noviembre
Lo darías todo por esto...

Cuando Kobe Bryant despegó en su helicóptero del centro de Los Ángeles el 26 de enero de 2020, había sido cinco veces campeón de la NBA y le habían concedido dos veces el MVP (Jugador Mejor Valorado) en las finales. Tenía dos medallas olímpicas de oro. Había ganado un Emmy y un Oscar, y era uno de los autores de bestsellers del *New York Times*. Además, durante su carrera había ganado cientos de millones de dólares y había logrado que un fondo de capital de riesgo invirtiera más de cien mil millones de dólares en su fundación.

Sin embargo, no hace falta decir que Kobe habría cambiado todo eso por ejercer un día más de padre de sus cuatro hijas. Y tú harías exactamente lo mismo.

¿Y quién no lo haría?

Lo sabemos. Si nos lo preguntaran, contestaríamos sin dudar. Tú no dudarías, ¿verdad? Sin embargo... fíjate bien en tu elección. Renunciarías a tantas cosas por dormirlos una noche más y, sin embargo... aquí estás, mirando tu teléfono mientras ellos están en la bañera. Ninguna cantidad de dinero podría compensarte por pasar una mañana más con ellos y, sin embargo... aquí estás, de mal humor porque es muy temprano, refunfuñando sobre el tráfico mientras los llevas al colegio.

Tú tienes, ahora mismo y a tu alcance, eso por lo que Kobe Bryant lo habría dado todo. *No lo desaproveches.* Agradécelo.

3 de noviembre
Algo de lo que alegrarse

A veces, te resulta difícil expresar tus sentimientos como padre. No tanto porque se espera que los padres repriman sus emociones, sino porque las emociones que conlleva ser padre pueden ser abrumadoras y complejas. Es una avalancha de sentimientos distintos: amor, alegría, miedo, agotamiento, responsabilidad, motivación y apego primario.

Nadie te había preparado para esto… es algo totalmente diferente a cualquier cosa que hayas experimentado antes. ¿Cómo podrías exteriorizarlo? ¿Cómo harás saber a tu familia lo que significan para ti? ¿Cómo les explicarás a tus hijos que lo son todo para ti?

Tal vez, este diálogo del cuento *El niño, el topo, el zorro y el caballo* te sea útil:

> —A veces quiero deciros que os quiero a todos —dice el topo—, pero me resulta difícil.
> —Ah, ¿sí? —le pregunta el niño.
> —Sí, así que hoy solo os diré que me alegro de que estemos todos aquí.

Me alegro de que estemos todos aquí. ¿No es la manera perfecta de expresar cómo te sientes? Dichoso y agradecido de estar juntos, de que esto esté sucediendo. Eso es algo de lo que alegrarse. Que os tenéis los unos a los otros. Que estáis todos aquí, en este instante, a pesar de todo.

4 de noviembre
Has sido bendecido

Charles de Gaulle tuvo una vida dura. Fue prisionero de guerra en la Primera Guerra Mundial. Tuvo que huir de Francia para sobrevivir en la Segunda Guerra Mundial. Soportó protestas e intentos de asesinato. Su hija Anne tenía síndrome de Down. En 1928, cuando la niña nació, era algo difícil de asumir y gestionar: muy a menudo, los niños discapacitados eran enviados a instituciones privadas. Muchos padres se sentían avergonzados de ello, como si fueran responsables de haber traído al mundo —en el lenguaje de aquella época— a un hijo «retrasado».

Pero ese no fue caso de Charles de Gaulle y su esposa, Yvonne. Ellos aceptaron a su hija. Construyeron sus vidas en torno a la difícil, pero gratificante, experiencia de criarla. «Su nacimiento fue una prueba para mi mujer y para mí», dijo de Gaulle en una ocasión. «Pero, creedme, Anne es mi dicha y mi fortaleza. Es la gracia de Dios colmando mi vida... Gracias a ella he permanecido con la seguridad de que debemos obedecer a la soberana voluntad de Dios».

Cada uno de nuestros hijos es diferente. Cada uno viene con sus propias limitaciones, sus retos y su personalidad. No importa que tengan una discapacidad grave, un pequeño problema de aprendizaje o lo que sea que traigan a nuestras vidas, no importa. Hemos sido bendecidos por tenerlos. Nuestros hijos son una bendición, una oportunidad para que cambiemos y crezcamos; nos traen alegría y una verdadera razón para vivir.

5 de noviembre
¿Les estás enseñando a ser agradecidos?

Tus hijos deberían estar agradecidos. No con mamá o con papá, por supuesto; vosotros simplemente estáis haciendo vuestro trabajo. Estáis *legal y biológicamente* obligados a ello. Tus hijos deberían estar agradecidos por absolutamente todo. Todos deberíamos estarlo. Es maravilloso que cualquiera de nosotros esté vivo. Las probabilidades de que estemos aquí, siendo nosotros mismos, son astronómicamente diminutas.

Por eso es importante que enseñes la gratitud a tus hijos. Jason Harris, el CEO de Mekanism (una galardonada agencia de publicidad) y autor de *El arte de la persuasión*, tiene una interesante técnica para *persuadir* a sus hijos de que tengan una visión más agradecida de la vida. Como él mismo explica:

> Cada domingo por la noche escribimos en nuestro cuaderno tres cosas por las que estamos agradecidos. Sé que no es una idea muy original... Pero esta práctica ha marcado una diferencia para mí y para mis hijos. Te ayuda a ordenar tu mente y a prepararte para la semana que comienza... Lo más útil de escribir estas reflexiones en un cuaderno es que puedes consultar respuestas anteriores y refrescar la memoria en los días más complicados... Sacar a la luz esos pensamientos de gratitud y tomar consciencia de ello te puede ayudar a darte cuenta de que, independientemente de lo que hoy esté fallando, en general, todos tenemos muchísimos motivos para sentirnos afortunados y ser optimistas.

Precioso. ¿Y cuánto más precioso sería el mundo si más personas adoptáramos esta práctica con nuestros hijos?

6 de noviembre
Siempre es una bendición

> Un escritor —y, creo que, en general, todas las personas— debe pensar que lo que le sucede es un recurso.
>
> JORGE LUIS BORGES

La ventaja de la crianza es que te da superpoderes, por lo menos uno. No puedes volar, no puedes detener una bala con tu pecho; pero eres capaz, al menos, con el estado anímico adecuado, de permanecer sereno y optimista frente a un tipo de situaciones que harían que cualquiera se sintiera desgraciado.

Un vuelo retrasado, un día de enfermedad, una pandemia... son acontecimientos que muchas personas pueden detestar. Pero, los que son padres —si bien no los esperan con impaciencia— consiguen sacar algo de ellos: más tiempo para estar con sus hijos.

Todos los inconvenientes de la vida son, a través de las lentes de nuestro superpoder, ¡una oportunidad para pasar un rato extra con las personas que más queremos! De hecho, el retraso de un vuelo, un atasco de camino a la escuela o los días lluviosos son grandes oportunidades. Y punto. ¡Porque ahora tus hijos no tienen escapatoria! ¿A quién le importa si no quieren pasar tiempo contigo? Los tienes justo donde te apetece tenerlos.

Así que no te quejes de los contratiempos. Disfrútalos. Son una bendición. Ahora tienes la excusa perfecta para pasar más tiempo con tus hijos.

7 de noviembre
Nunca pierdas la esperanza

> Pero debes tener esperanza. Tienes que ser optimista para poder seguir avanzando.
>
> JOHN LEWIS

Han pasado muchas cosas en tu vida. Con razón te has vuelto cínico en algunos temas, en la política, en las relaciones o en lo que piensas del mundo y de otras personas. También han ocurrido muchas cosas a lo largo del tiempo y a cualquiera que haya leído un libro de historia le resultará difícil negar que se han dicho muchas mentiras, que un montón de cosas horribles han ocurrido por culpa del sistema y que mucho de esto contribuye al embrollo en el que estamos metidos.

Pero ¿sabes qué? Ahora tienes hijos y ya no puedes ser un cínico, una persona enojada más. Porque *eres responsable de criar a la generación que viene*.

Es imperativo que transmitamos esperanza a nuestros hijos. Que les expliquemos el mundo de un modo que les permita actuar, que les demuestre que el progreso es —y ha sido— posible. Que por horribles que sean las cosas, como dice la poetisa Maggie Smith, el mundo sigue teniendo *una buena estructura ósea*. Que, como hace un buen agente inmobiliario, tenemos que convencer a nuestros hijos de que pueden transformar lo que tienen ante sus ojos en algo hermoso. Muéstrales que ellos pueden marcar la diferencia. Y bríndales las habilidades, los recursos y el sentido de responsabilidad necesarios para hacerlo.

Enséñales que nada ni nadie es irremediable.

8 de noviembre
Cuando tengan un problema, quieres que acudan a ti

¿Te gustaría ser el tipo de padre al que sus hijos acuden cuando tienen un problema? Quieres que acudan a ti con sus temores, sus secretos y sus dilemas, ¿no es cierto?

Bueno, entonces será mejor que empieces a convertirte en el tipo de padre que se *ha ganado* ese honor, que se *ha ganado* ese respeto. Porque es un privilegio, y no un derecho. ¿Necesitas pruebas de ello? Piensa en tus propios padres y en cuántas cosas les ocultaste. Más aún, piensa en *por qué* se las ocultaste.

Evidentemente, hay algunas cosas que nunca las contamos porque sabíamos que no son correctas. Pero en muchas circunstancias nos habrían venido muy bien sus consejos, en esos asuntos que ansiábamos compartir con ellos, pero sabíamos que no podíamos, porque ellos no lo entenderían. Se apresurarían a emitir un juicio. No nos dejarían explicarnos bien. Desencadenarían su ansiedad o su temperamento o sus recordatorios cargados de moralina. ¡Y ya teníamos suficientes problemas!

¿Quieres que acudan a ti? ¿Quieres ayudarlos con tus consejos? Entonces demuéstrales que eres digno de su confianza. Enséñales que contar contigo vale la pena. Demuéstrales que serás un interlocutor justo; que intentarás mejorar las cosas, no empeorarlas.

9 de noviembre
Una mesa llena

> ¡Qué gran espectáculo ver a un marido o una mujer que tienen muchos hijos y están con todos esos niños apiñados a su alrededor!
>
> Musonio Rufo

De vez en cuando, es útil sentarse y pensar realmente en qué consiste el éxito de la paternidad.

En primer lugar, por supuesto, se trata de tener hijos sanos que sobrevivan hasta la edad adulta; eso es evidente.

Pero, en segundo lugar, cuando miras hacia el futuro, ¿qué ves? Idealmente, sería esa hermosa frase capturada en el título de la canción de Highwomen «Crowded Table». En Nochevieja. En los cumpleaños. En alguna casa de verano que alquiléis para toda la familia. Dicho de otro modo, tener unos hijos con los que te veas a menudo, con los que tengas una buena relación, con los que quieras pasar el tiempo... el resto de tu vida.

Si quieres un jardín —nos recuerda la canción— tendrás que sembrar las semillas.

Y, si quieres una mesa llena, necesitarás tomar las decisiones correctas ahora para que, cuando sean adultos, formen su propia familia y tengan la iniciativa de venir hasta tu casa. Tendrás que sembrar un poco de felicidad y agregar otro poco de amor si eso es lo que quieres cosechar.

Hay que preparar la mesa hoy para tener la que deseas mañana.

10 de noviembre
Es algo atemporal

Lo maravilloso de la crianza es que nos conecta con todos los padres, madres y familias que nos han precedido. Hay una frase en uno de los ensayos de Séneca que nos ayudará a pensar en ello: *Illi in litoribus harenae congestu simulacra domuum excitant, hi ut magnum aliquid agentes...* (mientras tanto, los niños en la playa dan vida a castillos de arena, como si fueran parte de un gran proyecto...).

Estas palabras de Séneca son el tipo de observación que haría un escritor en la playa con sus hijos. El filósofo estaba pasando tiempo con su familia y le conmovió la inocencia y la metáfora de *los niños construyendo castillos de arena...* exactamente como lo hacen tus hijos. Dos mil años de distancia se evaporan de un plumazo. Un padre en la antigua Roma, exactamente igual que un padre en Benidorm durante las vacaciones de verano o una madre africana en una playa de Costa de Marfil.

En ocasiones, puede ser un reconfortante baño de humildad tomarse un tiempo para pensar en ello. Cuando intentas controlar la difícil conducta de tu hijo adolescente, cuando tu bebé de tres meses se duerme en tus brazos, cuando cuidas a tu hija mientras se recupera de una enfermedad... El hecho de que estas cosas hayan ocurrido a lo largo de toda la historia de la humanidad podría ser alentador. Si todos esos padres y madres lo lograron, tú también lo vas a lograr.

¡Menuda tradición de la que formas parte! Piensa en cuántos padres hubo antes que tú y en cuántos vendrán después. Todos luchamos. Todos triunfamos. Todos sonreímos viendo a nuestros niños jugar en la arena.

La paternidad, esa empresa eterna...

11 de noviembre
No hay nada más importante

> El amor es el único legado que importa. No dirijamos nuestro amor en la dirección equivocada.
>
> Donald Miller

Estar enamorado de tu pareja es genial. Ganar mucho dinero es estupendo. Tener éxito en tu carrera profesional es maravilloso. Es bonito tener una casa grande o salir y pasar una noche increíble con tus amigos. Pero no hay nada como volver a casa con tus hijos. Verlos correr hacia tus brazos en busca de un abrazo. Sentir cómo se quedan dormidos sobre tu pecho en el sofá. Cuando trepan para subirse a tus hombros. Cuando te hablan de algo que les hace ilusión. Cuando los oyes venir desde la otra habitación diciendo tu nombre y saltan emocionados a tu cama.

No hay nada mejor, como dijo Bruce Springsteen, que *sangre con sangre*.

Hay muchas cosas buenas en la vida, pero nada es mejor que la familia. De eso está hablando Springsteen, no de genética. Está hablando del vínculo. De esas personas por las que harías cualquier cosa.

Así que la pregunta sobre la que hay que reflexionar hoy es: si la familia es realmente lo mejor y lo más importante de tu mundo, ¿estás construyendo tu vida en torno a ella? Hacemos horas extra en la oficina. Corremos riesgos para invertir nuestro dinero. Hacemos planes para vernos con amigos o divertirnos. Pero ¿nos sacrificamos y planificamos activamente nuestra agenda para poder tener ese placer que supera a todos los demás? ¿Priorizamos activamente lo que realmente importa? ¿Esos momentos en los que la sangre está con la sangre, en los que la familia está unida?

12 de noviembre
Por este motivo estás aquí

> El que quiera hacerse grande entre vosotros será vuestro servidor, y el que de vosotros quiera ser el primero será siervo de todos. Porque el Hijo del Hombre no vino para ser servido, sino para servir, y para dar su vida en rescate por muchos.
>
> MARCOS 10:43-45

A veces, uno echa un vistazo a la vida de las personas sin hijos y siente un poco de envidia. De cuanto tiempo disponen para ellos. Incluso ese famoso acrónimo DSSN puede hacerte la boca agua: *Dos Sueldos, Sin Niños*.

¿Y sin embargo? Sabes bien que has tomado la decisión correcta, no solo porque amas profundamente a tus hijos, sino porque los niños nos dan lo más importante del mundo: un propósito, una razón por la cual estar aquí. Ese versículo del Evangelio de San Marcos debería calar hondo en cualquier padre.

Estamos aquí para darles una buena vida... y, al hacerlo, logramos que nuestras propias vidas merezcan la pena. Así que no tienes motivos para sentir celos. Si existe alguien a quien envidiar, ese eres tú.

13 de noviembre
Disfruta de ser su chófer

¿Acaso soy tu chófer?, preguntan muchos padres a sus hijos. *¿Te crees que soy un conductor de Uber?* Se entiende, puede ser un suplicio ir llevando a tus hijos de un lado para otro: a la escuela, a la casa de un amigo, al entrenamiento de fútbol. A veces, parece que en esto consiste el ser padre: en llevar a un personita de un lado a otro… totalmente gratis.

Pero, en lugar de verlo como una obligación, considéralo como un regalo. Por un montón de motivos. En primer lugar, veinte minutos en el coche pueden ser una gran oportunidad para compartir y recordar.

En segundo lugar, ¿con qué frecuencia consigues a un público tan cautivo? Durante el tiempo que dure el trayecto, ¡sois inseparables! Esto es fabuloso. Es lo que querías, ¿verdad? ¿Una oportunidad para conectar, para estrechar lazos? Entonces, ¡aprovéchala!

En tercer lugar, como te dirán muchos padres con hijos mayores, algo cambia cuando los niños están en el coche contigo. De repente ya no eres el padre. Eres un acompañante de viaje más. Los niños compartirán y dirán cosas en el coche que no dirían en ningún otro sitio. Mejor aún, si también hay amigos de tus hijos en el coche, tú pasas a un segundo plano y, de pronto, tienes la oportunidad de ver cómo tu hijo se comporta con los otros. Aprenderás cosas sobre ellos que, de otra manera, no sabrías. Podrás vislumbrar quiénes son de una forma que no pueden expresarte directamente.

El punto clave está en entender que llevar a tus hijos en coche es un privilegio. Es una oportunidad. No te quejes. Es más, preséntate voluntario para hacerlo.

14 de noviembre
Los querrás más cerca

John Jay O'Connor III creció en San Francisco. Su familia era de la realeza local. Fue a la universidad de Stanford, justo al final de su calle, y allí volvió para estudiar Derecho. Y ¿entonces? ¿Cómo es que los O'Connor acabaron en Phoenix? No fue porque quisieran estar cerca de la familia de su nueva esposa, Sandra Day O'Connor —que vivía lo más al este de Arizona, en un rancho situado en medio de la nada—. Tampoco fue porque Phoenix fuera una animada metrópolis o un emblema cultural —al menos no lo era en la década de los cincuenta—.

La respuesta es sencilla. John no quería estar demasiado cerca de su familia. Como más tarde explicó: «Mi madre era una mujer muy crítica, y yo no quería escuchar sus comentarios día tras día».

Todos deseamos grandes cosas para el porvenir de nuestros hijos… pero, sobre todo, queremos que estén cerca de nosotros; especialmente, cuando nos hacemos mayores. ¿Cómo podemos incrementar las probabilidades de que eso ocurra? ¿Cómo podemos hacer todo lo posible para lograr tener esa encantadora mesa llena de gente de la que hablamos hace unos días?

Siendo agradables. Evitando que nuestros miedos y ansiedades se conviertan en el problema de nuestros hijos. Dándoles tanto amor como obligaciones exigimos. Ayudándolos a ser quienes son… no a que sean lo que creemos que deberían ser. Parándonos a pensar cada vez que tengamos ganas de criticar, juzgar o empezar una discusión: *¿Vale la pena lo que estoy a punto de provocar en nuestra relación?*

Poniendo en primer lugar a nuestros hijos, pero sin ahogarlos con nuestros temores, quizá un día los encontremos en nuestra mesa, tan cerca de nosotros como lo están de nuestros corazones.

15 de noviembre
No, el paseo ya había empezado

En su maravilloso libro *Percibir lo extraordinario*, Alexandra Horowitz analiza una serie de paseos por distintos entornos. ¿Qué ve un geólogo en una ciudad?, se propone descifrar. ¿Qué ve un naturalista paseando por un parque? ¿Qué ve un perro cuando da una vuelta a la manzana? Pero de todos los paseos, el más interesante es el que Alexandra da con su hija de diecinueve meses.

La idea de ese paseo era realmente captar la perspectiva de su hija sobre el mundo. Así que salieron del apartamento, caminaron por el recibidor hasta el ascensor y entraron en el ascensor; luego, salieron y atravesaron el vestíbulo hasta cruzar el portal donde comenzarían su caminata. Cuando Alexandra quiso echar un vistazo a su hija, de pronto comprendió... *que el paseo había empezado mucho atrás, justo al salir del apartamento.*

Para un niño, el mundo es un lugar muy distinto a aquel en el que vivimos y a través del cual caminamos y que, para ser sinceros, damos por sentado. Esto tiene más que ver con el tamaño y la inexperiencia de nuestros pequeños hijos que con cualquier otra cosa, pero no invalida sus impresiones y opiniones. En cualquier caso, nos abre una nueva ventana por la que mirar el mundo, como le ocurrió a Alexandra. Esta ventana nos recuerda cómo percibíamos nosotros las cosas cuando teníamos su edad. Es un antídoto contra el cinismo y el hastío del mundo.

Como padres, tenemos que valorar el hecho de que nuestros hijos puedan ayudarnos a ver el mundo tal vez mejor de lo que nosotros podemos ayudarles a que lo vean. Pueden ayudarnos a ver que cualquier cosa puede ser divertida y especial, que una caminata no tiene por qué ser al aire libre, que la cena puede tomarse en cualquier sitio y que una caja de cartón puede ser más emocionante que el regalo navideño que venía dentro. Hemos de asegurarnos de no machacar esa visión con correcciones sutiles o insistiendo demasiado en la forma «oficial» en que las cosas son, o creemos que deberían ser. Sobre todo, tenemos que aprender de su perspectiva e incorporarla lo máximo posible a nuestras vidas.

16 de noviembre
Aprender a contemplar el mundo con ellos

Fue la pintura lo que finalmente ayudó a Winston Churchill a bajar el ritmo y aprender a mirar. Había estado tan ocupado, intentando conseguir sus metas, que no había cultivado su forma de mirar ni había adquirido la disciplina necesaria para detenerse realmente a observar el mundo. Las aficiones artísticas pueden enseñarnos a hacerlo.

La crianza de los hijos puede causar el mismo efecto. Nada afina más tu forma de ver que los juegos tipo «veo, veo» mientras vais en el coche. Los aviones han sobrevolado tu cabeza durante toda tu vida, pero no fue hasta que tu hijo o tu hija se obsesionó con ellos que empezaste a mirarlos *atentamente*. ¿Crees que Sandra Day O'Connor salía a recoger cigarras en un frasco antes de ser madre o abuela? No, fue el acto de enviárselas a los niños de su familia, para alimentar su curiosidad, lo que le hizo apreciar este fenómeno de la naturaleza repulsivo y fascinante.

Las cosas que les gustan a nuestros hijos, la alegría que nos provoca su alegría nos obligan a ralentizar la marcha, a fijarnos, a cultivar nuestra forma de ver. Porque queremos señalarles esas cosas que sabemos que les fascinan, *queremos que las vean*. Por ese motivo prestamos más atención que nunca, mantenemos los ojos más abiertos que nunca. Prestamos una atención máxima que nunca habría sido la misma por interés propio.

Debemos estarles agradecidos por ello.

17 de noviembre
Deja que te vean en acción

> Me encantaba ir con mi padre a la Cámara de Representantes. Me sentaba en la galería durante horas observando todo el movimiento del hemiciclo y luego deambulaba por los pasillos tratando de averiguar qué estaba pasando.
>
> Lyndon Johnson

¿Qué crees que atrajo a Stephen Curry al baloncesto? El tiempo que pasó en los estadios viendo jugar a su padre. Las luces antes de que el equipo pasara corriendo por el túnel. Los gritos del público. El ritmo palpitante de la música. El sonido del silbato. *Ver a papá hacer lo suyo.* Incluso la obsesión de Curry con las palomitas de maíz deja entrever a un niño que pasó innumerables tardes y noches en los estadios de la NBA, empapándose no solo de las imágenes y los sonidos, sino también de los olores y los sabores.

Esta es una vieja costumbre, tan vieja como la propia paternidad. Por eso tantos herreros tuvieron hijos que se convirtieron en herreros; y por lo que, en cuanto a las mujeres se les permitió ser maestras, sus hijas siguieron a sus madres a las aulas; y, pronto, muy pronto, también eso fue así para las carreras profesionales más elitistas.

Así que deja que tus hijos te vean trabajar. Revélales lo bueno y lo malo, incluso lo más aburrido de tu oficio. No tienes ni idea de qué puede resultarles emocionante. Nunca sabes de qué maneras puedes estar abriéndoles los ojos. No los presiones para que entren en el «negocio familiar», pero dales la oportunidad de ver cómo funciona. Deja que tus hijos te vean en acción.

18 de noviembre
Este es el mayor elogio

En el libro *Mi primer entrenador* de Gary Myers, al padre de Tom Brady, Tom Brady Sr., le cuentan algunas de las cosas que su hijo dijo sobre lo mucho que disfrutó junto a su padre mientras crecía. Tom Sr. se muestra visiblemente sorprendido por esos comentarios. Eran ese anhelado reconocimiento que todo padre desea. Como él mismo dice:

> Pienso que todos los padres disfrutan de estar con sus hijos, y que nunca se sabe si al hijo le gusta pasar tiempo con su padre. Para mí, escuchar que mi hijo me respeta tanto como yo lo respeto a él ha sido la satisfacción más grande que jamás he podido sentir. Recuerdo cuando él aún iba a la escuela y yo lo despertaba por las mañanas para ir a jugar al golf. Era una grandiosa dicha para mí que él quisiera venir conmigo. Años después, lo escuché decir: «Nunca me gustó salir los viernes por la noche porque me gustaba ir a jugar al golf con mi padre los sábados por la mañana».

Si hay una manera de juzgar, al final, si has hecho bien tu tarea, es esta. Es la prueba definitiva del valor de un padre. ¿Estás construyendo el tipo de relación en la que tus hijos quieren pasar tiempo contigo? Esto no es algo que puedas dejar de lado y tener esperanzas de que suceda. No es algo que ocurrirá porque vuestras personalidades se alineen por arte de magia. Esa alineación es algo por lo que tienes que trabajar. Tienes que *construir* la relación.

19 de noviembre
Busca la doble oportunidad

Bill Simmons es un hombre ocupado. Es escritor, CEO, productor de documentales, marido y padre de dos hijos. Durante mucho tiempo, su hija mayor, Zoe, jugó en un equipo de fútbol que participaba en torneos estatales. Así que cada fin de semana durante los meses de la temporada de fútbol, Simmons condujo durante horas alrededor del sur de California para llevarla a los diferentes partidos. Si conoces algo Los Ángeles, sabrás que el tráfico es exasperante, te altera los nervios; es un infierno en la tierra.

Sin embargo, Simmons no lo habría cambiado por nada. Como él ha dicho, el viaje hasta y desde los torneos significaba tener a su hija atrapada en un pequeño espacio con él durante unas horas, lo que le permitía conversar y ponerse al día con ella. ¿Cómo va la escuela? ¿Los amigos? ¿Novios? ¿Qué piensas de los acontecimientos que están pasando en el mundo?

Como padres, lo único que siempre nos falta es el tiempo. Y el tiempo de Bill Simmons es escaso, como el de cualquiera; por eso aprendió a duplicarlo. Y así deberíamos hacer nosotros.

El cochecito es una buena manera de ejercitarte... mientras pasas tiempo con tu hijo. El camino a la escuela... es una oportunidad para tener esa conversación que necesitas tener con tu hija. Todas las tareas que tienes que hacer en la casa... son el modo de enseñar a tus hijos la importancia de ser responsables. En la crianza siempre tienes que buscar la doble oportunidad. El tiempo es escaso. Los recursos son escasos. No desperdicies ninguno.

20 de noviembre
Solo lo harías por ellos

El comediante Hasan Minhaj cuenta la anécdota del día en que llevaba a su hija a tomarse la foto escolar. Le moqueaba la nariz y tenía dificultades para sonársela sola. Lo siguiente que Hasan supo es que terminó aspirando los mocos de su hija con una pajita de Starbucks. Tan pronto como se percató de lo asqueroso que era, le vino a la cabeza un pensamiento: nunca haría esto *por mi esposa*.

Haríamos muchas cosas por nuestra pareja, por nuestro padre o por nuestra madre, incluso por un desconocido que lo necesitara. Pero haríamos cualquier cosa por nuestros hijos, porque ellos no hicieron nada para merecer ser lanzados a la vida, completamente indefensos al principio, completamente dependientes de nosotros durante años. Ellos no eligieron estar aquí, en este planeta. No nos eligieron a nosotros como padres. Nosotros elegimos traerlos al mundo. Los hicimos. No solo son una parte de nuestras vidas, son una parte *de* nosotros.

Hay algo en este tipo de vínculo que ablanda la cabeza más dura, y entibia el corazón más frío. Y, aunque el vínculo cambiará con el tiempo —Hasan no estará aspirando mocos con pajitas dentro de unos años—, lo que no va a cambiar es el impulso y la voluntad de hacer cualquier cosa por nuestros hijos.

21 de noviembre
No tengáis miedo

> El mundo es un puente angosto, y lo más importante es no tener miedo.
>
> Oración hebrea

¿Sabes cuál es la frase que más se repite en la Biblia? «No tengáis miedo». Una y otra vez aparecen estas palabras. Son un mensaje sobre la importancia de ser «fuerte y valiente», como también se dice en el libro de Josué: «No temas, ni te amedrentes».

Algo parecido recibimos de gran parte de la antigua mitología griega. Distintas versiones de «sé valiente», «ten coraje», «no temas» aparecen más de una docena de veces en *La Odisea*. No importa a qué religión, filosofía o sabiduría ancestral acudas, siempre encontrarás que el lugar del coraje y la valentía es el mismo que para los estoicos: al principio de la lista de virtudes.

Es imposible ser buen padre sin tener el coraje de cultivar la valentía en nuestros hijos. Al fin y al cabo, es el entorno que creamos para ellos, los valores que les enseñamos, las normas que les transmitimos y los lazos que forjamos con ellos lo que les dará la coraje para ser y hacer las cosas a las que están destinados.

Recordemos aquella observación de Barack Obama:

> Lo que te convierte en un hombre no es la capacidad de tener un hijo, sino el valor para criarlo. Como padres, hemos de involucrarnos en la vida de nuestros hijos no solo cuando resulte fácil o conveniente, no solo cuando las cosas les van bien, sino cuando la labor es difícil e ingrata y están atravesando dificultades. Es entonces cuando más nos necesitan.

Nada de esto de ser padres es simple. Muchas cosas nos dan miedo, pero son esenciales. Y es imprescindible que tengas el coraje de sobreponerte y dar un paso adelante durante el resto de tu vida.

22 de noviembre
Todos están pasando por algo

A los cinco años, el futuro defensor de la NFL Ryan Shazier empezó a perder el pelo. Era una enfermedad autoinmune llamada *alopecia* y, como puedes imaginar, no es precisamente una situación fácil de atravesar para un niño. Los demás niños se burlaban de él. Recibía miradas raras continuamente. Se sentía diferente.

Hasta que un día sus padres lo ayudaron a darse cuenta de algo. Le dijeron: «Todos están pasando por algo; *la única diferencia es que lo que a ti te pasa es algo visible*». Otros niños tenían problemas de aprendizaje, otros se iban a la cama con hambre todas las noches y otros sufrían el divorcio de sus padres. La diferencia es que todas esas adversidades estaban ocultas, tal vez por vergüenza o temor, pero eso no significa que no fueran reales. De hecho, significa que, en verdad, viajaban todos en el mismo barco.

¿De repente Ryan dejó de recibir burlas y miradas? ¿De repente dejó de sentirse lastimado cuando eso ocurría? No, pero la lección de sus padres lo ayudó. Le dio perspectiva, paciencia y optimismo.

Esto es algo que tenemos que enseñar a nuestros hijos. La vida no es fácil. Nadie llega al mundo con todos los problemas resueltos. Algunos problemas son visibles, y otros no. Pero todos estamos pasando por algo. Cuando nuestros hijos entiendan esto, se sentirán un poco mejor en los momentos complicados. Y tendrán la empatía que necesitan para ser más amables y comprensivos con otros niños.

23 de noviembre
¿Por qué os peleáis?

No hay familia inmune a los conflictos. El problema, entonces, no es que los conflictos ocurran, sino cómo los gestionamos cuando ocurren, cómo permitimos que estos desacuerdos y malentendidos adquieran vida propia. Como canta Bruce Springsteen en «Tucson Train»:

Peleamos por nada.
Peleamos hasta que no quedó nada.

Pero más inquietante aún es lo que dice sobre todo el tiempo que acabó cargando con esa nada, la culpa que sentimos todos. Muchas de las cosas por las que nos enojamos ni siquiera nos importan… pero, luego, como estamos molestos terminamos diciendo cosas que sí importan y que no podemos borrar. Peleamos por cosas insignificantes y destruimos lo que más nos importa.

Querrás tener una mesa llena cuando seas viejo, hemos dicho antes. Bueno, eso va a requerir un poco de gratificación anticipada ahora mismo. Un poco de moderación, hoy. Significa dejar pasar algunas cosas. Significa admitir que te equivocaste. Significa decir a tus hijos, a tu pareja, a tus propios padres, que lo sientes. Significa aceptar las disculpas de los demás. Significa enseñarles cómo arreglar las cosas con sus hermanos, con otras personas.

No podemos dejar que las discusiones tomen una entidad tal que pongan en riesgo nuestra alegría de vivir. La vida es demasiado corta, la familia es demasiado valiosa para destruirla por nada.

24 de noviembre
Encuentra una excusa

Cuando era un joven adolescente, Lewis Puller Jr. consiguió un empleo como repartidor de periódicos. Era algo en lo que sus padres insistieron para que aprendiera sobre el compromiso, la responsabilidad, el trabajo riguroso y demás. Y, ciertamente, dio buenos resultados.

Sirvió para algo todavía mejor. Un día a Lewis se le pinchó la bicicleta, así que su padre —Chesty Puller, el marino más condecorado de la historia de Estados Unidos— lo llevó en coche a hacer la ruta de reparto de periódicos. Al día siguiente llovió, así que Chesty volvió a hacerlo. Al tercer día, lo mismo: cogió el coche y lo llevó; esta vez, sin motivo aparente porque Lewis no lo necesitaba. Solo era una excusa para pasar más tiempo con él.

También nosotros hemos de buscar este tipo de excusas. Sí, puedes pedir la cena a domicilio... pero ir a recogerla es algo que podéis hacer juntos. Sí, puedes enviarlos siempre a la escuela con tus vecinos... pero que tú conduzcas de vez es cuando es una oportunidad para verlos interactuar con sus amigos. Puedes comprarle ropa por internet... o salir de compras juntos. Puedes ejercitarte en la cinta eléctrica... o subirlos al asiento de la bici y salir a dar una vuelta. Puedes decirles que es hora de ir a la cama... o podéis quedaros despiertos un rato más y ver la tele juntos.

Busca una oportunidad. Encuentra una excusa.

25 de noviembre
No les dejes ser cínicos

La manera más pobre de enfrentarse a la vida es hacerlo con desprecio.
THEODORE ROOSEVELT

Es demasiado fácil caer en las garras de sentimientos como el desprecio, el nihilismo y la soberbia. Pero este tipo de cinismo, dijo un hombre sabio una vez, es en realidad una especie de cobardía. Anula la creatividad, la colaboración y la conexión con los demás. Y lo cultivamos casi irreflexivamente. Pequeños comentarios en voz baja, mofándonos de las cosas que nos incomodan, inventando excusas racionales para evitar hacer cosas que preferiríamos no hacer o que, en el fondo, sabemos que no se nos dan bien. Estas actitudes se transmiten con mucha facilidad a los niños, porque son sumamente influenciables y están siempre observándonos.

Nuestros hijos vinieron al mundo con ojos nuevos, el corazón lleno y mucha energía. No los corrompas. Deja que sean sensatos. Deja que se preocupen y lo intenten. Mejor aún, deja que te contagien su sinceridad y la inocencia de sus pasiones.

Hagas lo que hagas, no dejes que tu cinismo los infecte.

26 de noviembre
Deja que te bajen los humos

> Un hombre arrogante siempre mira por encima cualquier cosa o a cualquier persona; y, en consecuencia, nunca puede ver lo que tiene encima de él.
>
> C. S. Lewis.

En plena Guerra Civil, Abraham Lincoln fue a visitar las trincheras que rodeaban Washington D. C. Mientras inspeccionaba las líneas del frente, un francotirador confederado le disparó y, afortunadamente, falló. Un soldado que estaba cerca y vio la escena gritó a Lincoln: «¡Agáchate, maldito idiota!».

Fue un momento bastante remarcable de la historia presidencial. Como observó Gerald Ford, «pocas personas, con la posible excepción de su esposa, se habrían atrevido a decirle idiota al presidente».

Un cargo así tiene el efecto de aumentar el sentido de la propia importancia. Y uno de los grandes beneficios de criar a un hijo, si lo haces bien, es que te devuelve un gran sentido de la humildad. Nadie sabe rebajarte tan bien como tus hijos. No les importa lo rico, lo importante o lo respetado que seas. Para ellos, eres un bobo. Para ellos, no tienes ninguna gracia. Eres viejo, poco divertido e irremediablemente antiguo. Eres alguien de quien pueden reírse. De hecho, sobre ti practican su sentido del humor. No les impresiona cuánto te costó la habitación de hotel, solo quieren saber dónde está la piscina. No les interesa lo sofisticado que es un restaurante, lo que les indigna es que no tengan alitas de pollo. No quieren que los dejes enfrente de la escuela porque les da vergüenza que los vean contigo. No piensan que eres inteligente. Por lo general, sospechan que no tienes idea de lo que estás hablando.

«Ningún hombre es un héroe para su criado», dice el viejo refrán. Muchos padres son héroes para sus hijos, por supuesto, pero ninguno está exento de esa extraña habilidad que tienen los hijos para juzgarnos y menospreciarnos de vez en cuando. Y eso es lo bueno.

27 de noviembre
Un buen lema familiar

Era *una de esas noches* para Jack Harbaugh, el famoso entrenador de fútbol universitario. Los niños no se dormían. Tenían esa energía contagiosa que a menudo les quita el sueño a los hermanos. La primera vez que su padre vino a decirles que se fueran a la cama, no le hicieron caso. La segunda, tampoco. Más risitas, peleas, juegos y planificación de travesuras.

Finalmente, la tercera vez, Jack estaba preparándose para gritar, como el padre de la película *Hermanos por pelotas*, pero no lo hizo. En vez de eso, se limitó a mirar a los niños, los futuros entrenadores de la NFL, John y Jim Harbaugh, absortos en medio de su diversión, y dijo: «¿Quién podría tenerlo mejor que vosotros dos? Lo compartís todo, os reís, sois hermanos, os contáis historias, habláis de vuestros sueños. ¿Quién podría tenerlo mejor que vosotros dos?».

Los niños respondieron al unísono: «Nadie, papá, nadie». Fue una pregunta que se convirtió en el lema de la familia Harbaugh. Uno al que vale la pena incorporar en todas las familias, ricas o pobres, grandes o pequeñas.

¿Quién lo tiene mejor que nosotros?

28 de noviembre
La familia no te frena

Que la familia muchas veces se convierte en un obstáculo para perseguir nuestros sueños es una creencia perniciosa, que se remonta a mucho tiempo atrás, tan atrás como para que el propio Buda abandonara a su familia para alcanzar la iluminación. El escritor Cyril Connolly dijo una vez que el enemigo del arte es «el cochecito en la habitación», que tener hijos impide que un artista se desarrolle.

Aunque no hay duda de que criar niños es complejo, que requiere un esfuerzo enorme, y tiempo y energía —especialmente, en un mundo en el que gran parte de la carga cae injustamente sobre las mujeres—, los artistas, empresarios y líderes reales conocen la verdad. Los niños no son una carga ni un estorbo para el éxito. Nos ayudan. Nos dan objetivos y lucidez y, lo más importante, nos dan equilibrio.

El grandioso Lin-Manuel Miranda y su mujer tuvieron su primer hijo dos semanas antes de los primeros ensayos de la exitosa *Hamilton*. Cualquiera pensaría que fue un trastorno o una distracción, pero en realidad fue todo lo contrario. Como cuenta Miranda al cineasta Judd Apatow en el libro *Enfermo de la cabeza*, su obra *Hamilton* no habría tenido éxito sin este acontecimiento vital; es más, tampoco habría podido soportar el éxito. Tener un bebé en casa no fue una distracción; le obligó a ignorar las distracciones. «Tuve que decir que no al noventa por ciento de todas las propuestas e invitaciones a fiestas que me llegaban», dice Miranda, «porque tenía que dormir ocho horas y sabía que me iba a despertar dos veces para cambiar pañales. Mi familia realmente me salvó el pellejo, porque de otro modo lo habría perdido».

Así que, en realidad, puede que sea cierto que la familia te frena... de que te metas en problemas, de que abarques más de lo que puedes hacer, de que te creas más genial o importante de lo que eres. Te frenan para que pongas los pies en el suelo, para que prestes atención a lo que importa de verdad, para que te des cuenta de que te quieren, de que eres suficiente. Y, mientras esto sucede, puede que te vuelvas mejor en lo que haces.

29 de noviembre
Recuerda que es un honor

Dicen que la tradición de darse la mano derecha para saludarse viene de tiempos primitivos cuando alguien quería indicar que venía en son de paz y que no era peligroso. Dicen que el que los perros se den la vuelta y se enseñen la barriga es un indicio de confianza y vulnerabilidad. Curiosamente, ocurre lo mismo cuando tus hijos pequeños te miran mientras están sentados en el inodoro... están por completo expuestos, pero te miran porque saben que los protegerás pase lo que pase.

Puede que no parezcan gestos especialmente significativos de respeto y amor, pero lo son. Es un honor recibirlos, aunque a menudo pasemos por alto su relevancia. Lo mismo ocurre con muchas de las cosas que hacen nuestros hijos. Piensa en lo frágiles y pequeños que son... incluso cuando crecen. Piensa en lo indefensos que están si los dejas solos.

La forma en que te dejan cogerlos y lanzarlos hacia arriba, la forma en que les gusta meterse en tu cama, la forma en que te llaman por la noche, la forma en que se sienten lo suficientemente seguros como para llorar a tu lado. Estos momentos son un privilegio. Son increíbles gestos de vulnerabilidad, confianza y amor.

Y tú te los has ganado... aunque siempre tendrás que seguir demostrándoles que te los mereces. Es algo que no puedes dar por sentado. Son pequeñas personitas que te siguen. Que te miran con los ojos y el corazón bien abiertos.

Tienes que estar a la altura de esa confianza y ese amor que te brindan.

30 de noviembre
Ya tienes lo que quieres

Ha habido algunos icónicos momentos padre-hijo a lo largo de la historia del deporte. Tiger Woods abrazando a su hijo después de ganar el Masters. Drew Brees levantando a su hijo Baylen al ganar la Super Bowl. Michael Phelps corriendo a besar a su hijo Boomer tras hacer historia en las Olimpíadas. Tom Brady gritando el nombre de su hijo mientras corría fuera del campo al conseguir su décima clasificación para la Super Bowl. También hay momentos madre-hija. Serena Olympia, la hija de Serena Williams, fotografiando a su madre desde las gradas del US Open. Paula Radcliffe entrenando embarazada para la maratón de Nueva York, que ganó en el 2007.

¿Por qué nos erizan la piel estos momentos? Porque conocemos esa sensación. No importa lo que haya ocurrido ese día en el trabajo. No importa lo que acabamos de hacer o pasar. Lo primero en lo que pensamos es en nuestros hijos. Queremos abrazarlos. Queremos decirles que los amamos. Queremos compartir con ellos.

Y aquí está el otro asunto respecto a esos momentos memorables. Sí, a veces desearíamos habernos convertido en un gran profesional. Sí, estaría bien ganar millones, ser famoso, llegar a la cima. ¿Pero cuál es el verdadero premio? Todos estos atletas alcanzaron exactamente el mismo premio... y no es un trofeo. Ellos también quieren lo que tú ya tienes.

Claro, persigue tus sueños. Esfuérzate por ser uno de los mejores en lo que haces. Aspira a ser grande, a tener reconocimiento y todo lo demás. Pero no olvides nunca que, cuando llegues, si llegas, solo vas a querer tener lo que ya tienes. Puedes saludar a tu hijo o a tu hija ahora mismo. Puedes decirles cuánto los amas ahora mismo.

Y les sentará tan bien como clasificarse para la Super Bowl, tanto a ti como a ellos.

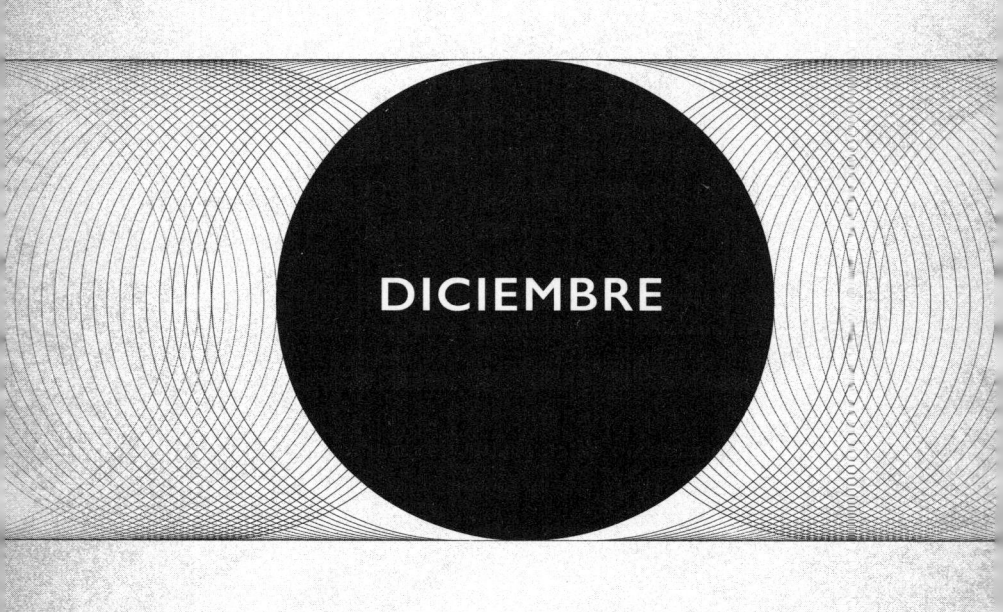

DICIEMBRE

EL TIEMPO PASA VOLANDO

(PODRÍAS DEJAR DE ESTAR VIVO EN CUALQUIER MOMENTO)

1 de diciembre
Aprecia el tiempo «perdido»

Ahorramos y planificamos minuciosamente las vacaciones. Nos anticipamos durante meses y meses. Y, cuando inevitablemente no son tan especiales o dignas de foto como esperábamos, nos sentimos fatal, como si no hubiéramos hecho lo suficiente, como si no hubiéramos estado a la altura.

Sin embargo, el comediante Jerry Seinfeld, que tiene tres hijos, cuestiona el supuesto «tiempo de calidad» que tantos de nosotros perseguimos.

> Soy un defensor de lo mundano y lo ordinario. Siempre escucho con tristeza a esos tipos hablar de *tener tiempo de calidad*. Yo no quiero tiempo de calidad, aprecio el tiempo «perdido». Eso es lo que me gusta. Mirarlos unos minutos cuando están en su habitación leyendo un cómic o comer un tazón de cereales a las once de la noche cuando ni siquiera deberían estar despiertos. Tiempo perdido. Me encanta.

¿Vacaciones especiales? No. Cada día, cada minuto, puede ser especial. Todo el tiempo con tus hijos, todo el tiempo con cualquier persona que ames, es esencialmente igual. Comer cereales juntos puede ser maravilloso. Faltar a la escuela para pasar un día divertido con tus hijos puede ser maravilloso, pero también pueden serlo los minutos en el coche cuando lo llevas a la escuela. Lo mismo que sacar la basura o esperar el pedido en McDonald's.

Valora el tiempo «perdido». Es el mejor tiempo que existe.

DIARIO PARA PADRES ESTOICOS

2 de diciembre
Los pierdes irremediablemente

> Vi los rostros de los pequeños niños que ya no están aquí, esos que vivieron conmigo en el tiempo de ensueño de la primera infancia.
>
> Caitlin Flanagan

El miedo más profundo de cualquier padre es perder a su hijo. Y la terrible y hermosa tragedia de la crianza es que, de hecho, perdemos constantemente a nuestros hijos. Día tras día.

No literalmente, por supuesto, sino en el sentido de que están creciendo, cambiando, convirtiéndose en algo nuevo, independizándose de nosotros. A diario. El profesor Scott Galloway ha hablado de la pena que experimentó al ver una vieja foto de su hijo de once años. Sí, es cierto que su hijo de once años en ese momento era un adolescente sano de catorce, pero el de once ya no existiría.

Así es nuestro destino. Así es la vida a la que nos apuntamos. Queremos que crezcan. Estamos impacientes por verlos empezar a caminar, ir a la escuela, experimentar todas las cosas increíbles que la vida les tiene preparadas. Pero esto también significa que nunca volverán a ser lo que son ahora, que lo que son ahora es efímero y fugaz.

¿Parpadeas, te distraes o das algo por sentado? ¡Bum! Tu hijo ya no está. Te lo has perdido.

3 de diciembre
Piensa lo impensable

Una de las cosas más importantes que puedes hacer como padre exige que pienses en algo que es casi imposible de pensar para cualquier padre. Es un consejo que nos llega de Marco Aurelio a través de Epicteto:

> Cuando le des un beso de buenas noches a tu hijo, dice Epicteto, susúrrate a ti mismo: «Puede que esté muerto por la mañana». No quiero tentar al destino, pensarás. Pero ¿Cómo? ¿Hablando de un acontecimiento natural? ¿Acaso tentamos al destino cuando hablamos de las cosechas?

Desde luego, esto no es algo fácil de hacer. Va en contra de nuestro instinto, pero debemos hacerlo. Porque la vida es efímera y el mundo es cruel. Marco Aurelio perdió ocho hijos. ¡*Ocho*! Se cree que Séneca también perdió uno de forma temprana. Es algo que no debería suceder jamás, pero sucede. Es desgarrador, una tragedia demoledora para cualquiera. Nadie se merece algo así. Y no se trata de pensar que la formación filosófica de Séneca y de Marco Aurelio los había preparado para el dolor de perder un hijo —nada puede prepararte para eso—. Lo que sí se puede esperar es que, tras tan grandes pérdidas, estos hombres no desperdiciaran ni un segundo del precioso tiempo que pasaron con sus hijos.

Un padre que se enfrenta al hecho de que puede perder a un hijo en cualquier momento es un padre que está presente. No se apresura para acostarlos. Lo toma como el regalo que es. No se aferra a estupideces. Un gran padre mira al mundo cruel y dice: «Sé lo que puedes hacerle a mi familia en el futuro, pero de momento me has perdonado. Sin embargo, no voy a darlo por sentado».

4 de diciembre
No se lo permitas

Se pasan el día haciendo preguntas. *¿Cuándo acabará esto? ¿Cuánto falta para llegar? ¿Por qué tanto tiempo? ¿Por qué tenemos que ir? ¿Por qué hay que hacerlo ahora?* Es molesto. Es agotador. Te sacan de quicio. Les pides que paren. Pero, cuando te enfadas, pierdes la verdadera oportunidad de enseñarles y explicarles qué están deseando realmente.

En su libro *Viajes con Epicuro*, el escritor Daniel Klein recuerda un momento clave de aprendizaje:

> Recuerdo una noche hace tiempo atrás, en un tren atestado de gente, cómo una joven se quejaba diciéndole a su madre a cada rato: *¡Dios, ojalá ya estuviéramos ahí!* La madre, una mujer de pelo blanco, sabiamente le dijo: *Querida, nunca desees que pase rápido ni un solo minuto de tu vida.*

Son niños. No entienden verdaderamente lo corto que es el tiempo que tenemos en este planeta. Incluso tú, como adulto, a veces lo olvidas. Olvidas que solo tendrás dieciocho veranos con tus hijos en casa. Que los llevarás a la escuela solo un poco más de mil mañanas. Que solo habrá una cantidad limitada de desayunos juntos, de salir de compras, de esperas en la consulta del médico.

¿Desear que esos momentos pasen rápido? ¿Esperas que se acaben pronto? Qué tragedia. No podemos dar por perdido el tiempo con nuestros hijos. Y tenemos que enseñarles ahora, antes de que sea demasiado tarde, a no desperdiciar ni un minuto de la vida.

5 de diciembre
El tiempo vuela

> Este es nuestro gran error: pensar que esperamos la muerte. La mayor parte de la muerte ya se ha ido. Cualquier cosa que haya pasado es propiedad de la muerte.
>
> SÉNECA

Cada vez que vayas a cortarles las uñas, cada vez que los lleves a la peluquería, cada vez que dones a la parroquia de tu barrio la ropa que les queda pequeña, cada vez que tengas que comprarles calcetines o zapatos nuevos, sé consciente de ese instante.

Fíjate en lo que te ha llevado allí. Ya sean unas pocas semanas entre un corte de pelo y otro, o seis meses para un nuevo par de zapatos de una talla más grande. Lo que ha ocurrido es que una parte de su infancia se ha quedado atrás. Ese tiempo ha pasado y se ha ido para siempre.

Ahora pregúntate: ¿Lo has aprovechado? ¿*Lo viviste*? ¿Fuiste quien debías ser? ¿Fuiste quien ellos necesitaban que fueras?

Los estoicos nos recuerdan que la muerte no es un acontecimiento inevitable del futuro. Está ocurriendo ahora mismo. Cada vez que tus hijos dañan por el uso un abrigo, cada vez que les quedan pequeños un par de zapatos o de pantalones. Esos momentos son indicios del movimiento de la vida. Son las marcas de su altura en el marco de la puerta de la cocina. Señalan las oportunidades de pasar un tiempo juntos que nunca volverá.

6 de diciembre
¿A qué cosas dedicarías menos tiempo?

La simplicidad es la clave de la brillantez.

BRUCE LEE

Pasamos mucho tiempo haciendo tareas que insignificantes. Mirando nuestro teléfono o contestando correos electrónicos. Discutiendo con nuestra pareja, con nuestros hijos o con algún extraño en internet. Seguramente, odias todas esas cosas y, sin embargo, dejas que ocupen gran parte de tu vida.

En una ocasión, Marco Aurelio, frustrado por alguna tarea tediosa que consumía su tiempo, se preguntó a sí mismo: ¿Temes a la muerte porque ya no podrás hacer *esto* cuando llegue?

Allí reside la clave más clarificadora de la famosa expresión *tempus fugit* (el tiempo vuela). Si tuvieras tiempo ilimitado, tal vez no te importaría perder dos horas al día en un embotellamiento. Tal vez no tendrías que obligarte a abandonar ese pozo oscuro que es Twitter o tu infinita bandeja de entrada del correo. Si de pronto la muerte fuera real para ti, si te dieran unos pocos años o incluso meses de vida más, ¿a cuáles de esas tareas cotidianas le dedicarías menos tiempo? ¿Cuál es el «esto» del que habla Marco Aurelio que podrías sacarte de encima?

7 de diciembre
Siempre puedes encontrar más tiempo

> No veía por qué tenía que ser una cosa o la otra... Si tienes un trabajo de día, escribes por la noche. Todo es cuestión de cuánto quieres hacerlo.
>
> MARGARET ATWOOD

Pensamos que estamos demasiado ocupados. Creemos que hay cosas que son imposibles. Ahora somos padres. No hay manera de que podamos crear una empresa emergente. No hay manera de que podamos terminar ese proyecto. Tenemos que ser realistas. Por ahora, tenemos que dejarlo de lado.

No hay tiempo suficiente.

Cuando era una joven novelista, la escritora Susan Straight solía pasear a su hija bajo el calor de Riverside, California, hasta que se quedaba dormida. Para la siesta. Por la noche. Era la única manera de conseguir que se tranquilizara. En el instante en que su hija se dormía, Straight paraba donde estuvieran, se sentaba en la acera junto al cochecito y escribía en su cuaderno. Así terminó una novela entera. Incluso cuando los transeúntes le ofrecían dinero pensando que era una persona sin hogar, ella seguía escribiendo. Nadie podía imaginarse que esa novela acabaría ganando importantes premios literarios y representaría el despegue de una carrera magnífica.

En noviembre hablamos de cómo los padres deberían encontrar una doble oportunidad; es decir, la forma de pasar tiempo con sus hijos y, al mismo tiempo, hacer lo que hay que hacer. Parte de esto es también buscar los momentos dentro de los momentos, cuando podemos encontrar el tiempo, exprimirlo como a una naranja y hacer nuestro trabajo también.

Podemos hacerlo. Tenemos que hacerlo. No es imposible. Lo han hecho personas que lo tuvieron más difícil que nosotros. Toni Morrison lo hizo. Susan Straight lo hizo. Tú puedes hacerlo. Ya sea para escribir una novela, para volver a la facultad de Derecho y acabar tus estudios o para entrenar para una maratón. Siempre puedes encontrar más tiempo.

No te rindas. No se trata de ser realista. Simplemente sé creativo.

8 de diciembre
La enésima vez es la que cuenta

Habría dado lo que fuera por mantenerla pequeña.

JODI PICOULT

¡Vamos, papá, otra vez! ¡Empecemos de nuevo! ¿Podemos seguir haciéndolo un rato más? ¡No quiero parar!

Has oído estas expresiones más veces de las que puedes contar. Te piden que les leas un capítulo más del libro antes de dormir. Quieren subirse una vez más en tu espalda. Ver de nuevo ese video tan divertido. Volver a cantar la canción desde el principio. Que les cuentes otra vez la misma historia. Que los lances al aire en la piscina una vez más… una vez más después de eso… y otra vez más después de eso.

No importa el grado de paciencia que tengas, llegará un momento en que querrás decir que no, en el que sentirás que debes decir no. Porque tienes que irte, porque lo que estáis haciendo no es interesante para nadie, porque te parece irresponsable seguir.

Puede que todo eso sea verdad. Pero ¿sabes qué? Di que *sí*. Aunque sea la enésima vez. De hecho, di que sí porque es la enésima vez, porque esa es la vez que cuenta.

Nunca se sabe cuándo habrá otra ocasión. Ninguno de nosotros sabe cuánto tiempo nos queda por delante. Ninguno de nosotros sabe cuántas veces más podremos hacerlo. Así que di que sí. Haz que la enésima vez cuente como la primera.

9 de diciembre
¿De qué te arrepentirás?

Tener un hijo es el mayor honor y la mayor responsabilidad que se le puede conceder a cualquier ser vivo.

CHRISTOPHER PAOLINI

En el lecho de muerte, los padres piensan en muchas cosas. Piensan en el mundo que dejan a sus hijos e hijas. Piensan en cómo los criaron. Piensan en los errores que cometieron. Piensan en lo que hicieron bien. Calientan su corazón pensando en la descendencia y, si tienen suerte, los ven a su alrededor.

La pregunta sobre la que debes reflexionar hoy, todavía bastante lejos de la muerte, es: ¿Qué decisiones estás tomando *ahora* y qué pensarás de ellas *entonces*? Piensa en lo que la mayoría de los padres lamentan cuando llegan al final de sus vidas: les gustaría haberles dado más cariño a sus hijos. Sienten no haber pasado bastante tiempo con ellos. Lamentan no haberles dicho lo orgullosos que estaban de ellos o haberse tomado las cosas demasiado en serio. Se arrepienten de haber dejado que pequeñas diferencias o problemas menores enturbiaran el amor que sentían en sus corazones. Les duele no haber estado más presentes, en lugar de gastar toda esa energía planificando momentos «de calidad» cuando había tanto tiempo ordinario y maravilloso para compartir. Lamentan haber maleducado a sus hijos, no haberles enseñado las lecciones adecuadas, no haber tenido las conversaciones necesarias.

Pues bien, tienes la suerte de cara, porque ahora mismo no estás en tu lecho de muerte. No es demasiado tarde. Y nunca es demasiado pronto. *Hoy* puedes hacer los ajustes y cambiar lo necesario para asegurarte de que no haya arrepentimientos luego... o, al menos, puedes intentar minimizarlos.

10 de diciembre
¿Por qué tanta prisa?

> Los árboles ya comienzan a brotar... su verdor es una especie de tristeza.
>
> Philip Larkin

Siempre tenemos prisa. Tenemos que preparar las cosas para la escuela. Tenemos que terminar la cena. Tenemos que llevarlos pronto a la cama. Tenemos que llegar a tiempo al aeropuerto. Tenemos que volver de nuevo a casa.

Puede parecer que a los padres siempre nos falta tiempo y estamos ansiosos por acabar la siguiente tarea, pero vale la pena que nos detengamos y nos cuestionemos *por qué* vamos tan deprisa y *de qué* estamos escapando. Estás corriendo para acostarlos temprano, ¿por qué?, ¿para poder sentarte a ver Netflix más tarde? No soportas que lleguen tarde al colegio, ¿por qué?, ¿porque temes que los otros padres te juzguen? Quieres llegar al aeropuerto con antelación, ¿por qué?, ¿porque es lo que dice el billete?

Cuando vamos corriendo, hemos de saber que estamos yendo deprisa por la vida. Estamos atravesando a toda velocidad la infancia de nuestros hijos, eso mismo que echarás de menos en no mucho tiempo. ¿Cuántas de tus prisas te parecerán importantes entonces? ¿Qué estarías dispuesto a dar por recuperar algunos de los minutos que ahora mismo quieres que se acaben cuanto antes?

Así que ve más despacio. Saboréalo todo.

11 de diciembre
Encuentra el placer en el presente

> Este es el verdadero secreto de la vida: estar completamente comprometido con lo que estás haciendo aquí y ahora.
>
> Alan Watts

Tras una larga y ardua cacería en 1888, Theodore Roosevelt consiguió por fin cazar al caribú que había estado rastreando. «Fue uno de esos momentos», escribió más tarde, «que compensan al cazador por tantos días de esfuerzo y penurias; siempre y cuando necesite una recompensa por no resultarle suficiente el placer mismo de estar en la naturaleza».

Ser un cazador que solo disfruta cuando logra cazar a su presa es casi lo mismo que ser un cazador que fracasa nueve de cada diez veces, un cazador ciego y sordo que se priva innecesariamente de disfrutar la majestuosidad de la vida al aire libre. Y el padre que piensa que la crianza es una ocupación en la que «consigues una meta», que piensa que es algo que se mide principalmente por esos grandes momentos especiales, se está perdiendo la majestuosidad de la vida.

No se trata del futuro, de superar los terribles dos primeros años o la adolescencia hasta llegar a un resultado final idílico. Las metas en la crianza no están ahí para asegurarnos que los días de esfuerzo y penurias han merecido la pena. No podemos olvidarnos de apreciar los pequeños placeres de la experiencia, del aquí y el ahora.

Así que ya sabes lo que tienes que hacer: encuentra el placer en el presente.

12 de diciembre
Tienes tiempo de sobra

Solo ves cuánto tiempo tienes cuando dejas de pensar que te falta.

GUSTIE HERRIGEL

Todos los padres sienten que tienen poco tiempo. Está tu trabajo, tu pareja, tus relaciones. Tienes el entrenamiento de fútbol de tus hijos y has de preparar la comida. Están todas esas conversaciones importantes que deberías tener, los deberes de la escuela y los horarios que no puedes evitar. Además, claro, está tu propia salud y tus propios intereses.

¿Quién tiene tiempo? Te habrás preguntado. *¿Cómo puedo llegar a hacerlo todo?*

Es necesario que destierres la idea de ir siempre con prisa; de que, sea como sea, hay que encontrar un hueco para realizar tipo de tareas y actividades. Porque, como reza la poderosa revelación de Gustie Herrigel, es la urgencia y el frenesí lo que en realidad acelera las cosas.

Verás, es tu deseo de «abarcarlo todo» lo que llena tu lista de tareas pendientes y te hace perder oportunidades. Si te das cuenta de que cualquier momento con tus hijos es importante, no necesitarás reservar tanto *tiempo de calidad*. Cuando entiendas que puedes hacer ejercicio en el jardín, no necesitarás ir al gimnasio. En realidad, no necesitarás hacer un montón de cosas si comprendes que realmente no son importantes. Y, cuando quites de en medio todas esas distracciones, tendrás más espacio y más libertad.

13 de diciembre
Valora los pequeños momentos

> Disfruta de las pequeñas cosas, porque un día puedes mirar atrás y darte cuenta de que eran las grandes cosas de la vida.
>
> Robert Brault

Los malabares de cada mañana para llevarlos a la escuela. El tiempo que pasas esperando en un semáforo. Esa ocasión en la que teníais hambre y parasteis en un establecimiento de comida rápida. Cuando tus hijos metieron la pata, pero en vez de enfadarte os sentasteis en familia y hablasteis. Esa tarde de fin de semana en la que visteis una película todos juntos en el sofá.

Parecen pequeños momentos intrascendentes, mundanos en última instancia. El ruido de fondo de la vida. La quintaesencia del tiempo basura. Pero, así como la basura de uno —o el tiempo basura, en este caso— es el tesoro de otro, ocurre lo mismo con esos pequeños momentos, siempre y cuando decidas aprovecharlos adecuadamente. En realidad, pueden pasar a ser grandes momentos, escenas importantes de vuestra vida.

No permitas que tu mente y tu atención se desvíen. No dejes que tu ansiedad —o tu ambición— sobre el futuro sea a expensas del presente. Limítate a estar aquí ahora. Con ellos.

Valora esas pequeñas cosas insignificantes. Trátalas como si fueran importantes. Porque, en verdad, lo son.

14 de diciembre
¿De verdad tenemos que irnos?

> Lo que sea que [mi hijo] esté haciendo ahora, eso es lo más importante. Por eso lo animo para que siga haciéndolo el mayor tiempo posible. Jamás le digo: *¡Ya Basta ¡Nos vamos!* Por supuesto, mi mente adulta repasa todas las otras cosas que podríamos estar haciendo. Pero las dejo ir y vuelvo a centrarme en el presente.
>
> Derek Sivers

Hasta el más paciente de todos nosotros se aburre. O tiene que estar en un sitio a una hora. O realmente no es capaz de ver que tiene de especial esa flor —la número cuatrocientos de un jardín—. Así que nos impacientamos y apuramos a nuestros hijos.

La cena está casi lista. Vamos a llegar tarde. El partido está a punto de comenzar. Hace mucho calor para estar fuera.

Para anular estos impulsos, tenemos que esforzarnos. Porque la verdad es que la mayoría de las cosas por las que nos apresuramos no son tan urgentes. Hay una cuota de filosofía Zen en ello que es muy valiosa para nosotros como individuos. Pero también enseña a nuestros hijos una inestimable habilidad. ¿No deseamos que desarrollen su facultad de concentrarse y que tengan curiosidades? ¿No merece la pena que se ensucien un poco o que lleguéis un poco tarde a la fiesta de cumpleaños porque han estado real e intensamente vivos por unos minutos?

Anima a tus niños. Resiste la urgencia de ir con prisa. En realidad, no es la hora de marcharos. Estáis exactamente donde tú y ellos deberíais estar.

15 de diciembre
Cada momento es igual

> Aférrate siempre al presente. Cada situación, cada momento, tiene un valor infinito, pues representa toda la eternidad.
>
> GOETHE

Con facturas que pagar, en medio de un embotellamiento, con un bebé con cólicos o un adolescente resentido, puede ser difícil sentir que el momento que estás viviendo es un regalo. Pero, en efecto, lo es. Son momentos maravillosos y, como dijo Goethe, tenemos que aferrarnos a ellos.

Eso es ser padre. Sucede de inmediato. Es lo que estás haciendo ahora. Siempre. Llevarlos al colegio, doblar la ropa, pasar un rato tranquilo antes de que se despierten, devolverlos a su cama cuando aparecen en mitad de la noche. Mandarlos a la habitación o quitarles el teléfono móvil y darles un sermón porque sus notas han bajado. Eso es todo. Todo es parte del trabajo. Y cada uno de estos momentos es extraordinario. Cada uno de estos momentos es un regalo.

Todo esto está pasando ahora mismo. Se está presentando ante ti en este preciso momento.

16 de diciembre
Enmienda tu vida

Este gran poema de Robert Southwell es un inquietante recordatorio para todos los padres y las madres:

> Mis antepasados se han convertido en arcilla,
>   y muchos de mis compañeros se han ido.
> Los más jóvenes se marchan cada día,
>   *¿Y puedo pensar en escapar solo?*
> No. No. Sé que debo morir.
>   Y, sin embargo, mi vida no enmendaré.

¿Crías a tus hijos teniendo en cuenta el desagradable hecho de que no estaremos aquí para siempre o eres como Southwell? ¿Te niegas a aceptar el único hecho que importa y enmendar tu vida en consecuencia?

Cuando te levantes cada mañana, cuando entres por la puerta principal de tu casa cada noche, deja atrás tus preocupaciones laborales y lo que estén contando en las noticias. Olvida por qué has discutido con tu pareja. Siéntate con tus hijos. Comparte con tu familia.

La vida es breve. Tu familia es lo que importa. Tus hijos son lo que importa. Así que olvida todas las cosas que te gustaría hacer «algún día». *Hazlas ahora, con tus hijos.*

17 de diciembre
Este podría ser el momento

> Las cosas más simples son también las más extraordinarias.
>
> PAULO COELHO

Estás ocupado. Has de hacer la compra y tus hijos se han pasado el día incordiándote. Intentas prepararles una sorpresa especial. Y por culpa de todas tus «responsabilidades» no estás pensando en este momento. Estás pensando en el futuro. ¿Acaso eso es algo malo? En teoría, claro que no. El problema es que, en realidad, ese momento puede ser *el* momento.

Piensa en tu propia infancia. Piensa en lo que más recuerdas y atesoras. ¿Son los grandes momentos? ¿Las conversaciones trascendentales? ¿O son las experiencias cotidianas, las charlas baladíes, aquellas que tus padres ni siquiera recuerdan, las que te vienen a la memoria?

Como cuando tu padre no fue a trabajar y te llevó a ver un partido de béisbol. Cuando tu madre hacía gofres para cenar sin ningún motivo aparente. O, al contrario, cuando te hablaban mal, cuando los veías comportarse erróneamente, cuando te hacían sentir una tristeza que no habías sentido jamás.

Cada momento es una oportunidad para la crianza. En efecto, estás educándolos en cada momento, tanto si te lo propones como si no. Cada momento puede ser *el* momento. Así que no puedes pasar por ellos a toda prisa como si no significaran nada, no puedes dar por hecho que esos momentos no importan, no puedes rebajar tus expectativas. Porque este podría ser el último y mejor momento que tengáis.

18 de diciembre
Intenta verlo de esta manera

Al final de las memorias de John Gunther (*Death Be Not Proud*) sobre la vida de su hijo, la esposa de Gunther, Frances, escribe: «Johny había estado agonizando durante quince meses por un tumor cerebral. Tenía diecisiete años. Nunca le di un beso de buenas noches sin preguntarme si lo vería vivo por la mañana. Lo saludaba cada mañana como si acabara de nacer. Dios me volvía a dar ese regalo. Cada día que mi hijo vivía era un bendito día de gracia».

Afortunadamente, la mayoría de nosotros no tendrá que pasar por lo que pasó esa familia. Pero podemos —y deberíamos intentar— aplicar su enfoque. *Porque nunca se sabe.* ¿No sería mejor afrontar cada día de esa manera, que cada día con ellos sea un regalo, un golpe de suerte, en lugar de un quehacer repetitivo?

Actúa esta noche como si fuera la última vez que estáis juntos. Hazte presente. Dale cariño. Sé todo lo que ellos necesiten. Luego, por la mañana, levántate y sorpréndete, agradece esa nueva oportunidad. Sé consciente y actúa en coherencia con ello.

19 de diciembre
Un favor para tu yo futuro

En algún punto, recordarás este momento de la vida de tus hijos con nostalgia. No importa lo que les depare el futuro o los caminos que elijan; mirarás hacia atrás y añorarás este tiempo.

Es un hecho. Porque nunca volverán a tener dos años. O doce. O veinticinco. Tienes contadas las veces que los llevarás a la cama, que les darás un baño, que los llevarás al colegio, que os iréis juntos de vacaciones, que pasaréis la noche en el sofá, que les arreglarás ese juguete que se les rompió. Al final, todos desearemos poder retroceder en el tiempo para revivir solo uno más de esos instantes.

Bueno, eso no puede ocurrir. Pero existe la manera de que podamos viajar al futuro o al menos hablarle. Como ha dicho el gran autor de libros infantiles Adam Rubin: «podemos, con las decisiones que tomamos hoy, decirle a nuestro yo futuro *que hicimos todo lo que pudimos*. Que nos implicamos profundamente. Que no nos apresuramos. Que les dijimos a nuestros hijos lo que significaban para nosotros».

Haz a tu yo del futuro el gran favor de la vida. No des por sentado ningún momento con tus hijos. No te dejes dominar por el mal genio. No seas necio. No des importancia a las cosas equivocadas. Ama ahora, mientras puedas. Abraza el presente, mientras puedas. No te precipites para huir de él mientras aún esté aquí.

20 de diciembre
Podrían ser tus últimas palabras

El 8 de enero de 2022, cuando estaba a punto de subir al escenario para hacer su monólogo, Bob Saget, el legendario comediante y presentador de *America's Funniest Home Videos* y *Full House* —también protagonista de *Padres forzosos*— recibió un mensaje de texto de su hija. No sabemos lo que le dijo, pero no era urgente.

Saget fácilmente podría haber pensado: *Responderé más tarde. La llamaré por la mañana.* Todos lo hemos hecho. Estamos llegando tarde a algún sitio o revisando la bandeja de entrada cuando nos llaman desde la otra habitación. Estamos a punto de entrar en una reunión cuando nos envían un mensaje de texto. Estamos cansados y queremos acelerar todo lo posible las buenas noches.

Nos decimos a nosotros mismos que responderemos en un rato. Nos decimos que tendremos muchas otras oportunidades, que habrá otras llamadas, otros mensajes, otras buenas noches. Pero eso no siempre es cierto.

Saget se tomó un segundo para enviar lo que ninguno de los dos podía saber que sería su último mensaje. «Gracias. Te quiero. ¡Es hora del show!», respondió. Horas después, trágicamente, lo encontrarían muerto en su habitación de hotel de Orlando a la edad de sesenta y cinco.

Nadie sabe cuáles serán tus últimas palabras. Nadie sabe cuánto tiempo te queda. Así que usa el tiempo que tengas, antes de que sea tarde. Mientras puedas, asegúrate de decirle a tus hijos qué sientes por ellos.

21 de diciembre
Hay quienes aprendieron esta lección por ti

> Hay personas que han visto morir a sus hijos.
> Mary Laura Philpott

Henry, el hijo del actor Rob Delaney, nació sano y hermoso. Cuando enfermó, Rob y su mujer, Leah, no sabían qué hacer. Lo llevaron a distintos médicos hasta que descubrieron que su bebé tenía un tumor cerebral. Fue operado y mejoró; pero, por desgracia, más adelante el tumor acabaría con su vida, de solo dos años.

En el podcast de Marc Maron, Rob compartió cómo cambió su punto de vista después de la muerte de Henry:

> Abrazo a mis hijos, abrazo a mi mujer, y sé que morirán. Y sé que podría ocurrir antes de que yo muera. Así que sé que nuestro tiempo juntos es finito. Se acabará. Y por eso lo valoro mucho más. Me maravilla el hecho de que estas colecciones particulares de células se unieron en torno a estas almas por un período de tiempo determinado, y me siento afortunado de coincidir aquí con esa pequeña acumulación de células, huesos y pelos de la nariz. Así que aprecio ese milagro como nunca antes había hecho. Me habría gustado hacerlo sin tener que sufrir tanto. Pero ese fue el precio para recibir este regalo. Ahora lo tengo y lo aprecio más que nunca.

Cuando tomamos consciencia de la fugacidad de la vida, podemos aprovechar al máximo el tiempo con nuestros seres queridos. Familias como los Gunther y los Delaneys, así como familias que atraviesan un duelo a su alrededor, aprenden lecciones tan dolorosas como poderosas. No podemos quitarles su dolor, pero sí prestarles atención, intentar comprender el precio de su aprendizaje y aplicar su sabiduría a nuestras vidas.

Cada mañana recuérdalo: esto se acaba pronto. *Tempus fugit. Memento mori.* Luego, maravíllate con las células fusionadas alrededor de las almas de los que amas. Aprovecha al máximo tu tiempo con ellos.

DIARIO PARA PADRES ESTOICOS

22 de diciembre
Qué es más importante

> La vida es corta. No nos olvidemos de lo más importante: vivir para los demás y hacerles el bien.
>
> Marco Aurelio

Tu hijo quiere ir a nadar, pero tienes que hacer esta llamada telefónica. Tus hijos quieren jugar contigo, pero tienes que preparar la cena. Tus hijos quieren que vengas a arroparlos, pero estás viendo un partido importante que va empatado con cuarenta y dos segundos de tiempo suplementario.

Preferimos hacer estas cosas porque son urgentes. Porque solo nos exigirán un segundo. Pero, sobre todo, las elegimos porque con ellos podemos salirnos con la nuestra.

Si algo aparentemente más urgente hubiera intervenido, aplazarías la llamada telefónica. Si estuvieras en medio de un atasco, pedirías la cena a domicilio. Si tu jefe hubiera llamado porque necesitaba algo importante, habrías averiguado más tarde quién ganó el partido. Sin embargo, aquí estás, diciéndole a tus hijos —y su sincera petición de pasar tiempo contigo— que no son tan importantes. Aquí estás tú teniendo otras prioridades antes que tus hijos.

La mayor parte de lo que estamos haciendo puede esperar. No indefinidamente, por supuesto.

Nadie te está diciendo que lo pospongas para siempre. Pero has de saber que este momento que está ocurriendo ahora mismo, no se puede recuperar. Tómalo. Juega. Siéntate con ellos. Habla con ellos. Guarda el borrador y vuelve a él después. Deja que se enfríe la cena. Dile a fulanito que lo llamarás luego.

Tus hijos son más importantes.

23 de diciembre
Hay cosas que no pueden posponerse

¿Sabes cuál fue una de las últimas cosas que dijo Abraham Lincoln? Mientras estaba sentado en el palco del Teatro Ford, esperando a que empezara la obra, Lincoln se dirigió a su esposa y le dijo: «Cómo me gustaría visitar Jerusalén alguna vez».

En pocos minutos, un asesino disparó una bala en su cerebro. Y, al cabo de unas horas, estaba muerto.

Al igual que tú tienes muchas razones para estar esperando hacer esto o retrasando hacer aquello, Lincoln tenía las suyas. Y, sin embargo, la vida tiene una manera de desmontar nuestros argumentos, de humillar nuestros planes y suposiciones. Debemos vivir, como dijo Marco Aurelio, como si la muerte nos pisara los talones. Debemos afrontar la crianza de la misma manera. Porque la muerte pende sobre nosotros. No podemos dejar para mañana lo que podemos hacer hoy, ya sea ser buenos padres —nuestra mayor prioridad—, decirle a nuestros amigos que los queremos o ir a los lugares que siempre hemos querido ver.

24 de diciembre
Las cosas materiales no tienen tanta importancia

> Nunca he conocido a un niño de trece años que diga: «Nunca veía a mi padre porque siempre estaba trabajando, pero en cambio tuve una estupenda bici de montaña, así que mereció la pena».
>
> Jon Acuff

Trabajas muy duro y eres capaz de mantener a tu familia. No solo podéis cubrir las necesidades básicas, sino todo tipo de extras. Gracias a ti, tus hijos disponen de piscina, disfrutan unas buenas vacaciones y tienen un gran televisor con muchos canales. Tienen todo eso y mucho más.

Y, sin embargo, eso no importa.

No quieren una piscina: te quieren a *ti* en la piscina con ellos. Estar en la habitación de un motel comiendo bocadillos juntos, dondequiera que estéis, es lo que realmente quieren. La tele está muy bien, pero no como sustituto de su papá.

Todas las cosas materiales que les brindas son maravillosas. Pero, por muy bonitas que sean, no pueden funcionar como sustitutos tuyos. No se trata de eso. Tus hijos prefieren jugar en una piscina hinchable de Walmart contigo antes que jugar solos en una con tobogán y cascada. Prefieren vivir en un apartamento modesto y comer juntos en familia antes que sentirse solos en el mejor barrio de la ciudad.

Te quieren a *ti*. Quieren divertirse *contigo*. Y tú también deberías querer lo mismo, porque no se sabe cuánto tiempo más los tendrás para ti, o ellos te tendrán en sus vidas.

25 de diciembre
Un regalo para ti y tu familia

Cuando eras un niño, en Navidad solo querías regalos. Ahora que eres mayor, ahora que tienes hijos, todo lo que quieres es *estar presente*. Todo lo que quieres es que tus hijos estén presentes durante las fiestas.

Paul Orfalea fundó la compañía Kinkos, valorada en cientos de millones de dólares. Cuando le preguntaron qué hacía con su riqueza, Orfalea no habló de comprar cosas caras, crear una nueva gran empresa o tomarse unas vacaciones exóticas. En cambio, dijo: «¿Sabes lo que es el éxito? El éxito es que tus hijos quieran estar contigo cuando son adultos. ¿Cuántas personas tienen todo lo material y sus hijos no vuelven a casa en vacaciones?».

El éxito, como ya hemos hablado antes, es tener una mesa llena. Al final de tu vida, el éxito como padre será una familia que se reúne, que pasa tiempo unida y que quiere estar cerca de ti.

Así que, en Navidad, y a lo largo de estas fiestas, tómate un tiempo para pensar en lo que se necesita para conseguir eso. Piensa en las elecciones que estás haciendo con tus hijos ahora para que elijan volar desde sus casas a la tuya cuando sean mayores y tengan sus propias familias. Piensa en los regalos que tienes que darles ahora —tu amor, tu apoyo y tu presencia— para recibir el regalo de una mesa llena en el futuro.

26 de diciembre
Eternamente joven

Una de las razones por las que algunos niños están tan poco preparados para el mundo real es porque los padres, al advertir la dulzura y la inocencia de un niño, piensan: «No quiero que cambie nunca». Sienten que su propia infancia fue demasiado corta, así que intentan prolongar la de sus hijos el mayor tiempo posible.

Es un impulso comprensible, pero también una especie de contradicción. En lugar de disfrutar de lo especial que es su hijo en ese momento, el padre está pensando tanto en el futuro (el suyo) como en el pasado (el suyo) e intenta averiguar cómo proteger a sus hijos de ello. En lugar de estar en el presente, en lugar de aprovechar y beber del *ahora mismo*, intentan inútilmente contener una marea que nadie —ni siquiera el padre más dedicado— puede detener: el tiempo.

Ahora y siempre, deberíamos recordar esa línea del famoso poema de William Blake:

Sostén el Infinito en la palma de tu mano.
Y la eternidad en una hora.

Si quieres que tu hijo sea joven para siempre, disfruta de este momento que tienes aquí delante de ti. Vívelo plenamente ahora mismo. Ni siquiera pienses en lo que viene. Porque ¿sabes lo que te vas a encontrar? Que todo sigue avanzando hacia delante…

27 de diciembre
Ahora es cuando importa

Los europeos del pasado tenían unas prácticas de crianza extrañas. A Michel de Montaigne lo enviaron a vivir con unos campesinos. La madre de Jane Austen amamantó a cada uno de sus hijos durante el primer mes, luego los dejó en manos de otra persona. Los padres aristocráticos delegaban el cuidado de sus hijos a niñeras, tutores e institutrices hasta que los niños tenían la edad suficiente para participar en conversaciones de adultos.

Lo que la mayoría de nosotros entendemos ahora, ya sea cultural o intuitivamente, es que cada minuto que pasas con tus hijos es importante... pero los más importantes son esos que compartes con ellos cuando todavía son muy pequeños. Hay una vieja expresión: «Dame los seis primeros años de la vida de un niño y te daré el resto».

Imagina cuántas generaciones de padres hicieron exactamente lo contrario. No es de extrañar que el pasado fuera tan espantoso... y que la gente hiciera cosas tan terribles. ¡Porque lo primero que les hicieron sus padres fue horrible! Ellos cortaron el primer y más importante vínculo que tiene un niño: el vínculo familiar.

¡Y piensa en el alto precio que pagamos por ello! Sí, los niños son difíciles cuando son pequeños, pero también es cuando son más divertidos, más inocentes, más tiernos y auténticos. Entonces, ¿por qué estamos tan ocupados? ¿Por qué trabajamos tanto? ¿Por qué intentamos hacerlo todo, todas las cosas que solíamos hacer antes de tener hijos, mientras pedimos a nuestros padres que cuiden de ellos por nosotros? Nos decimos que cuando nuestros hijos crezcan tendremos más tiempo para ellos, tendremos más libertad y que, además, lo apreciarán más cuando sean mayores.

¡No! ¡Ahora es cuando más importa! ¡Ahora es cuando cuenta! ¡Cuanto antes mejor!

28 de diciembre
Este podría ser el día

Era 1921, en un día más de vacaciones para los Roosevelt. Franklin Delano Roosevelt, con treinta y nueve años y en la flor de la vida, pasó la mañana navegando alrededor de la isla de Campobello, con Eleanor y sus dos hijos mayores. Fue toda una aventura. Al ver un pequeño incendio en otra isla cercana, se apresuraron a apagarlo en familia. Cuando regresaron, Franklin Delano Roosevelt y sus hijos corrieron juntos hacia un pequeño lago para nadar. Y más tarde saltaron juntos a la bahía de Fundy.

Para Roosevelt, un hombre ocupado, los días así eran muy pocos. Este, en 1921, adquirió un significado especial después de todo, porque —como escribe Doris Kearns Goodwin en su libro *Liderazgo*— en cuarenta y ocho horas, «su parálisis se habría extendido a las extremidades, los pulgares, los dedos de los pies, la espalda, la vejiga y el esfínter rectal». Su vida nunca volvería a ser la misma. Nunca volvería a correr con sus hijos. Nunca más podría jugar, navegar y bucear con ellos sin sufrir un intenso dolor físico. De hecho, estuvo a punto de morir.

La dura verdad es que hoy podría ser ese día para nosotros. No tenemos ni idea de qué virus o qué enfermedades se están abriendo camino en nuestro cuerpo. No tenemos ni idea de lo que nos espera al final de la escalera, a la vuelta de la esquina o al otro lado de la calle. Así que debemos disfrutar de cada momento con nuestros hijos. Tenemos que darlo todo por ser padres y disfrutar de la alegría que ellos nos dan.

29 de diciembre
El elogio que escucharás

Era una noche de principios de verano de 1967, y la familia Stafford estaba reunida. Habían cenado. Habían reído. Se habían puesto al día. Y luego los padres se fueron a la cama mientras los niños continuaban la velada. Una escena que parecía sacada de millones de vacaciones familiares y reuniones y días de Acción de Gracia y Navidad.

A la mañana siguiente, William Stafford, el poeta, escribiría sobre lo maravillosa que había sido esa reunión. «Anoche los niños se quedaron en el salón hablando después de que Dorothy y yo nos fuéramos a la cama», dijo, «y estuvieron hablando de nosotros, o a punto de hacerlo benévolamente. Se me ocurrió pensar: este puede ser el único, y probablemente sea el mejor obituario que jamás tendré».

Al final de tu vida, el éxito como padre será una familia que se reúne, que pasa tiempo junta, que quiere estar contigo. Pero la revelación de Stafford es muy poderosa. La memoria de esas tardes juntos es el funeral que quieres tener. Las cenas familiares, las largas conversaciones son los panegíricos que quieres escuchar.

Aprecia esto mientras puedas. Cultívalo mientras sea posible. Es lo que hace que la vida merezca la pena.

30 de diciembre
¿Qué puedes hacer?

Cuando Mary Laura Philpott, madre de dos hijos, estaba a punto de sufrir el síndrome del nido vacío, escribió sus reflexiones sobre lo que debió de ser un momento de la vida de su padre, en el que, siendo un alto cargo del gobierno federal durante la Guerra Fría, tenía que proteger al presidente frente a un posible ataque nuclear al Capitolio. Mary Laura intentó imaginar, pensando en su propia vida, cómo lo hizo para continuar con su trabajo sabiendo que, de hecho, se estaba preparando para el fin del mundo y, casi con seguridad, de su propia familia.

Merece la pena reproducir íntegramente este párrafo que escribió:

> ¿Qué hacemos, entonces, si no podemos detener el tiempo ni evitar todas las pérdidas? Continuamos con los actos ordinarios de cuidado cotidiano. No puedo proteger a mis seres queridos para siempre, pero puedo hacer que almuercen hoy. Puedo enseñar a conducir a un adolescente. Puedo llevar a alguien al médico, arreglar la gran grieta del techo cuando empiece a gotear, y arroparlos a todos por la noche hasta que no pueda más. Puedo hacer pequeños gestos que sustituyen a los grandes actos imposibles de protección permanente. Porque lo más parecido a un refugio duradero que podemos ofrecer a otro es el amor, tan profundo y amplio y en tantas formas como podamos darlo. Cuidamos de quien podemos y de lo que podemos.

Todo lo que puedes hacer es seguir adelante. Amar. Intentar estar presente. Hacer lo mejor. Protegerlos. Cuidar de ellos. Dejar de lado todo lo demás.

31 de diciembre
Empieza de nuevo, mientras puedas

Cada corte de pelo, cada conjunto de ropa usado, cada limpieza de primavera, cada comienzo de una nueva temporada deportiva marca el paso del tiempo. Nos acerca a eso que tanto tememos: que nuestros hijos crezcan, que nuestros hijos se vayan de casa, que llegue el día de la despedida final.

Pero el objetivo de este mensaje no es deprimirte. No pretende quitarte la alegría de tus primaveras. Al contrario, es para ayudarte a disfrutarlas ahora, mientras estén aquí. Es para recordarte lo importante que es el paso del tiempo... y la maravillosa oportunidad que representa.

Como escribe Philip Larkin (en su bello poema *Los árboles*) sobre el mensaje anual que la tierra nos envía cada primavera:

> El año pasado está muerto, parecen decir,
> y otro empieza de nuevo, de nuevo, de nuevo.

El pasado es pasado. El último año se ha ido para siempre. La duración del futuro sigue siendo, como siempre, incierta. Pero ahora es ahora. La nueva estación ha llegado. Dejemos atrás nuestros errores. Trabajemos contra la distracción, la adicción y el ajetreo. Volvamos a dedicarnos a la razón por la que estamos aquí, la crianza, nuestro trabajo más importante. Empecemos de nuevo, de nuevo, de nuevo.

Disfrutemos de la primavera que vendrá con todo lo que nos presente. Porque cuando la primavera muere y se convierte en verano, nosotros también lo hacemos un poco, también lo hace una de las muchas estaciones que tenemos para compartir con nuestros hijos.

Recuerda: *Tempus fugit*.

Notas

Notas

¿Te interesan más consejos atemporales
sobre crianza?

Visita:
dailydad.com/email
Suscríbete y recibe diariamente
recomendaciones para continuar el viaje.

¿Qué leer después?

Si te ha gustado este libro y te interesa estar informado sobre nuestras novedades

Visita nuestra página web
revertemanagement.com

Encuéntranos también
en Instagram en
@revertemanagement

THINK BIG / READ REM

Guías Harvard Business Review

En las **Guías HBR** encontrarás una gran cantidad de consejos prácticos y sencillos de expertos en la materia, además de ejemplos para que te sea muy fácil ponerlos en práctica. Estas guías realizadas por el sello editorial más fiable del mundo de los negocios, te ofrecen una solución inteligente para enfrentarte a los desafíos laborales más importantes.

Monografías

Michael D Watkins es profesor de Liderazgo y Cambio Organizacional. En los últimos 20 años ha acompañado a líderes de organizaciones en su transición a nuevos cargos. Su libro, **Los primeros 90 días**, con más de 1.500.000 de ejemplares vendidos en todo el mundo y traducido a 27 idiomas, se ha convertido en la publicación de referencia para los profesionales en procesos de transición y cambio.

Todo el mundo tiene algo que quiere cambiar. Pero el cambio es difícil. A menudo, persuadimos, presionamos y empujamos, pero nada se mueve. ¿Podría haber una mejor manera de hacerlo? Las personas que consiguen cambios exitosos saben que no se trata de presionar más, o de proporcionar más información, sino de convertirse en un catalizador.

Stretch muestra por qué todo el mundo -desde los ejecutivos a los empresarios, desde los profesionales a los padres, desde los atletas a los artistas- se desenvuelve mejor con las limitaciones; por qué la búsqueda de demasiados recursos socava nuestro trabajo y bienestar; y por qué incluso aquellos que tienen mucho se benefician de sacar el máximo provecho de poco.

¿Por qué algunas personas son más exitosas que otras? El 95% de todo lo que piensas, sientes, haces y logras es resultado del hábito. Simplificando y organizando las ideas, **Brian Tracy** ha escrito magistralmente un libro de obligada lectura sobre hábitos que asegura completamente el éxito personal.

Referenciado como uno de los diez mejores libros sobre gestión empresarial, **Good to Great** nos ofrece todo un conjunto de directrices y paradigmas que debe adoptar cualquier empresa que pretenda diferenciarse de las demás.

Jim Collins es un reconocido estudioso especializado en qué hace que las empresas sobresalgan, y asesor socrático de líderes de los sectores empresariales y sociales.

Conoce los principios y las filosofías que guían a Bill Gates, Jeff Bezos, Ruth Bader Ginsburg, Warren Buffett, Oprah Winfrey y muchos otros personajes famosos a través de conversaciones reveladoras sobre sus vidas y sus trayectorias profesionales.

David M. Rubenstein ha hablado largo y tendido con los líderes más importantes del mundo sobre cómo han llegado a ser famosos. **Conversaciones** comparte estas entrevistas con estos personajes.

Gallup y **Reverté Management** publican una nueva edición de su bestseller número 1. Esta edición incluye un total de 50 ideas sobre acciones específicas y personales para el desarrollo de tus talentos dominantes. Cada libro incluye un código de acceso a la evaluación en línea de CliftonStrengths.

El libro de Ryan Holiday, **Diario para estoicos**, es una guía fascinante y accesible para transmitir la sabiduría estoica a una nueva generación de lectores y mejorar nuestra calidad de vida. En la **Agenda**, los lectores encontrarán explicaciones y citas semanales para inspirar una reflexión más profunda sobre las prácticas estoicas, así como indicaciones diarias y una introducción útil que explica las diversas herramientas estoicas de autogestión.

**Solicita más información en
revertemanagement@reverte.com
www.revertemanagement.com**

También disponibles
en formato e-book

Serie Management en 20 minutos
Harvard Business Review

La **Serie Management en 20 Minutos** de HBR te permite estar actualizado sobre las habilidades de gestión más esenciales. Ya sea que necesites un curso intensivo o un breve repaso, cada libro de la serie es un manual conciso y práctico que te ayudará a revisar un tema clave de management. Consejos que puedes leer y aplicar rápidamente, dirigidos a profesionales ambiciosos y aspirantes a ejecutivos, procedentes de la fuente más fiable en los negocios. También disponibles en ebook.

Con la garantía de **Harvard Business Review**

Disponibles también en formato **e-book**

Solicita más información en revertemanagement@reverte.com
www.revertemanagement.com
@revertemanagement

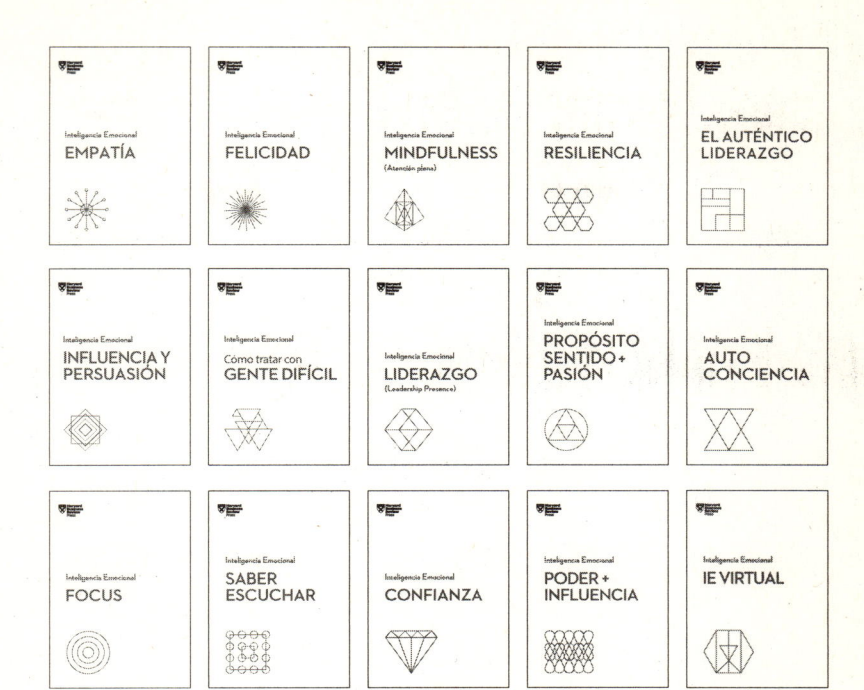

Serie Inteligencia Emocional
Harvard Business Review

Esta colección ofrece una serie de textos cuidadosamente seleccionados sobre los aspectos humanos de la vida profesional. Mediante investigaciones contrastadas, cada libro muestra cómo las emociones influyen en nuestra vida laboral y proporciona consejos prácticos para gestionar equipos humanos y situaciones conflictivas. Estas lecturas, estimulantes y prácticas, ayudan a conseguir el bienestar emocional en el trabajo.

Con la garantía de **Harvard Business Review**

Participan investigadores de la talla de
Daniel Goleman, Annie McKee y **Dan Gilbert**, entre otros

Disponibles también en formato **e-book**

Solicita más información en revertemanagement@reverte.com
www.revertemanagement.com
@revertemanagement

En **REM**/*life* imprimimos todos nuestros libros con papeles ecológicos certificados CPFC que contribuyen al uso responsable y conservación de los bosques.

100% sostenible / 100% responsable / 100% comprometidos